2교시·보충 수업
포르투갈·에스파냐 전성기
바닷길 집중탐구

1교시
아메리카 정복

책 속의 QR 코드로 용선생의 세계 문화유산 강의를 볼 수 있습니다.
QR 코드를 스캔하여 회원 가입 및 로그인 진행 후
도서 구매 시 제공된 영상 쿠폰 번호를 등록해 주세요.

영상 재생 방법
❶ QR 코드 스캔 ⋯▸ ❷ 회원 가입 / 로그인 ⋯▸ ❸ 영상 쿠폰 번호 등록 ⋯▸ ❹ 영상 재생

회원 가입/로그인 후에 영상 재생을 위해 QR 코드를 다시 스캔해 주세요.
쿠폰 번호는 최초 1회만 등록 가능하며, 변경 또는 양도할 수 없습니다.
로그인 상태라면 즉시 영상을 재생할 수 있습니다.
PC에서는 용선생 클래스(yongclass.com)에서 시청할 수 있습니다.

영상 재생 방법 안내

글 이희건
서울대학교 고고미술사학과를 졸업하고 오랫동안 책 만드는 일을 해 왔으며, 사회평론 역사연구소장을 역임했습니다.

글 차윤석
서울대학교 독어독문학과를 졸업하고 같은 학교 대학원에서 석·박사 과정을 거친 뒤 독일 뮌헨대학교에서 중세문학 박사 과정을 마쳤습니다.

글 김선빈
고려대학교 국어국문학과를 졸업하고 웹진 <거울> 등에서 소설을 썼습니다. 어린이 교육과 관련된 일을 시작하여 국어, 사회, 세계사와 관련된 다양한 교재와 콘텐츠를 개발했습니다.

글 박병익
고려대학교 사학과를 졸업했습니다. 사실의 나열이 아닌 '왜'와 '어떻게'라는 질문을 통해 어린이들이 역사와 친해지는 글을 쓰기 위해 오늘도 고민하고 있습니다.

글 김선혜
고려대학교 사학과를 졸업하고 여러 회사에서 콘텐츠 매니저, 기획 업무를 담당했습니다.

그림 이우일
홍익대학교에서 시각디자인을 공부한 만화가입니다. '노빈손' 시리즈의 모든 일러스트레이션을 그렸으며 지은 책으로는 《우일우화》, 《옥수수빵파랑》, 《좋은 여행》, 《고양이 카프카의 고백》 등이 있습니다.

설명삽화 박기종
단국대학교 동양화과와 홍익대학교 대학원을 나와 지금은 아이들의 신나는 책 읽기를 위해 어린이 책 일러스트 작가로 활동하고 있습니다.

지도 김경진
'매핑'이란 지도 회사에서 일하면서 어린이, 청소년 책에 지도를 그리고 있습니다. 얼마 전까지 중학교 교과서 만드는 일도 했습니다. 참여한 책으로는 《아틀라스 중국사》, 《아틀라스 일본사》, 《아틀라스 중앙유라시아사》, 《미래를 여는 한국의 역사》 등이 있습니다.

구성 장유영
서울대학교에서 지리교육과 언론정보학을 공부했습니다. 졸업 후 학교에서 학생들을 가르치다 지금은 어린이책을 만들고 있습니다.

구성 정지윤
서울대학교 국어교육과를 졸업하고 문화예술, 교육 분야 기관에서 기획 업무를 담당했습니다.

자문 및 감수 강영순
아세아연합신학대학교 아세아학과를 졸업하고 한국외국어대학교 대학원 아시아학과에서 석사 학위를, 국립 인도네시아대학교에서 박사 학위를 받았습니다. 현재 한국외국어대학교 말레이·인도네시아어 통번역 학과에서 강의를 하고 있습니다. <인도네시아 환경정치에 대한 연구: 열대림을 중심으로>, <수까르노와 이승만: 제2차 세계 대전 후 건국 지도자 비교>, <인도네시아 서 파푸아 특별자치제에 관한 연구> 등의 논문을 지었습니다.

자문 및 감수 김광수
한국외국어대학교를 졸업하고 남아프리카 공화국 노스-웨스트대학교 역사학과에서 석사·박사 학위를 받았습니다. 현재 한국외국어대학교 아프리카연구소 HK교수로 재직 중입니다. 지은 책으로는 《스와힐리어 연구》, 《에티오피아 악숨 문명》 등이 있고, 함께 지은 책으로 《7인 7색 아프리카》, 《남아프리카사》 등이 있으며 《현대 아프리카의 이해》를 우리말로 옮겼습니다.

자문 및 감수 남종국
서울대학교 서양사학과를 졸업하고 같은 학교 대학원에서 석사 학위를, 프랑스 파리1대학에서 박사 학위를 받았습니다. 현재 이화여대 사학과 교수로 재직하고 있습니다. 지은 책으로 《이탈리아 상인의 위대한 도전》, 《지중해 교역은 유럽을 어떻게 바꾸었을까》, 《세계사 뛰어넘기》 등이 있으며 《프라토의 중세 상인》을 우리말로 옮겼습니다.

자문 및 감수 박병규
고려대학교 서어서문학과를 졸업하고 멕시코 국립대학(UNAM)에서 문학 박사 학위를 받았습니다. 현재는 서울대 라틴아메리카연구소 HK교수로 재직 중입니다. 《불의 기억》, 《파블로 네루다 자서전- 사랑하고 노래하고 투쟁하다》, 《1492년, 타자의 은폐》 등을 우리말로 옮겼습니다.

자문 및 감수 박수철
서울대학교 역사교육과를 졸업하고 같은 대학 대학원 동양사학과에서 석사를, 일본 교토대에서 박사 학위를 받았습니다. 현재는 서울대학교 역사학부 교수로 재직 중입니다. 지은 책으로는 《오다·도요토미 정권의 사사지배와 천황》이 있으며, 함께 지은 책으로는 《아틀라스 일본사》, 《사료로 보는 아시아사》, 《일본사의 변혁기를 본다》 등이 있습니다.

자문 및 감수 윤은주
서울대학교 서양사학과를 졸업하고 프랑스 사회과학고등연구원에서 박사 학위를 받았습니다. 현재 국민대학교 교양대학 강의 전담 교원으로 일하고 있습니다. 《넬슨 만델라 평전》을 우리말로 옮겼으며 《히스토리》의 4~5장과 유럽 국가들의 연표를 우리말로 옮겼습니다.

자문 및 감수 이근명
서울대학교 동양사학과를 졸업하고 같은 학교 대학원에서 석사·박사 학위를 받았습니다. 현재 한국외국어대학교 사학과 교수로 재직하고 있습니다. 지은 책으로는 《남송 시대 복건 사회의 변화와 식량 수급》, 《아틀라스 중국사(공저)》, 《동북아 중세의 한족과 북방민족》 등이 있고, 《중국역사》, 《중국의 시험지옥-과거》, 《송사 외국전 역주》 등을 우리말로 옮겼습니다.

교과 과정 감수 박혜정
성균관대학교 역사교육과를 졸업하고 현재는 경기도 용인 신촌중학교에서 근무하고 있습니다. 『나의 첫 세계사』를 집필하였습니다.

교과 과정 감수 한유라
홍익대학교 역사교육과를 졸업하고, 현재는 경기도 광명 충현중학교에서 근무하고 있습니다. 『12.3 사태, 그날 밤의 기록』을 집필하였습니다.

교과 과정 감수 원지혜
동국대학교 역사교육과를 졸업하고, 현재는 경기도 시흥 은계중학교에서 근무하고 있습니다. 『더 늦기 전에 시작하는 생태환경사 수업』의 공저자입니다.

기획자문 세계로
1991년부터 역사 전공자들이 모여 함께 고민하고 연구하며 한국사와 세계사를 가르치고 있습니다. 《용선생의 시끌벅적 한국사》 기획에 참여했고, 지은 책으로는 역사 동화 '이선비' 시리즈가 있습니다.

7 격변하는 세계 2
에스파냐의 부상, 명나라, 일본의 전국 시대

교양으로 읽는
용선생
세계사

글 | 이희건 차윤석 김선빈 박병익 김선혜
그림 | 이우일 박기종

차례

1교시 아메리카 대륙에 재앙이 닥치다

카리브 제도의 주요 국가를 찾아서	014
이스파니올라섬의 비극	020
코르테스가 중앙아메리카의 아스테카 제국을 몰락시키다	026
남아메리카의 잉카 제국을 무너뜨린 피사로	033
폐허 위에 세워진 신세계	043
나선애의 정리노트	053
세계사 퀴즈 달인을 찾아라!	054
용선생 세계사 카페	
여러 문화가 융합된 라틴 아메리카 문화	056

교과 연계 중학교 역사① IV-3 서아시아와 유럽 사회의 변화

2교시 포르투갈과 에스파냐가 황금기를 맞다

향신료의 고향, 동남아시아의 바다를 둘러보다	064
포르투갈이 인도양에 뛰어들다	070
포르투갈은 드넓은 인도양을 어떻게 장악했을까	076
에스파냐가 아메리카의 은으로 황금기를 이룩하다	082
잘나가던 에스파냐, 속으로 골병이 들다	087
신항로 개척으로 상공업자들이 크게 성장하다	094
나선애의 정리노트	099
세계사 퀴즈 달인을 찾아라!	100
용선생 세계사 카페	
은이 세계 화폐로 사용되다	102
에스파냐 전성기 대표 건축물	104

교과 연계 중학교 역사① IV-3 서아시아와 유럽 사회의 변화

3교시 황금과 소금 교역으로 꽃핀 아프리카 문명

오랜 역사를 자랑하는 아프리카의 나라들을 둘러보다	110
광활하고 다채로운 아프리카 대륙	118
황금 무역으로 번성한 서아프리카의 왕국들	127
홍해 상권을 거머쥔 악숨, 동아프리카를 누빈 아랍 상인	137
아프리카 해안에서 노예 무역이 성행하다	144
나선애의 정리노트	151
세계사 퀴즈 달인을 찾아라!	152
용선생 세계사 카페	
노예 무역에 저항한 은동고 여왕 은징가	154
에티오피아의 로제타석, 에자나왕의 비석 이야기	158

교과 연계 중학교 역사① III-2 크리스트교와 이슬람교의 확산

4교시 다채로운 세계 동남아시아

빠르게 성장하는 동남아시아의 대륙부 국가들	164
그런데 동남아시아가 어디지?	172
바다를 통해 교류한 동남아시아 사람들	176
중계 무역으로 번영을 누린 동남아시아 여러 나라	180
베트남이 중국에게서 독립하고 강국으로 부상하다	191
앙코르 왕국이 전성기를 맞이하다	195
새로운 강자 버마인과 타이인의 등장	198
말라카 왕국이 해상 교역으로 번영을 누리다	203
나선애의 정리노트	209
세계사 퀴즈 달인을 찾아라!	210
용선생 세계사 카페	
베트남의 영웅 쩐 흥 다오 이야기	212
오세아니아에는 어떤 사람들이 살고 있을까?	216

교과 연계 중학교 역사① Ⅲ-2 크리스트교와 이슬람교의 확산

6교시 전쟁과 혼란에 휩싸인 일본 전국 시대

상인의 도시 오사카, 일본 제2의 도시로 우뚝 서다	282
전국 시대의 막이 오르다	286
은 채굴로 무역이 활발해지다	290
전국 시대의 두 주인공, 오다 노부나가와 도요토미 히데요시	294
도요토미 히데요시, 임진왜란을 일으키다	303
도쿠가와 이에야스가 에도 막부를 세우다	308
나선애의 정리노트	313
세계사 퀴즈 달인을 찾아라!	314
용선생 세계사 카페	
무사들의 근거지, 성(城)	316

교과 연계 중학교 역사① Ⅳ-2 동아시아와 인도 지역 질서의 변화

5교시 되살아난 한족 왕조 명나라

중국의 두 수도 베이징과 난징을 둘러보다	224
황제가 된 거지 스님, 한족 국가를 부활시키다	230
영락제의 등장과 정화의 해외 원정	239
북쪽의 몽골과 남쪽의 왜구로 명나라가 골치를 앓다	247
명나라 사회에 변화의 바람이 불다	252
무능력한 황제가 잇따라 즉위하고 개혁이 실패하다	262
나선애의 정리노트	271
세계사 퀴즈 달인을 찾아라!	272
용선생 세계사 카페	
황제의 공간 자금성	274

교과 연계 중학교 역사① Ⅳ-2 동아시아와 인도 지역 질서의 변화

보충수업 바닷길 집중 탐구

지중해: 유럽 문명과 함께한 바닷길	324
북해와 발트해: 거친 폭풍우가 몰아치는 바이킹의 고향	328
인도양: 진귀한 향신료가 오가는 바닷길	332
대서양: 무역풍과 편서풍을 이용한 대서양 횡단법	336

한눈에 보는 세계사-한국사 연표	340
찾아보기	342
참고문헌	344
사진 제공	351
퀴즈 정답	355

초대하는 글

용선생 역사반, 세계로 출발!

여러분, 안녕! 용선생 역사반에 온 걸 환영해!

용선생 역사반의 명성은 익히 들어 잘 알고 있겠지? 신나고 즐거운 데다 깊이까지 있다고 소문이 쫙 났더라고. 역사반에서 공부한 하다와 선애, 수재, 영심이도 중학교 잘 다니고 있다는 소식을 들었지.

그런데 어느 날 중학생이 된 하다와 선애, 수재, 영심이가 다짜고짜 찾아와서 막 따지는 거야.

"선생님! 왜 역사반에서는 한국사만 가르쳐 주신 거예요?"

"중학교 가자마자 세계사를 배우는데, 이름도 지명도 너무 낯설고 어려워요!"

"역사반 덕분에 초등학교 때는 천재 소리 들었는데, 중학교 가서 완전 바보 되는 거 아니에요?"

한참을 그러더니 마지막에는 세계사도 가르쳐 달라고 조르더라고.

"너희들은 중학생이어서 역사반에 들어올 수 없어~"

그랬더니 선애가 벌써 교장 선생님한테 허락을 받았다는 거야. 아닌 게 아니라 다음날 교장 선생님께서 나를 불러 이러시더군.

"용선생님, 방과 후 시간에 역사반 아이들을 위한 세계사 수업을 해 보면 어떨까요?"

결국 역사반 아이들은 다시 하나로 뭉쳤어.

원래 역사반에서 세계사까지 가르칠 계획은 전혀 없었지만… 피할 수 없다면 즐겨라. 역사반 아이들이 이토록 원하는데 용선생이 어떻게 가만히 있을 수 있겠어? 그래서 중·고등학교 세계사 교과서들은 물론이고, 서점에 나와 있는 세계사 책들, 심지어 미국과 독일을 비롯한 세계사 교과서까지 몽땅 긁어모은 뒤 철저히 조사했어. 뭘 어떻게 가르칠지 결정하기 위해서였지. 그런 뒤 몇 가지 원칙을 정했어.

첫째, 지도를 최대한 활용하자! 서점에 나와 있는 책들은 대부분 지도가 부족하더군. 역사란 건 공간에 시간이 쌓인 거야. 그러니 그 공간을 알아야 역사가 이해되지 않겠어? 그래서 지도를 최대한 많이 넣어서 너희들의 지리 감각을 올려주기로 했단다.

둘째, 사람들이 살아가는 모습을 꼼꼼히 들여다보자! 세계사 공부를 할 때 중요 사건이 왜 일어났는지도 중요하지만, 그때 사람들이 어떤 모습으로 살았는지도 중요해. 그 모습을 보면, 그들이 왜 그렇게 살았는지, 우리와는 무엇이 같고 다른지 알 수 있게 될 거야.

셋째, 사진과 그림을 최대한 많이 보여주자! 사진 한 장이 백 마디 말보다 사건이나 시대 분위기를 훨씬 더 효과적으로 전달할 때가 많아. 특히 세계사를 처음 배울 때는 이런 시각 자료가 큰 도움이 되지. 사진이나 그림은 당시 분위기를 파악하는 데도 아주 좋은 자료란다.

==넷째, 다른 역사책에서 잘 다루지 않는 지역의 역사도 다루자!== 인류 문명은 어떤 특정한 집단이나 나라가 만든 게 아니라, 지구상에 살았던 모든 집단과 나라가 빚어낸 합작품이야. 아프리카, 아메리카 원주민, 유목민도 유럽과 아시아 못지않게 인류 문명의 발전에 기여했다는 말이지. 세계 각지에서 일어난 문명과 역사를 알면 세계사가 더 쉽게 느껴질 거야.

==다섯째, 과거와 현재를 연결하자.== 수업 시작하기 전에 그 시간에 배울 사건들이 일어났던 나라나 도시의 현재 모습을 보게 될 거야. 그 장소가 과거뿐 아니라 지금도 사람들의 삶의 현장이라는 것을 보여 주기 위해서지. 예를 들어 메소포타미아 하면 사람들은 메소포타미아 문명이 일어난 곳으로만 알지, 지금 그곳에 이라크라는 나라가 있다는 사실은 모르는 경우가 많아. 지금 이라크 사람들의 모습과 옛날 메소포타미아 문명 사람들의 모습을 비교해 보는 것도 좋은 역사 공부 방법이란다.

이런 원칙으로 재미있게 세계사 공부를 하려는데, 작은 문제가 하나 있어. 세계사는 한국사와 달리, 직접 현장을 방문하기가 쉽지 않다는 점이지. 하지만 용선생이 누구냐. 역사 공부를 위해서라면 물불 가리지 않는 용선생이 이번에는 너희들이 볼 수 있는 영상도 만들었어. ==책 속의 QR코드를 찍으면 세계 곳곳의 문화유산과 흥미로운 사건을 볼 수 있을 거야.==

자, 얘들아. 그럼 이제 슬슬 세계사 여행을 시작해 볼까?

등장인물

'용쓴다 용써' 용선생

어쩌다 맡게 된 역사반에, 한국사에 이어 세계사까지 가르치게 됐다. 맡은바 용선생의 명예를 욕되게 할 수는 없지. 제멋대로 자란 머리카락을 휘날리며 오늘도 용쓴다.

'장하다 장해' 장하다

'튼튼하게만 자라 다오.'라는 아버지의 소원대로 튼튼하게만 자랐다. 세계적인 축구 스타가 꿈! 세계를 다니려면 세계사 지식도 필수라는 생각에 세계사반에 지원했다. 영웅 이야기를 좋아해서 역사 인물들에게 관심이 많다.

'오늘도 나선다' 나선애

역사 마스터를 꿈꾸는 우등생. 공부도 잘하고 아는 게 많아서 잘 나선다. 글로벌 인재가 되려면 기초 교양이 튼튼해야 한다는 생각으로 용선생을 찾아가 세계사반을 만들게 한다. 어려운 역사 용어들을 똑소리 나게 정리해 준다.

'잘난 척 대장' 왕수재

시도 때도 없이 잘난 척을 해서 얄밉지만 천재적인 기억력 하나만큼은 인정. 또 하나 천재적인 데가 있으니 바로 깐족거림이다. 세계를 무대로 한 사업가를 꿈꾸다 보니 지리에 관심이 많다.

'엉뚱 낭만' 허영심

엉뚱 발랄한 매력을 가진 역사반의 분위기 메이커. 남다른 공감 능력이 있어서 사람들이 고통을 겪을 때면 눈물을 참지 못한다. 예술과 문화에 관심이 많고, 그 방면에서는 뛰어난 상식을 자랑한다.

'깍두기 소년' 곽두기

애교가 넘치는 역사반 막내. 훈장 할아버지 덕분에 뛰어난 한자 실력을 갖추고 있으며, 어휘력만큼은 형과 누나들을 뛰어넘을 정도. 그래서 새로운 단어가 등장할 때마다 한자 풀이를 해 주는 것이 곽두기의 몫.

1교시
아메리카 대륙에 재앙이 닥치다

아메리카 원주민은 수천 년 동안 고유한 문명을 일궈 왔어.
그러던 어느 날 아메리카에 도착한 에스파냐인이
원주민을 차례차례 정복하고 문명을 파괴해 버렸지.
오늘은 에스파냐인이 어떻게 아메리카를 정복하고
원주민을 지배했는지 알아보자.

1492년	1521년	1533년	1535년	1542년	1550년
콜럼버스, 아메리카에 도착	아스테카 제국 멸망	잉카 제국 멸망	누에바 에스파냐 부왕령 설치	페루 부왕령 설치	바야돌리드 논쟁

아바나

현재 쿠바의 수도. 에스파냐 식민지 시대에는 쿠바 총독부가 있던 곳으로 에스파냐 정복자 코르테스는 아바나의 시장을 지내기도 했어.

멕시코만

멕시코시티 베라크루스

멕시코고원

멕시코시티

현재 멕시코의 수도. 아스테카 정복 이후, 주변의 호수를 메워서 지금처럼 큰 도시를 건설했어.

태 평 양

리마

에스파냐인이 건설한 태평양 연안의 항구 도시로 현재 페루의 수도.

역사의 현장 지금은?

카리브 제도의
주요 국가를 찾아서

북아메리카와 남아메리카 사이의 대서양 쪽에 위치한 아름다운 바다 카리브해. 카리브해에는 총 7,000여 개에 이르는 섬이 있는데, 이 섬들을 모두 묶어서 '카리브 제도'라고 해. 에스파냐에 이어 영국, 프랑스, 네덜란드가 이곳의 섬을 점령하여 식민지로 삼았지. 오늘날 카리브 제도에는 10여 개의 독립 국가와 더불어 아직도 네덜란드, 영국, 프랑스, 미국의 영토(○○령)로 남아 있는 작은 섬들이 있어. 카리브 제도의 섬들을 모두 합치면 한반도와 비슷한 크기로 인구는 약 4,300만 명 정도 돼. 오늘은 그중에서도 비교적 덩치가 큰 네 나라를 살펴보자.

카리브해에서 가장 큰 섬나라 쿠바

쿠바는 오랫동안 에스파냐의 지배를 받았고, 1959년에는 쿠바 혁명이 일어나 공산 정권이 들어섰어. 한동안 미국의 경제 보복으로 쿠바 주민은 많은 고통을 겪기도 했지. 하지만 2015년 미국과 다시 국교를 맺었고, 2024년에는 우리나라와도 국교를 수립했어. 쿠바의 면적은 11만 제곱킬로미터로 한반도의 절반 정도이고, 인구는 1,100만 명 정도야. 담배와 사탕수수 재배를 중심으로 한 농업, 니켈 채굴 등 광업, 관광업이 경제에서 큰 비중을 차지하지.

◀ **쿠바 국회 의사당**
쿠바는 세계에서 몇 남지 않은 사회주의 국가로 공산당이 일당 독재를 하고 있어.

▼ **아바나 거리**
거리의 알록달록한 건물들은 모두 쿠바가 경제적으로 풍요로웠던 1950년대에 지은 거래.

▼ **쿠바의 수도 아바나** 쿠바 북쪽에 있는 항구 도시로 인구는 약 210만 명. 식민지 시대의 요새와 1950년대의 모습을 간직한 시가지 덕분에 카리브해에서 이름난 관광지가 되었어.

↑ 담뱃잎을 말아서 시가로 만드는 모습
말린 담뱃잎을 통째로 돌돌 말아서 만드는 '시가'는 쿠바의 주요 수출품으로 관광객에게 인기가 많아.

← 완성된 쿠바산 시가

→ 룸바 공연
룸바는 4분의 4 박자의 빠른 춤곡이야. 아프리카에서 끌려온 노예의 노래와 춤에서 유래했어. 1930년대부터 세계로 퍼져 나가 인기를 끌었지. 쿠바 사람들은 어디서나 음악이 흘러나오면 자연스럽게 룸바 리듬에 몸을 맡긴대.

우사인 볼트의 나라 자메이카

자메이카는 쿠바 남쪽에 자리한 섬나라로 오랫동안 영국의 지배를 받다가 1962년에 독립했어. 면적은 한반도의 20분의 1, 인구는 300만 명 정도 되는 작은 나라야. 세계적으로 인기 있는 레게 음악의 고향이며, 최근에는 육상 단거리 종목의 최강국으로 명성을 누리고 있어.

◆ **육상 선수 우사인 볼트** 자메이카 선수들은 2000년대 들어 전 세계 육상 단거리 종목을 휩쓸고 있어. '지구에서 가장 빠른 사나이' 우사인 볼트도 자메이카 출신이지.

◆ **레게 공연** 레게는 1960년대 자메이카에서 탄생했어. 밥 말리라는 가수가 레게를 세계적으로 알리는 데에 결정적인 역할을 했지.

◆ **자메이카의 수도 킹스턴**
자메이카섬 남동쪽에 위치한 항구 도시야. 1600년대부터 영국의 해적 소굴이자 노예 무역 거점으로 악명을 떨쳤어. 지금은 인구 100만 명에 달하는 자메이카 최대 도시지.

빈곤으로 고통받는 아이티

아이티는 이스파니올라섬 서쪽의 나라로, 수도는 포르토프랭스야. 도미니카 공화국과 국경을 맞대고 있어. 아프리카에서 끌려온 노예들이 1791년부터 1804년까지 13년 동안 끈질기게 투쟁한 끝에 프랑스에게서 독립했지. 국토 대부분이 열대 우림이 울창한 산지였지만 무분별한 벌목으로 지금은 모두 민둥산이 되고 말았어. 오늘날 아이티는 세계에서 손꼽히는 빈곤 국가로 약 1,100만 명의 아이티 인구 중 75퍼센트가 하루 2,000원의 돈으로 근근이 살아간단다. 2010년에 발생한 진도 7.0의 대지진 이후로는 더욱 극심한 가난을 겪고 있지.

⬆ **2010년 대지진 당시 폐허가 된 대통령궁**
경제가 심각한 상황이라 지진으로 인한 피해가 아직도 완전히 아물지 않았어.

➡ **아이티의 헐벗은 산**
헐벗은 쪽은 아이티, 상대적으로 푸른 쪽은 도미니카 공화국 땅이야.

⬅ **대지진으로 붕괴된 포르토프랭스**
2010년 대지진으로 붕괴된 아이티의 수도 포르토프랭스야. 이 지진으로 아이티 인구 중 약 32만 명이 목숨을 잃었고, 300만 명이 집을 잃었어.

야구 강국 도미니카 공화국

도미니카 공화국은 이스파니올라섬 동쪽에 자리 잡은 나라야. 인구는 약 1,100만 명. 서쪽의 아이티가 고질적인 빈곤으로 고통받는 것과 달리, 동쪽의 도미니카 공화국은 상대적으로 안정을 누리고 있어. 커피 및 사탕수수 농업과 관광업이 발달했지. 또 이 나라 사람들은 열렬한 야구 팬이야. 그래서 미국 메이저리그에서 유명한 야구 선수도 여럿 배출했지.

▲ **도미니카 공화국의 수도 산토도밍고** 콜럼버스가 아메리카에 세운 최초의 식민 도시. 유럽과 아메리카를 잇는 항로의 요충지로 에스파냐 식민지 시대부터 중요한 항구 도시였어. 많은 관광객이 찾아오는 세계적인 휴양지이기도 해.

▼ **야구 경기 중인 도미니카 어린이**
야구는 도미니카 공화국에서 가장 인기 있는 스포츠야. 이 나라 출신 야구 선수들은 미국 메이저리그에서 맹활약을 펼치고 있단다.

▲ **콜럼버스 등대** 산토도밍고에 있는 건축물이야. 콜럼버스의 진짜 무덤이 이곳에 있다고 해.

이스파니올라섬의 비극

"너희들 '이스파니올라섬'이 어디였는지 기억하니?"

"네. 콜럼버스가 상륙한 섬이에요. '에스파냐의 섬'이란 뜻을 가지고 있다고 하셨어요!"

왕수재가 손을 번쩍 들고 이야기하자 용선생은 고개를 끄덕였다.

"그래. 이 지도 한가운데에 있는 게 바로 이스파니올라섬이야. 카리브해에서 두 번째로 큰 섬이지. 오늘날 이 섬 서쪽에는 아이티, 동쪽에는 도미니카 공화국이라는 나라가 각각 들어서 있어. 그런데 이상한 게 하나 있단다.

↑ 바하마 제도의 산살바도르섬 콜럼버스 일행이 아메리카에 처음 상륙한 곳이래. 콜럼버스는 뒤이어 가까이에 있는 쿠바섬과 이스파니올라섬에 상륙하여 원주민을 만났어.

오늘날 이 두 나라에는 순수한 아메리카 원주민의 후예는 하나도 없고, 아프리카에서 건너온 흑인과 유럽에서 건너온 백인, 그리고 그 둘 사이의 혼혈이 주로 살고 있다는 점이야."

설명을 듣던 곽두기가 고개를 갸웃했다.

"원주민은 다 어디로 갔는데요?"

"그게…… 다 죽었어."

아이들은 어리둥절한 표정으로 용선생을 바라보았다.

"원래 이스파니올라, 쿠바, 자메이카, 푸에르토리코 등 카리브 제도에는 원주민이 수백만 명 넘게 살았어. 콜럼버스의 기록에 따르면 이 원주민들은 대부분 평화롭게 살았대. 바다와 숲에 먹을 것이 지천으

↑ **아이티인 가족** 아프리카계 흑인, 흑인과 백인 사이의 혼혈이 오늘날 아이티 인구의 대부분을 차지하지.

 왕수재의 지리 사전

푸에르토리코 이스파니올라섬 옆에 있는 작은 섬이야. 원래는 에스파냐의 식민지였지만 1898년에 미국으로 넘어갔지.

↑ **카리브해의 이스파니올라섬**

아이티와 도미니카 공화국이 자리 잡고 있는 섬이야.

아메리카 대륙에 재앙이 닥치다 **021**

↑ 이스파니올라섬에 도착한 콜럼버스

← 원주민 마을 에스파냐인들이 도착했을 무렵 카리브해 원주민이 살던 마을을 복원한 거야.

← 카리브해 원주민이 사용하던 부적
이렇게 조개껍데기나 돌을 갈아서 만든 작은 장신구가 전부였던 원주민들은 유리구슬이나 방울 같은 물건을 매우 신기하게 여겼을 거야.

로 깔려 있어서 원주민들은 하루에 한두 시간만 일하고 나머지 시간은 자유롭게 보냈다는구나."

"와! 완전히 지상 낙원인 거네요?"

"물론 콜럼버스가 과장한 면도 있어. 하지만 이스파니올라섬의 자연환경이 매우 풍요로웠던 것은 사실이야. 원주민들은 유럽인에 대한 정보가 너무 없었어. 그래서 콜럼버스 일행이 유리구슬이나 방울 같은 장신구를 건네주고 식량과 금을 얻을 정도였지."

"유리구슬과 금을 맞바꿔요?"

"응. 원주민은 유리구슬을 처음 봤으니까 무척이나 신기하게 여긴 거야. 어쩌면 보석이라고 생각했을지도 모르지."

"흠, 정말 순수한 사람들이네요."

"그런데 콜럼버스 일행은 다짜고짜 금이 있는 곳으로 안내하라며 원주민을 협박했어. 또 말을 안 들으면 원주민 마을을 약탈하거나 사람들을 마구 죽이기도 했지."

"뭐라고요? 도대체 왜요?"

"콜럼버스 일행은 이제껏 돈 한 푼 받지 않고 무작정 기나긴 항해를 해 왔어. 바다 건너 아시아에는 황금이 넘쳐 나니까, 아시아에 도착하면 마을을 약탈해서 황금을 나누어 갖기로 미리 약속했거든. 그래서 눈에 불을 켜고 황금을 찾았던 거지."

"헉, 아시아에 도착한 줄 알았나 보다. 아무리 그래도 그냥 좋은 말로 물어보면 될 일이지……."

"간절히 찾는 황금이 보이지 않으니까 원주민을 닦달한 거지. 사실 이스파니올라에는 금이 나는 곳이 거의 없었기 때문에 원주민으로서는 요구를 들어주고 싶어도 들어줄 수가 없었단다. 그래서 콜럼버스가 도착한 지 불과 몇 년 만에 지상 낙원이었던 섬은 지옥으로 변했어."

"도대체 있지도 않은 금을 어떻게 내놓으라는 거지!"

"황금에 눈이 뒤집힌 콜럼버스 일행은 수단 방법을 가리지 않았어. 이들은 우선 원주민을 붙잡아 유럽에 노예로 팔았단다."

용선생의 설명에 아이들은 할 말을 잃은 채 입만 쩍 벌렸다.

"또 원주민 마을마다 할당량을 정해 금을 바치라고 명령했어. 할당량을 채우지 못하면 손목을 자르기도 했대."

"어머나, 세상에! 그게 정말이에요?"

"그래. 결국 콜럼버스가 이스파니올라섬에 도착한 지 겨우 2년 만에 20만 명에 가까운 원주민이 목숨을 잃었고, 60년 후에는 고작 500명만이 살아남았어. 그리고 100년 후에는 단 한 명도 살아남지 못했지. 오늘날 이스파니올라섬에 살고 있는 사람들 대다수는 이렇게 죽어 간 원주민 대신

용선생의 세계사 돋보기
짧은 시간에 이렇게 많은 사람이 죽은 데는 가혹한 노동 환경 외에 천연두 같은 전염병이 원주민 사이에 퍼져 나간 것도 한몫을 했어.

← **강제 노동을 하는 아메리카 원주민들**
콜럼버스 일행은 원주민에게 금을 요구하고 노예처럼 강제 노동을 시키기도 했어.

부려 먹기 위해 아프리카에서 붙잡아 온 흑인 노예의 후손이란다."

"말도 안 돼……. 너무 끔찍해요."

허영심이 떨리는 목소리로 말했다.

"콜럼버스 일행은 원주민이 죽든 말든 오로지 황금에만 관심이 있었어. 아무리 원주민을 닦달해도 별 소득이 없자 콜럼버스의 부하들은 콜럼버스를 몰아내고 이스파니올라섬을 독차지하기 위해 반란까지 일으켰지. 뜻밖의 소식을 들은 에스파냐 왕실은 사람을 보내 무슨 일이 벌어지고 있는지 조사에 나섰어. 결국 콜럼버스는 부하를 제대로 다루지 못했다는 이유로 체포되어 에스파냐 본국으로 끌려갔단다. 하지만 놀랍게도 에스파냐 왕을 포함해 어느 누구도 콜럼버스와 그 부하들이 수많은 원주민을 학살한 죄는 묻지 않았지."

"맙소사! 다들 눈에 황금밖에 안 보이나 봐요."

나선애가 벌겋게 달아오른 얼굴로 씩씩대며 말하자, 용선생은 어깨를 으쓱하며 설명을 이어 나갔다.

"에스파냐 사람들은 콜럼버스의 뒤를 이어 약 50년간 본격적으로 아메리카 정복에 나서게 된단다. 그런데 아메리카 정복에 앞장선 에스파냐의 정복자들은 에스파냐가 파견한 정식 군인이 아니었어. 새로운 땅이 발견됐다는 소식을 듣고 모험심에 불타는 젊은이나 아메리카로 가면 돈을 많이 벌 수 있다는 말에 귀가 솔깃한 가난한 사람이 대부분이었지. 하지만 대부분 화승총 같은 무기로 무장한 채 말을 타고 움직였기 때문에 한 명 한 명이 원주민보다 훨씬 강력했어. 이들

용선생의 세계사 돋보기

콜럼버스는 모두 네 차례나 아메리카로 항해했어. 1492년 첫 항해에서는 카리브해 이곳저곳을 둘러본 뒤 돌아왔고, 두 번째 항해에서는 이스파니올라섬에 식민지를 건설했지. 그런데 세 번째 항해가 끝났을 때, 콜럼버스가 식민지를 제대로 다스리지 못한다는 보고가 에스파냐 왕실에 올라갔어. 화가 난 왕실은 콜럼버스를 식민지 총독에서 해임하고 본국으로 송환했지. 그 뒤 용서를 받은 콜럼버스는 한 번 더 아메리카로 항해를 떠났지만, 그렇게 원하던 아시아에는 결국 가지 못했단다.

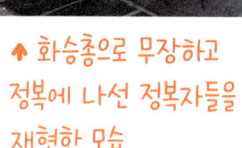

▲ 화승총으로 무장하고 정복에 나선 정복자들을 재현한 모습

▲ 정복자들이 쓰던 헬멧

아메리카 대륙에 재앙이 닥치다 **025**

은 에스파냐 국왕에게 정복할 지역을 보고하고 허락을 받은 뒤, 원정대를 꾸려 정복에 나섰단다. 정복에 성공하면 현지를 약탈해서 얻은 수익의 20퍼센트 정도는 국왕에게 바치고, 나머지는 정복에 참여한 사람들이 나누어 가졌지."

"그런데 돈을 어떻게 벌어요? 황금이 없다는 게 밝혀졌잖아요?"

"방법이야 많지. 원주민을 강제로 동원해 농사를 지어도 돈을 벌 수 있거든. 그리고 이스파니올라섬에 황금이 없었을 뿐, 아메리카 대륙에는 황금이 많았단다. 아메리카 탐색이 시작된 지 얼마 지나지 않아 정복자들은 곧 강력하고 부유한 아스테카 제국의 소문을 듣게 되었지."

용선생의 핵심 정리

콜럼버스는 더 많은 황금을 얻으려고 이스파니올라섬의 원주민을 학대함. 콜럼버스의 뒤를 이어 많은 에스파냐인이 일확천금을 꿈꾸며 아메리카로 건너옴.

코르테스가 중앙아메리카의 아스테카 제국을 몰락시키다

"아스테카요? 아스테카는 굉장히 큰 제국이잖아요. 아무리 에스파냐라도 어지간한 군대를 보내지 않는 이상 쉽게 정복하지 못할 것 같은데요."

"그렇게 생각하는 게 당연하지. 하지만 놀랍게도 처음 아스테카 원정에 나선 건 고작 400명 남짓한 모험가였단다."

 용선생의 세계사 돋보기

"네에? 겨우 400명이라고요?"

"그나마 정식 군대도 아니었어. 쿠바 총독 밑에서 아바나 시장을 지내던 관리 한 명이 서쪽 어딘가에 황금의 도시가 있다는 소문을 듣고 모험을 떠난 거였지. 이 사람의 이름은 에르난 코르테스였단다. 쿠바 총독은 코르테스의 출항을 금지했지만 코르테스는 명령을 무시한 채 막무가내로 모험에 나섰어."

"아니, 아무리 황금에 눈이 어두워도 그렇지 고작 400명으로 아스테카 제국을 정복하러 나섰단 말이에요?"

"그런데 이 400명의 정복자는 철제 갑옷, 철로 만든 날카로운 칼과 창, 그리고 우레와 같은 소리와 함께 멀리 떨어진 적을 픽픽 쓰러뜨리는 총으로 무장하고 있었어. 또 아메리카 원주민들이 본 적도 없는 말을 타고 싸웠지. 이에 반해 아메리카 원주민들의 무기라고는 활, 돌멩이, 흑요석이 박힌 곤봉이 고작이었단다."

"그래도 400명이 제국을 상대로 어떻게 싸워요. 말이 아니라 탱크를 타고 와도 어려울걸요?"

"맞아. 다짜고짜 정면 대결을 했다면 이길 수가 없었을 거야. 사실

에스파냐는 1511년 쿠바 섬을 정복해 식민지로 삼았어. 이후 쿠바는 카리브 제도에서 에스파냐 세력의 중심지 역할을 하게 되지.

▲ 에르난 코르테스
(1484년~1547년) 에스파냐 하급 귀족 출신 정복자야. 고작 400명의 군대를 이끌고 아스테카 제국을 멸망시켰지.

▲ 에르난 코르테스의 원정로

황금에 대한 소문만 듣고 쿠바섬을 떠나 아스테카 제국으로 향했대.

아메리카 대륙에 재앙이 닥치다 **027**

코르테스도 정복은 생각조차 못 했어. 아스테카 제국이 있다는 것조차 몰랐으니까. 코르테스는 쿠바와 가까운 유카탄반도에 상륙해 원주민으로부터 황금을 빼앗을 생각이었어. 그런데 그곳에서 아스테카 제국에 대한 이야기를 들은 거지. 또 앞으로 큰 도움이 될 동맹도 얻었어."

"동맹? 원주민이 코르테스와 동맹을 맺었다는 말씀이세요?"

"응. 너희들 아스테카 사람들이 테노치티틀란이라는 도시를 세우고 다른 도시들과 삼각 동맹을 맺은 후에, 멕시코고원 일대의 도시를 차례차례 정복해서 제국을 건설했다는 얘기는 기억나니?"

"예, 배운 기억이 나요."

"아스테카 사람들은 정복한 도시를 매우 혹독하게 다스렸어. 대표적인 사례가 인신 공양이었지. 아스테카는 전쟁 포로나 정복한 도시 국가 사람들을 신에게 제물로 바쳤거든. 그래서 아스테카의 지배

를 받던 원주민들은 불만이 많았단다. 이 와중에 바다를 건너온 이방인에 관한 소문이 빠르게 퍼졌어. 소문에 따르면, 이방인들은 화살도 뚫지 못하는 쇠로 만든 옷을 입고 새처럼 날쌘 짐승을 타고 싸우는데, 불을 뿜는 쇠막대로 멀리 떨어진 적을 마법처럼 쓰러뜨린다는 거야. 아스테카의 지배를 받던 원주민들은 그런 이방인과 손을 잡아 아스테카의 손아귀에서 벗어나려고 했단다. 아스테카 제국에 균열이 생겨난 거지."

"아이고, 그 사람들이 얼마나 악랄한 줄도 모르고……."

허영심이 안타까운 듯 한숨을 내쉬었다.

"코르테스는 동맹을 맺은 원주민들에게서 통역과 길잡이를 얻어 아스테카의 심장부인 테노치티틀란을 향해 전진했어. 한번은 막강한 총과 대포를 앞세워 수많은 원주민 군대를 몰살시켜 버리기도 했지. 이쯤 되자 아스테카의 목테수마 황제도 코르테스 일행의 힘을 인정할 수밖에 없었단다. 목테수마 황제는 코르테스가 원하는 만큼 황금을 주고 돌려보내려고 했어. 코르테스와 싸우느라 힘을 너무 빼면 설령 승리한다 해도 아스테카에 불만이 많은 다른 원주민의 반란을 막을 수가 없다고 판단했기 때문이지."

"흠, 코르테스는 황금이 목표니까 황금을 주면 돌아가겠죠?"

나선애가 중얼거리자 용선생도 고개를 끄덕였다.

"코르테스 역시 목테수마 황제를 만나기 위해 테노치티틀란으로 들어갈 때만 해도 그럴 생각이었어. 그런

↑ **목테수마 황제를 만나는 코르테스와 말린체** 오른편에 있는 남자가 코르테스, 그 옆은 코르테스의 통역이자 길잡이로 활약한 말린체라는 원주민 여성이야. 오늘날 멕시코에서 '말린체'라는 이름은 곧 배신자라는 뜻으로 통한대.

아메리카 대륙에 재앙이 닥치다 **029**

데 테노치티틀란의 어마어마한 위용을 직접 보고는 마음이 바뀌었단다. 테노치티틀란은 에스파냐의 어지간한 대도시를 능가할 만큼 화려하고 부유한 도시였거든. 코르테스는 교묘한 핑계를 대며 목테수마 2세를 자기 집으로 불러들였어. 사실상 황제를 인질로 붙잡은 셈이지."

"으악, 황제를 인질로 잡아요?"

"그래. 하지만 목테수마는 자신이 인질이라고 생각하지 않았던 모양이야. 코르테스의 집에 머물면서 행동에 거리낌이 없었거든. 그동안 코르테스는 황금을 챙겨서 빼돌릴 방법만 궁리했지. 근데 엉뚱한 곳에서 문제가 터졌어."

"무슨 사고라도 났나요?"

"아까 코르테스가 상관인 쿠바 총독의 지시를 무시하고 원정을 떠났다고 이야기했지? 쿠바 총독이 코르테스를 체포하기 위해 병사 500명을 파견한 거야. 이 소식을 들은 코르테스는 부하에게 테노치티틀란을 맡기고 싸우러 나섰지."

"그러면 에스파냐 사람들끼리 싸운 거예요?"

"응. 코르테스는 쿠바 총독이 보낸 사람들을 습격해 대장을 사로잡았고, 나머지 사람들에게는 자기가 챙겨 온 황금을 보여 주면서 함께 아스테카를 정복하자고 설득했지. 이로써 코르테스는 인원도 보충하고, 총과 대포와 같은 무기도 확보할 수 있었단다."

▲ 〈식민화 또는 에르난 코르테스의 베라크루스 도착〉
멕시코 화가 디에고 리베라의 작품이야. 코르테스의 도착으로 에스파냐의 식민지가 된 멕시코의 모습을 묘사했어.

"진짜, 황금이면 뭐든 다 되는 세상이었네요."
장하다가 질렸다는 듯 고개를 절레절레 저었다.

"그런데 코르테스가 이러는 사이에 테노치티틀란에서 일이 생겼어. 아스테카의 귀족과 전사들이 전통 축제를 벌이기 위해 도시 한가운데 있는 신전으로 모여들었는데, 테노치티틀란에 남아 있던 코르테스의 부하들이 이걸 자신들을 공격하려는 걸로

▲ 테노치티틀란 신전에서 원주민을 학살하는 에스파냐 정복자들

오해했던 거야. 코르테스의 부하들은 신전으로 쳐들어가 총과 칼로 아스테카인들을 무자비하게 학살했어. 축제를 즐기러 온 아스테카 사람들은 무기조차 들지 않았는데 말이야."

"세상에, 정말 너무한 것 아녜요?"
나선애가 씩씩대며 말했다.

"이 사건 때문에 민심이 흉흉할 때 코르테스가 돌아왔어. 아스테카 사람들은 코르테스가 있는 곳을 포위하고 맹공격을 가했지. 혼란 속에서 목테수마 황제는 목숨을 잃었고, 코르테스 원정대는 막대한 피해를 입은 채 겨우 목숨만 건져 테노치티틀란을 탈출했단다."

"와, 드디어 아스테카 사람들이 침략자에게 본때를 보여 줬군요?"
용선생은 굳은 표정으로 고개를 가로저었다.

"그래. 당장은 물리쳤겠지. 하지만 코르테스를 놓친 것이 큰 실수였어. 게다가 아스테카에 원한을 가진 원주민들은 여전히 코르테스 편에 서 있었지. 코르테스는 에스파냐 본국에 지원을 요청하고 본격적인 정복 전쟁을 준비했어. 그리고 코르테스 일행이 탈출한 테노치티틀란에서 무서운 전염병이 번지기 시작했단다."

용선생의 세계사 돋보기

천연두는 기원전 1만 년 무렵부터 유럽, 아시아, 아프리카 등지에서 유행하던 전염병이야. 유럽인들은 대부분 천연두균과의 직간접적인 접촉을 통해서 천연두에 면역이 되어 있었어. 하지만 아메리카에는 아예 천연두라는 병이 없었기 때문에 아메리카 원주민은 천연두에 아무런 면역이 되어 있지 않았지.

곽두기의 국어사전

전열 싸울 전(戰) 줄 열(列). 전쟁에 참여하는 부대의 행렬을 가리키는 말로 보통 싸움의 준비 태세를 뜻해.

"전염병요?"

"그래. 바로 바로 유럽인들에게 옮은 천연두라는 전염병이었지. 아메리카 원주민들은 천연두에 대한 면역력이 없었단다. 그래서 고작 몇 개월 사이에 수만 명의 원주민이 천연두에 걸려 목숨을 잃었어. 새로 즉위한 아스테카 황제도 천연두에 걸려 3개월 만에 사망했지."

"코르테스가 그렇게 무서운 전염병까지 퍼뜨린 거예요? 진짜 재앙이었네요, 재앙."

나선애가 혀를 내둘렀다.

"코르테스가 일부러 퍼뜨린 건 아니야. 에스파냐 사람들과 접촉하다 보니 자연스럽게 전염병이 퍼진 거지. 어쨌거나 코르테스는 동맹을 맺은 원주민 지역에서 5개월 남짓 휴식하면서 전열을 정비하고, 아스테카에 불만이 많은 원주민을 자기편으로 끌어모았어. 때가 되었다고 생각한 코르테스는 테노치티틀란을 에워싸고 공격했지. 이번

▶ **베라크루스** 코르테스가 멕시코만에 세운 항구 도시야. 코르테스는 이곳에서 전열을 가다듬고 아스테카 제국과 싸움을 벌였지. 에스파냐 식민지 시대를 거쳐 지금까지 멕시코의 관문 역할을 하고 있어.

에는 동맹을 맺은 원주민도 5만 명이나 참가했어. 결국, 아스테카는 오래 버티지 못하고 두 손을 들 수밖에 없었단다. 이렇게 제국의 심장부가 무너지자 막강한 아스테카 제국도 무너질 수밖에 없었지."

"그렇게 강력했던 제국이 이렇게 쉽게 멸망하다니, 쩝."

장하다가 어이없는지 입맛을 다셨다.

"코르테스의 대성공은 사람들의 탐욕을 부추겼어. 한마디로 '코르테스가 했는데 나라고 못할쏘냐?' 이거였지. 피사로도 그렇게 생각한 사람 중에 한 명이었어."

"혹시 이번에는 잉카 제국……?"

나선애의 조심스러운 추측에 용선생이 조용히 고개를 끄덕였다.

▲ **테노치티틀란을 공격하는 코르테스**
코르테스는 테스코코호에 커다란 배를 띄우고 대포를 실어서 치고 빠지는 식으로 공격했다고 해.

용선생의 핵심 정리

정복자 코르테스는 400명의 군사와 함께 아스테카 제국으로 들어왔고, 동맹을 맺은 원주민의 도움과 천연두 유행을 기회로 아스테카 제국을 무너뜨리는 데 성공함.

남아메리카의 잉카 제국을 무너뜨린 피사로

용선생은 스크린에 사진을 한 장 띄우고 설명을 시작했다.

"바로 이 사람이 잉카 제국을 무너뜨린 프란시스코 피사로야. 코르

▲ **프란시스코 피사로**
(1471년~1541년) 에스파냐 출신의 정복자. 잉카 제국을 정복했어.

아메리카 대륙에 재앙이 닥치다 **033**

테스의 먼 친척이었던 피사로는 집안 사정이 그다지 좋지 못했어. 죽을 때까지 글도 읽을 줄 몰랐다는 걸 보면 교육도 제대로 받지 못했던 것 같아. 다만 스무 살 때부터 군인으로 활동해 전쟁에는 이골이 난 사람이었지."

"무식하지만 싸움은 잘하는 사람이었다, 이거군요."

"응. 너희들 발보아라는 탐험가가 태평양까지 갔던 거 기억하니? 피사로는 한때 발보아의 부하로 파나마 모험에 나서기도 했어. 그리고 1521년, 친척인 코르테스가 아스테카 제국을 정복했다는 소식을 들었을 때에는 파나마 시장으로 일하고 있었지. 이 소식을 들은 피사로의 기분이 과연 어땠을까?"

"그야, 당연히 욕심이 생겼겠죠."

장하다가 중얼거리듯 말했다.

"맞아. 1524년, 피사로도 코르테스처럼 대원을 모아서 황금이 많다는 남쪽으로 모험을 떠났어. 하지만 식량도 부족하고 길도 험난해서 도중에 돌아와야 했지."

"그럼 실패한 거네요."

"피사로는 포기하지 않고 2년 뒤에 파나마 총독의 허락을 얻어 두 번째 원정에 나섰어. 이번에도 고생의 연속이었지. 밀림이라서 길도 험하고 때때로 원주민의 공격도 받았거든. 견디다 못한 대원들은 파나마로 돌아가고 싶어 했어. 그때 피사로는 땅에 금을 긋고서 이렇게 이야기했대. '파나마로 돌아가서 가난하게 살 사람은 저쪽에 서고, 나와 함께 가서 부자가 될 사람은 이쪽에 서라.' 그렇게 해서 끝까지 남은 사람이 13명이었어."

왕수재의 지리 사전

파나마 파나마는 멕시코 아래에 위치한 중앙아메리카의 작은 나라야. 파나마의 수도는 '파나마시티'로, 에스파냐인들이 건설한 도시란다.

↑ 피사로 원정대 상상화

◀ 땅에 금을 긋고 버티는 피사로
단 13명만이 피사로와 함께 하기를 선택했어.

뜻밖의 이야기에 아이들은 서로의 얼굴을 잠시 바라보았다.

"13명? 그걸로 뭘 하겠다는 거예요?"

"그러게 말이다. 더군다나 파나마 총독마저 피사로에게 사람을 보내 당장 파나마로 돌아오라고 명령했어. 하지만 피사로는 그 후에도 6개월이나 더 끈질기게 버틴 끝에 다시 지원을 받아 모험을 계속해 나갔지. 그 결과 피사로는 2년 만에 잉카 제국의 실마리를 찾아냈어. 또 현지 원주민과 동맹을 맺어 통역과 길잡이도 얻었지."

"우아, 정말 끈질기네요."

"그렇지? 이제 어느 정도 자신이 생긴 피사로는 파나마 총독을 거치지 않고 에스파냐로 돌아가 국왕에게 직접 지원을 요청했어. 그리고 본국에 있던 일가친척까지 모조리 끌고 왔

▼ 피사로의 원정 경로

- ····· 1차 원정(1524년)
- ----- 2차 원정(1526년)
- ——— 3차 원정(1531년)

아메리카 대륙에 재앙이 닥치다 **035**

지. 이렇게 해서 잉카 제국을 정복할 200명의 원정대가 꾸려졌단다."

"고작 200명? 200명으로 잉카 제국을 상대한단 말이에요?"

"피사로는 철저히 코르테스의 성공 비법을 따라 하기로 했어. 일단 만만한 원주민 마을을 약탈해 주머니를 불리고, 동맹이 될 만한 원주민들을 찾아 세력을 불리는 거야. 그리고 마지막으로 황제를 만나서 담판을 짓는 거지. 그런데 안데스산맥을 넘어 잉카 제국으로 가는 길을 물색하던 피사로의 귀에 뜻밖의 소식이 전해졌어. 잉카 제국의 아타왈파 황제가 바로 근처에 와 있다는 거야. 그것도 수만 명이나 되는 대군을 이끌고 말이지."

"침략자를 물리치러 황제가 나선 건가요?"

"그건 아니야. 이때 아타왈파 황제는 동생과의 왕위 계승 전쟁에서 막 승리를 거둔 참이었어. 동생을 포로로 잡고 쿠스코로 돌아가려던 황제는 가까운 곳에서 웬 낯선 사람들이 마을을 약탈한다는 소식을 듣고는 발길을 돌려 직접 피사로를 만나 보기로 했단다."

"피사로는 얼른 도망가는 게 상책이겠는데요."

"피사로는 오히려 절호의 기회라고 생각했어. 어차피 황제를 만나 담판을 지을 작정이었으니까. 피사로와 잉카의 황제는 카하마르카에서 만나기로 했어. 피사로는 여차하면 황제를 생포해 버릴 생각이었지."

"헤…… 말이 쉽지 그게 어디 맘대로 되겠습니까?"

왕수재가 콧방귀를 뀌었지만 용선생은 고개를 좌우로 흔들었다.

"그런데 그게 아니었단다. 피사로 원정대는 총과 대포로 무장하고 있었는걸. 잉카 황제는 군사 수천 명을 거느리고 피사로를 만나러 갔어. 양쪽이 긴장한 가운데 에스파냐 성직자가 황제에게 십자가와 성

서를 건네줬지. 황제더러 크리스트교를 믿으라는 뜻이었어. 황제는 성서를 넘겨 보다가 알 수 없는 글자만 잔뜩 적혀 있으니까 땅바닥으로 냅다 내던져 버렸지. 뭔 수작인가 싶어서 말이야. 이때 잔뜩 긴장해 있던 피사로는 매복하고 있던 사람들에게 공격 명령을 내렸단다. 결국 전투가 벌어졌는데, 결과는 피사로의 대승이었어. 피사로 원정대는 2,000명 넘는 잉카 병사를 죽이고 황제를 포로로 잡는 동안 단 한 명의 전사자도 내지 않았거든."

▲ 카하마르카 전투
피사로가 잉카 황제를 포로로 붙잡고 있어.

"우아, 말도 안 돼."

아이들이 혀를 내둘렀다.

"포로로 붙잡힌 아타왈파 황제는 피사로 일행의 관심사가 황금이라는 걸 눈치채고 한 가지 제안을 했어. 자기가 갇혀 있는 방을 황금으로 가득 채우고 또 그 두 배에 해당하는 은을 줄 테니, 대신 자기를 풀어 달라는 거였지. 피사로는 이 제안을 흔쾌히 받아들였어."

"잉카 황제에게 그렇게 황금이 많았어요?"

아메리카 대륙에 재앙이 닥치다 **037**

↑ 잉카 제국의 새 모양 금 장식
잉카 제국은 황금이 풍부해 이러한 장신구가 많았어.

"응. 황제는 약속을 지켰어. 피사로에게 주려고 제국 전역에서 모아 온 금이 84톤, 은이 164톤에 이르렀다고 하니까 커다란 트럭 몇십 대로 날라야 할 어마어마한 양이었지. 그런데 잉카 제국이 워낙 크다 보니 금과 은을 가져오는 데 3개월 가까운 시간이 걸렸어. 그사이에 상황이 달라졌단다."

"상황이 달라지다니, 어떻게요?"

"피사로가 잉카 황제를 생포했다는 소식을 듣고 본국에서 더 많은 에스파냐인이 도착한 거야. 그런데 이때 피사로를 비롯한 200명의 정복자들은 이미 자기들끼리 금을 나누어 가지기로 결정한 뒤였어. 말하자면 뒤늦게 온 사람들에게 돌아갈 건 땡전 한 푼 없었던 상태였지. 당연히 뒤늦게 온 사람들은 황제를 놓아주지 말고 금을 더 긁어모으자고 했고, 그 때문에 황제는 약속대로 금과 은을 주고도 풀려나지 못했어."

"어휴, 정말. 금은보화에 눈이 어두워 약속까지 내팽개치다니."

"그런 차에 피사로의 귀에 황제가 겉으로는 고분고분한 척하면서 뒤로 대군을 모으고 있다는 소문이 들려왔어. 그러지 않아도 내심 불안했던 피사로는 황제를 처형해 버렸단다."

"뭐라고요? 분명히 풀어 주겠다고 약속해 놓고!"

"황제가 처형당했다는 소식에 잉카 사람들이 들고일어났을 것 같은데요?"

아이들이 놀란 듯 물었지만, 용선생은 고개를 가로저었다.

"잉카 제국은 왕위 계승 전쟁이 끝난 직후였어. 여전

↑ 잉카 황제가 붙잡혀 있던 작은 집

▲ **삭사와만 요새** 쿠스코를 방어하기 위해 건설한 잉카 제국의 요새였어. 에스파냐 정복자와 잉카인은 서로 이 요새를 차지하려고 싸웠지. 훗날 에스파냐인이 요새의 돌을 건축 자재로 뜯어 가 버리는 바람에 오늘날에는 이렇게 폐허만 남아 있어.

히 황제의 반대 세력이 많이 남아 있었지. 피사로는 처형한 황제의 조카 망코를 꼭두각시 황제로 모시고는, 1533년 당당히 잉카의 수도 쿠스코로 입성했단다. 이로써 잉카 제국도 사실상 종말을 맞이했지."

"쯧쯧. 결국 내부 갈등이 발목을 잡았던 거네요."

"그런 셈이지. 근데 피사로가 황제 자리에 앉힌 망코는 차츰 에스파냐 사람들에게 적대심을 갖게 되었어. 아무리 금은보화를 가져다 바쳐도 에스파냐인의 욕심은 끝이 없었거든. 결국 망코는 황제가 된 지 3년 만인 1536년에 에스파냐에 맞서 전쟁을 일으켰단다."

"그래서 결과는 어떻게 됐어요?"

"잉카인들은 10만 명이 넘는 대군을 동원해서 에스파냐 정복자들을 공격했어. 하지만 끝끝내 승리하지는 못했지. 에스파냐 정복자들은 수

백 명밖에 안 됐지만, 무기도 월등히 우수하고 동맹을 맺은 원주민 수만 명이 도와주었기 때문이야."

"아휴, 아스테카와 어쩜 이리도 비슷한지."

"망코 황제는 10개월 넘게 싸웠어. 하지만 에스파냐 본토에서 정복자가 속속 도착하자 깊은 산중으로 숨어들 수밖에 없었지. 잉카인은 안데스산맥 남쪽 끝자락에 있는 빌카밤바라는 곳에 근거지를 만들어 그 뒤로도 40년 가까이 항전했어. 하지만 잉카 제국에도 천연두를 비롯한 유럽에서 건너온 전염병들이 창궐해 수많은 사람이 죽어 나가는 바람에 제대로 싸우기도 힘들어졌어. 잉카에 대한 에스파냐의 지배력은 하루가 다르게 강해졌고, 전염병으로 피폐해진 잉카 사회는 차츰 저항할 힘을 잃어 갔지."

"그럼 정복자 피사로가 잉카를 통치하는 건가요?"

"아니. 잉카 지역을 다스리는 페루 총독 자리를 놓고 에스파냐 정복자들 사이에 갈등이 빚어졌단다. 그 와중에 피사로와 그 가족들은 모조리 살해당하거나 왕이 보낸 군대에 붙잡혀 처형당하고 말았지."

나선애가 기가 막힌다는 듯 헛웃음을 지었다.

왕수재의 지리 사전

빌카밤바 잉카인이 사용하는 언어로 '신성한 평원'이란 뜻이야. 쿠스코에서 150킬로미터 정도 떨어진 강가에 위치해 있어.

곽두기의 국어 사전

창궐 미쳐 날뛸 창(猖) 날뛸 궐(獗). 나쁜 세력이나 전염병 등이 걷잡을 수 없이 퍼져 나간다는 뜻이야.

잉카 최후의 도시 마추픽추

마추픽추 전경

마추픽추는 잉카를 대표하는 도시 유적이야. 안데스산맥의 기막히게 아름다운 열대 산림을 배경으로 불룩 솟은 해발 2,430미터 고봉에 자리 잡고 있지. 잉카 전성기에 건설되었다가 잉카 제국이 멸망하며 주민들이 홀연히 사라져 버렸기 때문에 '잉카 최후의 도시'로 불리기도 해.

마추픽추가 사람들에게 알려진 건 1800년대 말이었어. 워낙 높고 깊은 산속에 지어진 데다가 수백 년 동안 버려져 있어서 아무도 존재조차 몰랐는데, 쿠스코 사람들이 어렵사리 찾아냈어. 미국의 고고학자 하이럼 빙엄이 이 소식을 듣고 1911년 마추픽추에 올라갔고, 세상에 널리 알렸지.

마추픽추는 잉카인의 뛰어난 건축 기술을 엿볼 수 있는 유적이야. 가파른 경사면에 석축을 쌓아 만든 계단식 밭, 도시 곳곳에 물을 공급하는 정교한 수로, 면도칼 하나 들어갈 틈이 없을 만큼 정교하게 쌓은 건물의 돌벽은 왜 마추픽추가 아메리카 원주민 건축의 최고 걸작으로 꼽히는지를 잘 보여 주지.

↑ 계단식 밭

↑ 태양 신전의 벽면 모습

"원주민을 내쫓고 자기들끼리 싸웠던 거군요."

"사실 아스테카나 잉카에서 일어난 것과 비슷한 일들이 아메리카 전역에서 벌어졌어. 수천만 명이 넘는 원주민이 학살당하거나 전염병으로 죽었고, 남은 사람들은 대부분 노예나 다름없는 신세가 되었단다. 콜럼버스가 아메리카에 발을 디딘 지 채 50년도 안 되어 아메리카 원주민 사회는 완전히 붕괴되었어. 에스파냐는 옛 아스테카 제국이 있던 곳에는 '누에바 에스파냐', 잉카 제국이 있던 곳에는 '페루'라는 부왕령을 설치하여 본격적으로 식민지를 통치하기 시작했단다."

나선애의 세계사 사전

부왕령 에스파냐는 아메리카를 부왕령이라는 구역으로 나누어 다스렸어. 부왕령의 최고 책임자는 부왕이야. 부왕은 '왕에 버금가는 사람'이라는 뜻으로, 임기는 2년이었단다.

용선생의 핵심 정리

프란시스코 피사로는 200여 명의 정복자와 함께 잉카 황제를 사로잡고 뒤이어 잉카 제국 정복에 성공함.

폐허 위에 세워진 신세계

"선생님, 그런데 아메리카에는 더 정복할 나라도 없지 않아요?"

허영심의 물음에 용선생은 고개를 끄덕였다.

"그래. 하지만 아스테카와 잉카가 멸망한 뒤에도 수많은 모험가가 금은보화를 찾아 아메리카 곳곳을 뒤지고 다녔어. 그러다가 원주민 마을을 발견하면 으레 닥치는 대로 약탈했지. 에스파냐 국왕은 정복자의 약탈 행위를 억제하려고 원주민을 공격할 때는 반드시 사전에 다음과 같은 포고문을 읽도록 했어."

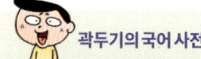

곽두기의 국어 사전

포고문 펼 포(布) 알릴 고(告) 글월 문(文). 널리 펴서 알리는 글을 가리켜.

'하느님의 대리인인 교황께서 에스파냐 국왕에게 이 땅의 지배권을 주셨다. 그러니 너희들은 에스파냐 국왕에게 복종하고 크리스트교를 받아들여라. 거부한다면 너희들을 노예로 삼을 것이다. 만약 반항하다 죽는다면 지옥에 갈 것이다.'

"이 포고문을 거부하는 경우에만 원주민을 공격하라는 뜻이었지. 그런데 정작 원주민은 이게 무슨 말인지 알아듣지도 못했대. 왜냐하면 갑자기 마을에 들이닥쳐서 알아듣지도 못하는 에스파냐어로 포고문을 읽었거든. 그렇게 어리둥절한 원주민을 닥치는 대로 공격해 놓고 자기들은 포고문을 읽었으니 죄가 없다고 주장했던 거야."

"우아, 진짜 나쁜 사람들이네!"

아이들이 얼굴을 찌푸렸다.

"그렇지만 이제 코르테스나 피사로처럼 한 번에 많은 금은보화를 챙길 방법은 없었어. 그러자 정복자들은 이미 정복한 땅과 원주민을 이용해 돈을 벌었단다. 그래서 나온 게 위탁 제도야."

"위탁 제도?"

"정복한 땅과 그 땅에 사는 원주민을 정복자에게 맡긴다는 뜻이야. 누가 맡기냐고? 그야 에스파냐의 왕이 정복자에게 맡기는 거지. 정복자는 자신이 에스파냐 국왕으로부터 위탁받은 땅을 다스리면서 원주민을 보호하고 크리스트교로 개종시킬 책임을 져. 그 대신 원주민은 정복자에게 공물을 바치고 노동력을 제공해야 했어."

"그럼 결국 정복자가 땅과 주민을 알아서 이용해 먹으라는 거 아니에요?"

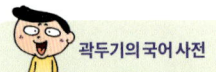

곽두기의 국어사전

위탁 맡길 위(委) 부탁할 탁(託). 남에게 사물 혹은 사람의 책임을 맡기는 것을 말해.

▲ **멕시코의 수도 멕시코시티** 에스파냐 사람들은 옛 아스테카 제국이 자리 잡고 있던 테스코코호를 메우고 그 위에 도시를 세웠어.

"그래. 위탁 제도 덕택에 정복자는 위탁받은 지역을 다스리면서 멋대로 원주민을 착취할 수 있게 된 거야."

"그래도 이제 원주민을 마구잡이로 죽이지는 않겠네요."

"글쎄다. 정복자는 더 많은 공물, 더 값비싼 공물을 거둬들이기 위해 원주민을 노예처럼 부려 먹었어. 원주민은 생업도 돌보지 못한 채 정복자의 농장이나 광산에 끌려가서 일했지. 또 정복자는 원주민을 보호하고 크리스트교를 포교한다는 명분으로 원주민의 일상생활까지 철저히 통제했단다. 원주민은 거주지를 옮길 수도 없었고, 여행도 할 수 없었어. 또 원주민의 저항을 막기 위해 한곳에 모이지도 못하게 하고 무기도 가지지 못하게 했지. 만약 이런 규정을 어겼다가는 발각 즉시 사형에 처해졌기 때문에 원주민은 집에 부엌칼 하나도 가질 수가 없었단다."

"세상에, 그럼 요리는 어떻게 하라고요? 해도 해도 너무한 것 아냐!"
아이들은 할 말을 잃은 듯 용선생의 얼굴만 멍하니 바라보았다.

유럽인 정복자 마을 둘러보기

교회

수도원
마을 중심에는 유럽의 대도시처럼 거대한 교회와 수도원이 들어섰어.

➜ **신항로 개척 이후 아메리카 원주민의 인구 변화**
에스파냐의 잔혹한 통치로 원주민의 인구가 급격히 감소했어.

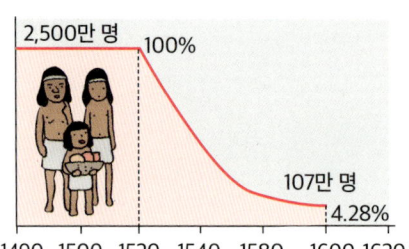
멕시코 중앙부(아스테카 제국)

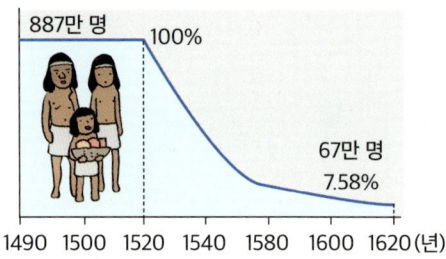
안데스 지방(잉카 제국)

"여기에 아스테카와 잉카를 무너뜨리는 데 결정적인 역할을 했던 전염병이 또다시 기승을 부렸어. 아메리카 원주민은 낯선 전염병과 혹독한 강제 노동으로 인해 속수무책으로 죽어 갔지. 콜럼버스가 아메리카에 발을 디딘 지 100년 만에 아메리카 원주민 대부분이 목숨을 잃었어."

"그 지경인데도 에스파냐 사람들은 탐욕에 눈이 멀어 황금만 좇았단 말이에요? 사람이 어떻게 그럴 수 있어요?"

견디다 못한 나선애가 용선생에게 따지듯 물었다.

"당시 대다수 에스파냐 사람은 아메리카 원주민이 유럽인보다 열등하고 미개하다고 생각했어. 아메리카 원주민의 기술 수준이 낮고, 인신공양을 한다는 사실이 이런 생각을 굳히도록 만들었지. 그래서 전쟁과 무력을 통해서라도 미개한 원주민을 지배하면서 발전된 유럽 문명을 전하는 것이 정당하다고 여겼던 거야."

"쳇! 진짜 건방지네요."

"하지만 유럽인 중에도 다른 생각을 가진 사람들이 있었어. 대표적인 사람이 라스카사스라는 신부였지. 라스카사스는 원주민이 일궈

➜ **라스카사스 신부**
(1474년~1566년) 아메리카 원주민의 권리 보호에 앞장선 인물이야. 라스카사스는 《인디아스의 역사》란 책을 쓰기도 했단다.

낸 문명은 결코 열등하지 않으며, 말로 설득하면 얼마든지 유럽 문명을 전할 수 있다고 주장했어. 또 원주민을 착취하는 위탁 제도는 당장 폐지해야 한다고 목소리를 높였지."

"드디어 옳은 말을 하는 사람이 나타났네요!"

"에스파냐 국왕 카를 5세는 라스카사스의 주장에 귀가 솔깃해졌어. 사실 카를 5세는 정복자들이 에스파냐 본국의 몇 배나 되는 땅을 차지하고, 원주민을 노예로 부려 덩치를 키우는 상황이 불안했거든. 이렇게 세력을 키운 정복자가 반란을 일으키기라도 하면 걷잡을 수 없는 사태가 벌어질 것이 틀림없었기 때문이었지. 그러니까 라스카사스는 정복자를 내쫓을 궁리를 하던 카를 5세에게 그럴싸한 명분을 제공해 주었던 거야."

"에구, 난 또 왕이 원주민들을 불쌍히 여겨서 그런 줄 알았지 뭐야."

"카를 5세는 라스카사스를 불러서 에스파냐의 바야돌리드에서 토론회를 열었어. 주제는 '아메리카 원주민을 어떻게 대할 것인가?'였

 용선생의 세계사 돋보기

에스파냐 국왕과 신성 로마 제국 황제를 비롯해 수많은 작위를 차지하고 합스부르크 가문의 전성기를 이끈 인물이야. 이미 여러 번 등장했지? 에스파냐에서는 카를로스 1세라고 불러.

↓ **바야돌리드** 에스파냐 중북부에 위치한 도시야. 1550년, 이곳에서 아메리카 원주민의 대우를 놓고 토론회가 열렸어.

지. 한쪽에서는 원주민은 미개하므로 무력으로 정복하는 것이 당연하다고 주장했단다. 하지만 카를 5세는 라스카사스의 주장을 받아들여 원주민에 대한 가혹 행위를 금지하고 위탁 제도도 폐지하기로 했지. 하지만 이미 원주민 인구가 급격히 줄어든 탓에 위탁 제도 자체가 별 의미가 없었어."

"맙소사, 쯧쯧."

허영심이 혀를 차자 나선애가 차분히 물었다.

"그런데 부려 먹을 원주민이 얼마 없으면 정복자도 손해 아닌가요?"

"그래서 아프리카 흑인 노예를 수입하기 시작했단다. 아프리카 흑인은 천연두 같은 전염병에 면역이 되어 있어서 원주민처럼 쉽게 목숨을 잃지도 않았지."

"아니, 흑인은 노예로 부려도 된다는 건가요? 흑인은 사람도 아닌가?"

장하다가 어이없어하자 용선생도 어깨를 으쓱했다.

"이때만 해도 흑인 노예를 인간으로 대우해야 한다고 생각하는 사람은 없었어. 흑인 노예를 법으로 금지한 건 수백 년 뒤거든."

"쩝, 원주민 편이라도 들어 준 사람이 있었던 게 다행이었구나."

"라스카사스뿐만 아니라 아메리카에서 활동한 많은 가톨릭 성직자들이 정복자의 횡포에 맞서 원주민의 편이 되어 주었어. 그래서 원주민도 이들에게 많이 의지하고 마음을 열었단다. 오늘날 라틴 아메리카 사람들이 대부분 독실한 가톨릭 신자가 된 것은 성직자들의 헌신적인 활동 덕분이라고 할 수 있지. 사실 지금의 라틴 아메리카 문화는 가톨릭을 중심으로 한 유럽 문화와 원주민 문화, 나중에 노예로 끌려온 이들의 아프리카 문화가 혼합되어 만들어진 거야."

"그야말로 아스테카와 잉카의 폐허 위에 새로운 세계가 만들어진 거네요."

"문화적으로는 그런 셈이지. 문화가 다른 사람들이 한곳에 살다 보면 아무래도 언어와 음식, 종교나 생활 풍습 같은 것이 섞이게 마련이니까. 바야돌리드 논쟁 이후 정복자들은 원주민과 아프리카 노예의 노동력을 이용해 아메리카에 거대한 농장을 만들고 지주 행세를 하며 떵떵거리고 살았단다. 이런 대농장을 '아시엔다'라고도 불러. 시간이 더 흐르자 에스파냐를 선두로 나중에는 포르투갈과 영국, 프랑스, 네덜란드 등 유럽의 여러 나라가 아메리카에 식민지를 만들었어. 그동안 원

라틴어는 고대 로마 제국에서 사용하던 언어야. 에스파냐어, 포르투갈어, 프랑스어 등이 라틴어에 뿌리를 두고 있지. 그래서 아메리카에서 이런 언어를 사용하는 국가를 뭉뚱그려 라틴 아메리카라고 부른단다.

↑ 아시엔다 1800년대 후반 멕시코의 어느 아시엔다 풍경이야.

▲ 미사를 드리는 라틴 아메리카의 가톨릭 신자들
오늘날 라틴 아메리카 사람들 대다수는 가톨릭을 믿어. 가톨릭은 라틴 아메리카 문화에서 빼놓을 수 없는 요소이지.

주민은 물론이고 아프리카인도 노예로 끌려와 말할 수 없는 고통에 시달렸단다. 이런 희생 위에 유럽은 차곡차곡 부를 쌓아 갔어. 특히 에스파냐는 아메리카에서 막대한 양의 금과 은을 들여와 유럽 최강국으로 우뚝 서게 되지."

"선생님, 오늘 수업은 너무 무서웠어요. 힝……."

허영심이 콧소리를 섞어 가며 투덜거렸다.

"그래, 너희들도 아마 마음이 많이 안 좋았을 거야. 오늘 우리가 공부한 지역은 주로 에스파냐 사람들이 정착한 중부와 남부 아메리카야. 보통 라틴 아메리카라고 부르는 지역이지. 오늘날 미국과 캐나다가 자리 잡고 있는 북아메리카에는 주로 영국과 프랑스를 비롯한 서유럽 국가들이 식민지를 만들며 이와는 조금 다른 역사가 진행된단다. 물론 여기서도 유럽인의 정착과 함께 수많은 원주민과 노예로 끌려온 아프리카 사람들이 고생한 건 마찬가지야. 거기에 대해서는 다음에 공부하기로 하고 오늘은 여기까지만 할까? 얘들아, 모두들 고생 많았어. 안녕!"

> **용선생의 핵심 정리**
>
> 아메리카 원주민 대다수는 정복 전쟁, 전염병과 강제 노동 때문에 목숨을 잃음. 라스카사스 신부는 이런 원주민을 보호하기 위해 노력함.

나선애의 정리노트

1. ### 아메리카 정복과 원주민 인구 감소
   - 정복자 : 아메리카 정복에 나선 에스파냐 사람을 가리킴.
     → 정식 군대가 아니라 주로 돈을 벌 목적으로 탐험에 나선 사람들
   - 정복자는 돈을 벌기 위해 원주민을 학대함. → 100년 만에 원주민 인구 급감
   - 콜럼버스 이후 많은 에스파냐인들이 부를 얻기 위해 아메리카로 건너옴.

2. ### 아스테카 제국과 잉카 제국의 멸망
   - 에르난 코르테스: 쿠바에서 아스테카 제국에 관한 소문을 들음.
     → 현지에서 원주민과 동맹을 맺어 테노치티틀란에 입성
     → 아스테카인의 공격을 받고 후퇴했으나 우월한 무기와 전염병, 원주민 동맹에 힘입어 아스테카를 멸망시킴(1521년).
   - 프란시스코 피사로: 코르테스의 아스테카 정복 소식을 듣고 잉카 제국으로 들어감.
     → 카하마르카 전투에서 잉카 황제를 포로로 잡고 황금을 요구한 뒤 처형함.
     → 꼭두각시 황제를 세우고 쿠스코에 입성, 잉카 제국 멸망(1533년)
     → 멸망 후에도 잉카인은 수십 년 동안 항전함.

3. ### 정복자의 아메리카 지배 방법
   - 정복자는 위탁 제도를 이용해 원주민을 사실상 노예처럼 부려 먹음.
     → 전쟁과 전염병, 가혹한 강제 노동이 겹쳐 원주민 대다수가 사망
   - 라스카사스: 원주민에 대한 가혹 행위 중단, 위탁 제도 폐지를 주장한 가톨릭 신부
     → 바야돌리드 논쟁을 거쳐 원주민에 대한 가혹 행위가 금지됨.
     → 그러나 흑인 노예를 수입해 사탕수수, 담배 대농장 경영은 꾸준히 진행됨.

세계사 퀴즈 달인을 찾아라!

1 아메리카 정복에 앞장선 에스파냐의 정복자에 대한 설명으로 옳지 <u>않은</u> 것은? ( )

① 말과 철제 갑옷, 화승총과 같은 무기로 무장하고 있었다.
② 황금을 얻기 위해 아메리카 원주민들을 무력으로 짓밟았다.
③ 주로 에스파냐 국왕이 보낸 정식 군인들로 이루어져 있었다.
④ 정복자들의 가혹행위로 인해 아메리카 원주민들의 인구가 급감했다.

2 빈칸에 들어갈 알맞은 인물의 이름을 써 보자.

○○○○는 에스파냐 출신 정복자로, 아스테카 제국 정복에 앞장선 인물이다. 테노치티틀란에서는 아스테카인의 공격을 받아 후퇴했지만, 철로 만든 무기와 원주민 동맹의 도움, 때마침 퍼진 전염병을 기회로 삼아 아스테카 제국을 무너뜨리는 데 성공했다.

( )

3 프란시스코 피사로에 대해 잘못 설명한 친구는? (　　)

① 피사로는 200여 명의 군사로 잉카 황제를 사로잡고 대승을 거두었어.

② 피사로는 아스테카를 미워하던 원주민의 도움으로 테노치티틀란을 정복했어.

③ 피사로의 정복 이후 수많은 잉카 사람들이 전염병으로 고통받으며 죽어 갔어.

④ 피사로의 정복으로 잉카 제국이 멸망한 이후에도 잉카인은 수십 년 동안 항전했어.

4 정복자의 아메리카 지배 모습에 대한 설명으로 알맞은 것에 ○표, 알맞지 않은 것에 X표 해 보자.

○ 정복자는 위탁 제도를 이용해 원주민을 노예처럼 부려 먹었다. (　　)
○ 정복자는 원주민 고유의 문화와 종교를 인정하고 자치권을 보장했다. (　　)
○ 정복자의 학대와 전염병 유행으로 인해 원주민 대다수가 목숨을 잃었다. (　　)

정답은 355쪽에서 확인하세요!

5 다음 사진과 설명을 보고 빈칸에 들어갈 알맞은 말을 써 보자.

○○○○는 잉카 제국을 대표하는 도시 유적지야. 해발 2,430m의 험난한 요새에 위치해 있어. 잉카인의 뛰어난 건축 기술을 엿볼 수 있지.

(　　　　　　　　　　　　)

6 다음 설명이 나타내는 인물의 이름으로 알맞은 것은? (　　)

이 인물은 아메리카 원주민이 일궈 낸 문명은 결코 열등하지 않다고 생각했어. 원주민 역시 이성적인 존재이기 때문에 무력으로 굴복시키는 것은 부당하며, 말로 설득하는 평화적인 방법으로 다스려야 한다고 주장했어. 바야돌리드에서 논쟁을 벌여 원주민에 대한 가혹 행위를 중단하도록 했지.

① 콜럼버스　　② 카를 5세
③ 라스카사스　　④ 프란시스코 피사로

용선생 세계사 카페

여러 문화가 융합된 라틴 아메리카 문화

> 메스티소는 아메리카 원주민과 백인의 혼혈, 물라토는 흑인과 백인의 혼혈이야. 원주민과 흑인의 혼혈은 삼보라고 해.

오늘날 라틴 아메리카 지역에는 백인과 흑인, 아메리카 원주민, 그리고 이들 사이에서 태어난 메스티소와 물라토 등 다양한 혼혈인이 함께 살고 있어. 사람뿐만 아니라 음악과 춤, 종교에도 아프리카와 유럽, 원주민들로부터 유래한 요소가 섞여 있지. 그러니까 현재 라틴 아메리카 문화는 아메리카 원주민의 문화, 신항로 개척 이후 유입된 유럽인의 문화, 아메리카 대륙으로 실려 온 아프리카 흑인의 문화가 오랜 시간에 걸쳐 융합된 결과물이야.

다양한 인종이 섞여 사는 곳

라틴 아메리카 지역은 인구 구성상 혼혈인이 차지하는 비중이 매우 높아. 오랜 세월 원주민, 백인, 흑인 사이에 활발한 교류가 이루어졌기 때문이지. 그런데 자세히 들여다보면 나라마다 인구 구성에 차이가 있어. 멕시코, 과테말라, 볼리비아, 페루 등지에서는 원주민과 메스티소가 인구의 대다수를 차지해. 반면에 브라질과 카리브해의 도미니카 공화국, 아이티, 자메이카 같은 나라에는 흑인과 물라토가 압도적으로 많지.

또 칠레나 아르헨티나, 우루과이는 백인 인구 비중이 높은데, 1900년대 들어 유럽에서 이민자가 많이 유입되었기 때문이야.

← 라틴 아메리카의 아이들

가톨릭, 전통문화의 옷을 입다

오늘날 라틴 아메리카는 세계에서 가톨릭 신자 비율이 가장 높은 지역이야. 가톨릭이 빠르게 퍼져 나갈 수 있었던 건 이 지역으로 파견된 가톨릭 성직자들의 헌신적인 노력 덕분이었어. 많은 성직자가 원주민 편에 서서 정복자의 횡포를 막아 주었거든. 또 선교 과정에서 원주민이 가톨릭에 거부감을 느끼지 않도록 원주민 문화를 적극적으로 받아들였어. 그래서 라틴 아메리카의 가톨릭은 기도 방법이나 축일을 기념하는 방식이 유럽의 가톨릭과 조금 달라. 대표적인 사례가 멕시코의 과달루페 성모야.

↑ 과달루페 성모
원주민처럼 갈색 피부를 가지고 있어.

대개 유럽의 성화나 조각에서 성모 마리아는 금발에 흰 피부를 가진 유럽인의 모습이야. 그러나 과달루페 성모는 갈색 피부를 지닌 원주민의 모습을 닮았지. 멕시코 사람들은 과달루페 성모를 매우 특별하게 여기는데, 그 이유는 과달루페 성모가 옛 아스테카 제국 시절 원주민이 대지의 여신을 숭배하던 곳에서 기적처럼 나타나 원주민들을 위로했다는 이야기가 전해 오기 때문이야.

또한 라틴 아메리카의 가톨릭 신자는 성모 발현일과 같은 축일에 화려하고 성대한 축제를 열어. 이때 원주민 특유의 화려한 전통 의상을 입

↓ 멕시코시티의 과달루페 성모 동산

↓ 성모 발현 축일에 전통 의상을 입은 가톨릭 신자들

고 전통 음악에 맞춰 춤을 추지. 아이티를 비롯한 카리브해의 여러 나라에서는 아프리카에서 건너온 흑인들의 종교와 가톨릭의 의식이 가미된 부두교가 탄생하기도 했어. 부두교라고 하면 '좀비'를 떠올리는 사람도 있는데, 사실 부두교와 좀비는 관계가 없단다.

문화 혼합을 통해 새 음악이 잇따라 탄생하다

탱고 아르헨티나를 상징하는 탱고는 바이올린, 콘트라베이스, 피아노, 반도네온 등 네 개 악기로 연주하는 빠르고 경쾌한 음악이야. 유럽의 '폴카', 쿠바에서 유행하던 '아바네라', 브라질 흑인 음악인 '칸돔베'가 합쳐져서 탄생했지. 정열적이면서도 관능적인 춤으로 유명한 탱고는 1900년대 초, 부에노스아이레스를 중심으로 인기를 얻다가 유럽과 미국으로 퍼져 나가 전 세계에 열풍을 일으켰단다.

> 부에노스아이레스는 아르헨티나를 대표하는 항구 도시이자 수도야. 대륙 남부를 흐르는 라플라타강 하구에 있어.

삼바 브라질 하면 절대 빼놓을 수 없는 '삼바'는 아메리카 대륙으로 끌려온 아프리카 흑인의 춤과 노래에서 유래했어. 빠른 박자에 맞추어 격렬하게 몸을 흔드는 삼바는 특히 리우데자네이루에서 열

↓ 탱고를 추는 남녀

↑ 길거리에서 탱고를 연주하는 사람들

↑ 리우 삼바 카니발

리는 카니발 축제로 유명해. 카니발 축제 때 브라질 사람들은 풍성한 인조 깃털과 화려한 장식이 박힌 옷을 입고 삼바 리듬에 맞추어 춤을 추며 거리를 행진한단다.

탱고나 삼바 이외에도 자메이카의 대표 음악인 '레게', 정열적인 춤사위가 특징인 '살사' 역시 유럽 음악과 아프리카 음악이 혼합되어 라틴 아메리카에서 새롭게 탄생한 음악이야.

↑ 브라질의 삼바 댄서들

포르투갈과 에스파냐가 황금기를 맞다

인도로 가는 신항로 개척과 아메리카 식민지 건설로
대서양 무역로가 활짝 열렸고,
그 주역인 포르투갈과 에스파냐는 유럽의 강대국으로 급부상했어.
유럽은 물론 아시아와 아메리카, 아프리카까지
전 세계가 거대한 변화의 소용돌이에 빠져들었지.
오늘은 신항로 개척 이후 급변하는 세계의 모습을 살펴보자.

1509년	1545년	1568년	1571년	1581년	1607년
포르투갈, 디우 해전에서 승리	포토시 은광 발견	네덜란드 독립 전쟁 시작	에스파냐, 레판토 해전에서 승리	에스파냐의 펠리페 2세가 포르투갈 왕으로 즉위	네덜란드, 지브롤터 해전에서 승리

네덜란드

원래 플랑드르 일대의 저지대를 가리키는 지명. 이곳 도시들은 1568년부터 80년간 에스파냐를 상대로 독립 전쟁을 벌였어.

북아메리카

에스파
리스본
포르투갈
세비

베라크루즈

파나마

대 서 양

태 평 양

남아메리카

포토시

포토시

1545년 거대한 은광이 발견되면서 건설된 광산 도시. 한때는 세계 은의 절반이 이곳에서 채굴됐어.

역사의 현장 지금은?

향신료의 고향, 동남아시아의 바다를 둘러보다

적도가 지나는 동남아시아의 따뜻한 바다에는 수만 개의 섬이 흩어져 있어. 이 섬들은 유럽인이 좋아하는 후추와 육두구, 정향 등 값비싼 향신료의 원산지일 뿐 아니라 인도와 중국을 잇는 바닷길이 지나는 곳이라 예로부터 무역선들의 왕래가 매우 잦았지. 오늘날 이곳에는 인도네시아, 말레이시아, 브루나이, 싱가포르, 동티모르 등 크고 작은 여러 나라가 자리 잡고 있어. 전체 인구는 약 2억 8천만 명 정도 된대.

🔺 **쿠알라룸푸르** 말레이시아의 수도이자 최대 도시. 왕궁, 의회, 대법원이 이곳에 자리 잡고 있어. 1800년대까지도 밀림에 뒤덮여 있었지만 주석 채굴 노동자들이 모여 살기 시작하면서 도시로 발전했대. 1957년 영국에서 독립할 때에는 인구 10만 명의 소도시에 불과했으나 현재는 160만 명이 넘는 대도시로 성장했어.

다양한 민족이 어우러진 나라 말레이시아

말레이시아는 말레이반도 남부와 보르네오섬 북부에 걸쳐 있는 나라야. 말레이반도 일대를 서말레이시아, 보르네오섬 북부 지역을 동말레이시아라고 하지. 면적은 한반도의 약 1.5배에 인구는 우리보다 조금 적은 3,500만 명 정도란다. 말레이시아에는 말레이인, 중국인, 인도인 등 다양한 민족이 어우러져 살고 있어. 물가가 싸고 노동 환경이 좋아 지금도 외국인의 이주가 계속되고 있지. 특히 이웃 인도네시아 노동자의 유입이 활발해. 말레이시아는 이슬람교가 국교이지만, 법적으로 종교의 자유를 보장하는 나라야.

➡️ **페트로나스 쌍둥이 타워** 1998년에 완공된 높이 451.9미터의 빌딩. 세계에서 가장 높은 쌍둥이 빌딩이지. 한국과 일본 기업이 각각 양쪽의 빌딩 건축에 참여했어.

↙ 쿠알라룸푸르의 말레이시아 왕궁
말레이시아는 9개 주의 술탄이 5년씩 교대로 왕이 되어 다스리는 입헌 군주국이야. 왕궁은 야경이 아름답기로 유명한데, 일반인은 들어갈 수 없대.

↙ 동말레이시아의 야자수 대농장
말레이시아는 세계 1위의 야자유 생산국이야. 야자유는 우리가 즐겨 먹는 과자를 만드는 데 많이 쓰여.

↙ 하늘에서 본 동말레이시아의 열대 우림
서말레이시아에 비해 동말레이시아는 열대 우림이 우거지고 도시 개발이 늦어 인구가 매우 적어. 하지만 목재, 천연가스, 석유 등 천연자원이 풍부해 말레이시아 경제의 디딤돌 역할을 톡톡히 하고 있단다. 최근에는 분리 독립 움직임이 있어서 말레이시아 국민들이 촉각을 곤두세우고 있대.

세계에서 가장 큰 섬나라 인도네시아

인도네시아는 수마트라, 자와, 킬리만탄, 술라웨시 등 커다란 네 개의 섬과 1,800여 개의 작은 섬으로 이루어진 나라야. 이 섬들의 면적을 모두 합치면 한반도의 약 8.5배나 돼. 인구는 2억 8,000만 명으로 중국, 미국, 인도에 이은 세계 4위지. 그중 절반이 우리나라보다 조금 큰 자와섬에 몰려 살고 있어. 전체 인구의 87퍼센트가 이슬람교 신자로, 세계 최대의 이슬람 국가이기도 해.

↑ 인도네시아의 수도 자카르타
인도네시아의 수도이자 인도네시아 최대 도시야. 면적도 인구도 서울과 엇비슷하지만, 지하철과 같은 대중교통 시설이 부족해 출퇴근길 교통 체증과 대기 오염이 몹시 심해.

↑ 이스티클랄 모스크
최대 10만 명이 들어갈 수 있는 거대한 이슬람 사원이야.

↑ 자카르타의 출퇴근길 모습

↟ **2004년 대지진 때 쓰나미에 휩쓸린 마을**
2004년에는 진도 9.3에 이르는 초강진과 쓰나미로 23만 명 이상이 목숨을 잃는 대참사가 발생하기도 했어.

인도네시아 사람들은 이곳에 불의 신이 산다고 믿는대.

↟ **자와섬 브로모 화산의 분출 모습** 인도네시아는 지진과 화산 활동이 매우 활발한 나라야. 특히 자와섬과 수마트라섬에는 500개가 넘는 활화산이 있단다.

➜ ↡ **인도네시아의 다양한 민족들**
인도네시아에는 여러 민족이 살고 있어. 가장 수가 많은 자와인을 제외한 원주민이 360여 개 종족이 넘고, 사용하는 언어도 무려 700여 가지나 된대.

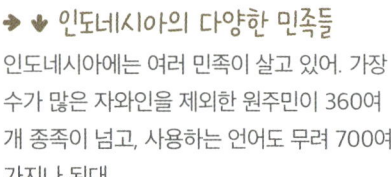

↑ 발리섬의 해안에서 스노클링을 즐기는 사람들

↑ 브사키 사원 발리섬에서 가장 크고 오래된 힌두교 사원이야. 발리 힌두교의 '어머니 사원'이라고 불러.

↓ 고급 휴양지로 널리 알려진 발리섬
인도네시아는 깨끗한 자연과 사시사철 따뜻한 기후 덕택에 세계적인 관광지로 각광을 받고 있어. 고급 리조트가 몰려 있는 발리섬은 우리나라 사람들도 즐겨 찾는 곳이지.

포르투갈이 인도양에 뛰어들다

"어디 보자, 예전에 포르투갈의 항해자 바스쿠 다가마가 아프리카를 빙 돌아서 인도로 가는 항로를 개척했다고 이야기했지?"

"네, 후추 같은 향신료를 구하러 갔다고 하셨어요."

"그래. 그런데 문제가 있었어. 이 무렵 인도양에는 이슬람교를 믿는 아랍 상인과 인도 상인이 먼저 터를 잡고 활발하게 활동했거든."

"그러니까 이미 임자가 있었다는 거네요."

"그렇지. 이슬람 상인에게 인도양은 안방이

↑ 다우 인도양을 누비던 이슬람 상인의 무역선이야. 못이 아니라 질긴 끈을 이용해 선체를 고정한 것이 특징이지. 그래서 선체가 훨씬 유연해 암초에 부딪혀도 충격을 잘 흡수할 수 있었대.

나 다름없었어. 포르투갈에 비해 상인이나 무역선도 훨씬 많았고. 이미 이슬람교가 널리 퍼져 있어서 현지의 지배자들도 이슬람 상인에게 훨씬 우호적이었지. 그래서 인도와 동남아시아의 향신료는 대부분 이슬람 상인에 의해 서아시아로 수입되었다가 유럽으로 흘러갔어. 포르투갈은 아프리카를 빙 도는 바닷길을 따라 서유럽으로 향신료를 곧장 수입하려고 했어. 하지만 달랑 배 몇 척이 전부인 포르투갈이 수천 킬로미터나 떨어진 인도양에서 이슬람 상인과 경쟁하기에는 힘든 점이 한두 가지가 아니었단다."

"흠, 말씀을 듣고 보니 경쟁이 안 되겠는데요."

"맞아. 그래서 이슬람 상인들도 포르투갈을 대수롭지 않게 여겼단다. 그저 저 서쪽 끝에 있는 놈들이 여기까지 어떻게 알고 왔지, 하는 정도였지. 그런데 그게 큰 실수였어."

"그게 왜 실수죠? 사실이 그런데?"

"포르투갈이 다른 건 몰라도 해군만큼은 막강했거든. 특히 먼바다를 항해하다 보니 포르투갈 상인은 곧 이슬람 상인보다 훨씬 큰 배에 함포까지 갖추게 되었어. 반면에 이슬람 상선은 수는 많지만 크기가 작고 무기도 활 정도가 고작이었지. 포르투갈은 막강한 해군으로 이슬람 상인을 밀어내고 인도양을 장악하겠다는 야심찬 계획을 세웠단다. 그래서 우선 인도양에

곽두기의 국어사전

함포 싸움배 함(艦) 대포 포(砲). 배에 싣는 대포를 가리키는 말이야.

➔ **1500년대의 함포** 유럽인들은 대포에 바퀴를 달아 반동을 흡수함으로써 배가 반동의 충격으로 파손되는 걸 막았어. 그 덕분에 배 위에서도 강력한 대포를 사용할 수 있었지.

▲ 포르투갈의 인도양 교역로

왕수재의 지리 사전

소코트라섬 인도양의 북서부, 홍해 입구에 위치한 섬. 홍해와 인도양을 오가는 배의 기착지였어.

호르무즈섬 페르시아만과 인도양을 잇는 호르무즈 해협에 위치한 섬. 오늘날 페르시아만 연안에서 생산되는 원유의 대부분이 호르무즈 해협을 지나 전 세계로 팔려 가.

서 홍해와 페르시아만으로 들어가는 바닷길을 막아 버리려고 했어."

"거기는 왜요?"

왕수재의 질문에 용선생은 먼저 손가락으로 지도를 차례로 짚어 보였다.

"인도의 후추, 중국의 비단과 도자기, 동남아시아의 향신료 같은 동방 물품들이 대부분 이 바닷길을 따라 유럽으로 운반됐기 때문이야. 포르투갈은 이 길을 차단해서 동방 물품들을 자신들이 독점하려고 했지."

"와, 치사해. 그럼 해군을 동원해서 길을 막아 버린 건가요?"

"응. 포르투갈 함대는 1503년에는 홍해 입구에 있는 소코트라섬을, 1507년에는 페르시아만 입구에 있는 호르무즈섬을 공격해서 점령하고, 상선의 출입을 막아 버렸단다. 그러자 동방 물품을 유럽으로 운

↑ **호르무즈섬** 1500년대 영국에서 그려진 그림이야. 호르무즈는 1600년대 초반까지 중계 무역의 거점으로 많은 상인이 찾는 항구였어.

↑ **호르무즈 해협을 지키는 군함** 호르무즈 해협은 오늘날에도 중요한 국제 무역로 역할을 하고 있어서 상선을 노리는 해적들이 많아.

반하는 바닷길은 아프리카 남단의 희망봉을 돌아가는 길만 남게 되었지. 하지만 이 바닷길은 포르투갈 상인만 알고 있었기 때문에 포르투갈이 동방 무역을 독점하게 된 거야."

"흠, 이슬람 상인도 가만히 당하고 있지만은 않았을 텐데요?"

"당연하지. 그때껏 인도양 무역에 참여해 온 모든 세력이 포르투갈 함대에 맞서 연합군을 구성했어. 그동안 서아시아 무역을 장악해 온 이슬람 상인, 이들로부터 지원 요청을 받은 이집트의 맘루크 왕조, 여기에 유럽의 베네치아까지 힘을 합쳤지."

"베네치아는 왜요?"

"포르투갈 때문에 가장 큰 타격을 받은 것이 베네치아 상인이었단다. 그동안 베네치아는 서아시아를 통해 들어온 동방 물품을 유럽에 내다 팔아 어마어마한 이익을 얻어 왔는데, 포르투갈 때문에 동방 물품을 공급받기가 어렵게 되었거든."

포르투갈과 에스파냐가 황금기를 맞다

용선생의 세계사 돋보기

이슬람 국가들과 베네치아는 서로의 이해관계에 따라 손을 잡았다가도 금세 서로를 적대시하곤 했어. 예를 들면, 오스만 제국이 1523년 로도스섬을 점령하며 지중해를 장악해 나가자 베네치아와의 관계는 다시 악화되었지.

곽두기의 국어사전

대치 마주할 대(對) 언덕 치(峙). 서로 마주 보며 버티는 것을 가리켜.

"그래도 베네치아는 크리스트교 국가잖아요."

"종교보다 이익을 중요시한 거지. 베네치아는 이슬람 연합군에 적극적으로 힘을 보탰단다. 이집트의 맘루크 왕조는 지중해에 있는 해군 함선을 해체해 홍해로 옮긴 후 다시 조립했는데, 베네치아는 이 과정에 참여해서 기술적인 도움을 주기도 했지."

"배를 해체해서 옮기다니…… 대단하네요."

"그리하여 1509년, 이슬람 연합군은 포르투갈과 일전을 벌이게 된단다. 인도의 구자라트에 있는 디우라는 항구 앞바다에서 양측이 대치했는데, 이슬람 연합군의 규모가 포르투갈을 압도했어. 이슬람 연합군 함대는 100여 척에 달한 반면에 포르투갈 함대는 겨우 18척이었거든. 또 이슬람 연합군은 육지에 5,000여 명의 군사를 대기시켰지

만, 포르투갈은 아예 육군이 없었지. 하지만 뜻밖에도 최종 승리는 포르투갈에게 돌아갔단다."

"와! 어떻게 그런 일이 가능하죠?"

"배의 크기도 작고 무기도 변변찮은 이슬람 연합군 함대는 최대한 포르투갈 함선 가까이 접근한 다음 갈고리를 걸어 배를 고정하고 선원을 보내 육박전을 벌이려고 했어. 하지만 연합군의 배들은 포르투갈 함선에 접근하기도 어려웠단다. 포르투갈 함선이 멀찌감치 떨어진 곳에서 강력한 함포를 쏘아 댔거든. 그래서 이슬람 연합군은 제대로 싸워 보지도 못하고 패배했어."

"그럼 이슬람 상인들은 이제 향신료를 살 수 없겠네요?"

"그렇지는 않아. 뒤이어 벌어진 다른 전투에서는 이슬람 연합군이 승리하기도 했거든. 다만 분명한 것은 디우 전투 이후 인도양에서 포르투갈의 활동이 더욱 활발해졌다는 거야."

아이들은 고개를 끄덕였다.

▲ 디우 해전

◀ 아폰소 데 알부케르케 (1453년~1515년) 포르투갈의 첫 번째 인도 총독. 디우 해전의 승리 이후 포르투갈 해군을 이끌며 인도양을 장악하는 데 앞장섰어.

용선생의 핵심 정리

포르투갈은 강력한 해군을 이용해 인도양의 주요 거점을 점령하고 향신료 무역을 독점하려고 함. 이슬람 세력은 연합군을 결성했으나 1509년 디우 해전에서 패배함.

포르투갈과 에스파냐가 황금기를 맞다 **075**

포르투갈은 드넓은 인도양을 어떻게 장악했을까

↑ **고아의 지도** 포르투갈이 진출할 무렵의 고아 항 모습이야.

"디우 해전의 승리로 그동안 포르투갈을 무시해 온 인도의 지배자들도 포르투갈을 달리 보기 시작했어. 그 덕분에 포르투갈은 인도 현지 지배자와 쉽게 동맹을 맺을 수 있었단다. 포르투갈은 이들의 도움을 받아 인도에 차근차근 거점을 마련해 나갔어. 1510년에는 인도 서해안의 고아라는 항구를 점령해 인도의 거점으로 삼았고, 1511년에는 동남아시아의 말라카 왕국을 정복해 동남아시아의 거점으로 삼았지."

"동쪽으로 조금씩 세력을 넓혀 갔군요."

"그렇단다. 포르투갈은 더 동쪽으로 진출해 중국, 일본과도 거래를 시작했어. 1557년에는 중국 남부의 마카오섬에 거주지를 마련하고, 아시아 무역의 거점으로 삼았지. 인도양 서쪽 호르무즈섬부터 중국의 마카오섬까지 포르투갈은 어느새 유럽에서 중국에 이르는 인도양

→ **고아의 성모 마리아 성당** 1541년 고아에 세워진 가톨릭교회야. 고아는 1500년대부터 400여 년에 걸쳐 포르투갈의 지배를 받았기 때문에 오늘날까지도 이렇게 유럽풍의 건물과 교회가 많이 남아 있어.

▲ 마카오 풍경
중국 남부의 한적한 어촌이었던 마카오는 포르투갈의 진출이 시작된 이후 대도시로 성장했어. 포르투갈의 식민지였다가 지금은 중국에 반환된 상태야.

무역의 요충지를 장악했단다."

"그런데 그렇게 드넓은 인도양을 포르투갈 같은 작은 나라가 어떻게 장악해요?"

"실제로 포르투갈 함선은 이슬람 상선에 비하면 여전히 극소수에 불과했어. 그래서 포르투갈은 몇 가지 목표에만 집중했지. 첫째는 향신료 무역 독점이었어. 다른 물건은 몰라도 '유럽으로 수입되는 향신료'만큼은 무슨 수를 써서든 포르투갈이 독점하겠다는 뜻이지. 그래서 다른 나라 상인들은 아예 취급하지 못하게 막았어."

"그럼 다른 물건은 다 자유롭게 사고팔게 두었다는 건가요? 생각보다 욕심이 없네요."

"더 들어 보렴. 둘째는 통행증 판매야. 오직 포르투갈이 판매한 통

용선생의 세계사 돋보기

이때도 베네치아 상인들은 여전히 이슬람 상인들로부터 향신료를 구입했어. 그러나 양이 많지 않아 사실상 유럽으로 수입되는 향신료는 포르투갈이 독점한 셈이었지.

포르투갈과 에스파냐가 황금기를 맞다 **077**

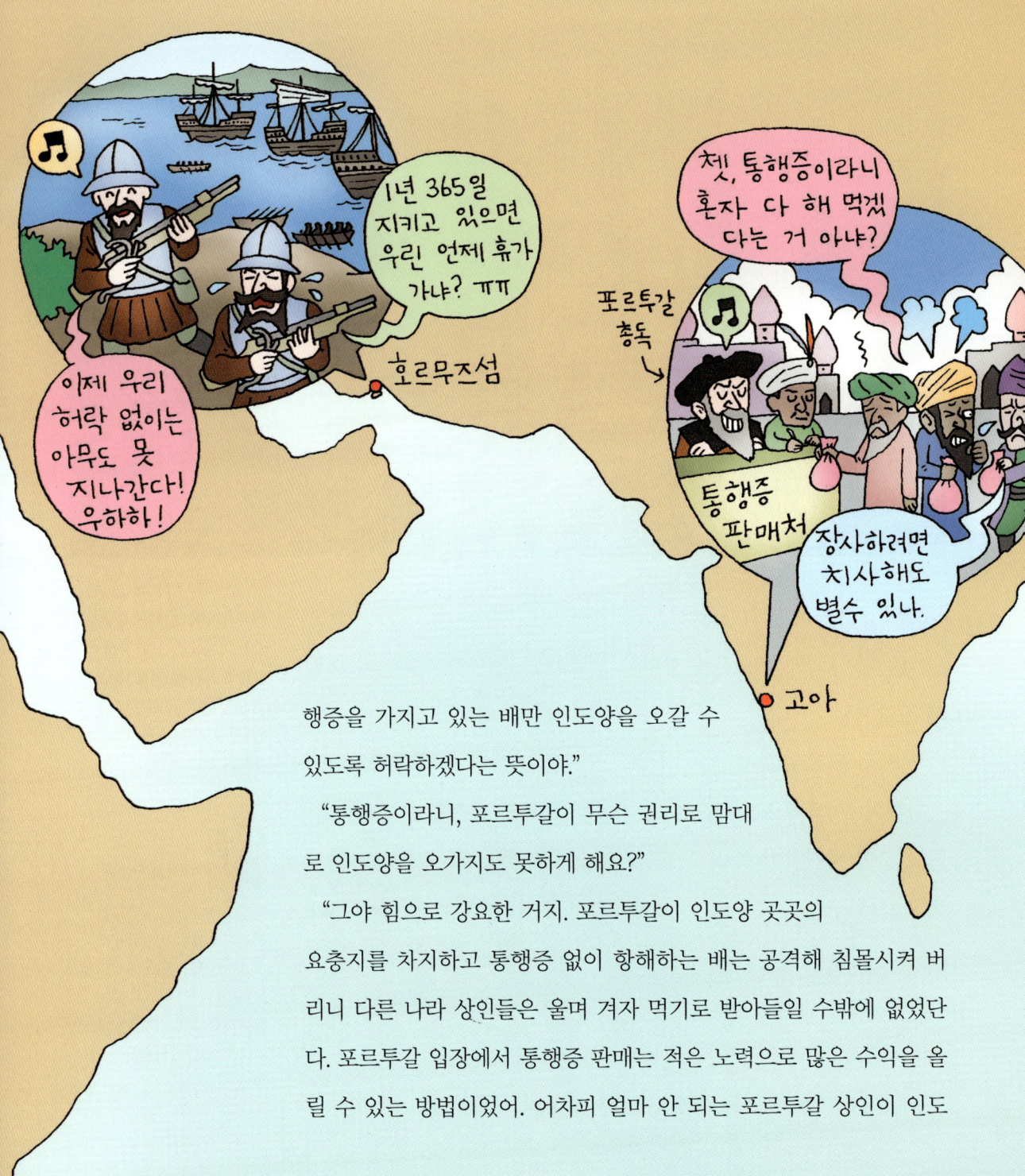

행증을 가지고 있는 배만 인도양을 오갈 수 있도록 허락하겠다는 뜻이야."

"통행증이라니, 포르투갈이 무슨 권리로 맘대로 인도양을 오가지도 못하게 해요?"

"그야 힘으로 강요한 거지. 포르투갈이 인도양 곳곳의 요충지를 차지하고 통행증 없이 항해하는 배는 공격해 침몰시켜 버리니 다른 나라 상인들은 울며 겨자 먹기로 받아들일 수밖에 없었단다. 포르투갈 입장에서 통행증 판매는 적은 노력으로 많은 수익을 올릴 수 있는 방법이었어. 어차피 얼마 안 되는 포르투갈 상인이 인도

양 무역을 독점하는 것은 불가능했으니까 말이야. 게다가 포르투갈 왕실은 통행증 판매로도 꽤 짭짤한 수익을 올렸단다."

"으흠, 제법 머리 좀 썼는데요."

"하지만 포르투갈의 패권은 그다지 오래가지 못했어."

"어, 왜요?"

"사실 인도양에서 멀리 떨어진 포르투갈이 인도양의 요충지들을 지켜 낸다는 게 보통 일이 아니었거든. 아직 인도로 가는 데 몇 달씩 걸리고 바닷길도 여간 험하지 않았어. 걸핏하면 폭풍우를 만나 곤욕

유럽에서 큰 인기를 끌었던 동남아시아산 향신료

신항로 개척이 시작된 지 100여 년이 지난 1600년대가 되면 유럽에서 인도산 후추는 싸고 흔해져서 도시의 평범한 사람들도 쉽게 사 먹을 수 있을 정도였어. 하지만 정향을 비롯한 동남아시아산 향신료는 여전히 비싼 가격에 팔렸지. 포르투갈이 독점한 향신료 역시 정향, 메이스, 육두구와 같은 동남아시아산 향신료였단다.

정향 정향나무의 꽃봉오리를 봉오리가 벌어지기 전에 따서 말린 것. 인도네시아의 동쪽에 있는 말루쿠 제도가 원산지야. 향신료 중에서도 특히 자극적인 향과 매콤한 맛이 특징이지. 요즘도 햄을 구울 때나 절임 요리, 수프나 카레 요리에 사용해.

육두구 역시 말루쿠 제도가 원산지야. 살구처럼 생긴 육두구 열매를 갈라 보면 빨간 껍질 속에 흑갈색 씨가 있어. 그 흑갈색 씨를 갈아서 향신료로 쓰지. 생선 요리, 소스, 피클 등에 많이 쓰여.

메이스 육두구의 흑갈색 씨를 감싸고 있는 빨간 껍질을 벗겨서 말린 것이야. 육두구와 메이스는 같은 열매에서 나오지만 메이스의 맛과 향이 훨씬 더 강해. 또 메이스가 육두구보다 양이 적게 나오기 때문에 가격도 메이스가 훨씬 비싸.

을 치르거나 심하면 배가 침몰하곤 했지. 더구나 포르투갈은 인구가 100만 명에 불과한 아주 작은 나라였어. 항해 도중 목숨을 잃은 포르투갈 사람이 워낙 많다 보니 나중에는 선원으로 일할 사람을 구할 수도 없을 정도였단다."

"포르투갈이 애초에 너무 큰 꿈을 꾼 거였네요."

"맞아. 포르투갈이 인도양의 요충지를 확실히 지켜 내지 못하게 되자 통행증 판매도 흐지부지되고 말았어. 포르투갈 해군이 통행증이 없는 배를 제대로 단속할 수가 없었기 때문이지. 무역선들은 포르투갈 해군의 단속을 피해 홍해와 페르시아만을 드나들었고, 서아시아를 경유하는 향신료 무역은 활기를 되찾았지. 유럽의 향신료 시장을 독점하려던 포르투갈의 야심찬 계획은 이렇게 물거품이 되고 말았어."

▲ 상선으로 붐비는 포르투갈의 리스본
포르투갈의 수도 리스본은 향신료를 싣고 인도를 오가는 상선으로 붐볐어.

곽두기의 국어 사전
경유 지날 경(經) 말미암을 유(由). 어떤 특정한 장소나 지역을 거쳐서 지나가는 걸 뜻해.

"너무 무리한 거군요."

허영심의 말에 용선생은 미소를 지었다.

"엎친 데 덮친 격으로 1578년에는 북아프리카의 모로코 정복에 나섰던 포르투갈 국왕이 전사하는 일까지 벌어졌단다. 더 큰 문제는 포르투갈 국왕이 미혼이었던 탓에 왕위를 이을 후계자가 없었다는 거였어. 그러자 죽은 포르투갈 국왕의 사촌인 에스파냐의 펠리페 2세가 왕위를 차지해 포르투갈 국왕을 겸하게 되었지. 말하자면 에스파냐가 포르투갈을 날름 집어삼킨 거야. 포르투갈은 졸지에 에스파

▲ 세바스티앙 1세 (1554년~1578년) 1578년 모로코와의 전투에서 전사한 포르투갈 국왕이야. 세상을 떠날 당시 스물네 살의 젊은 나이로 아직 결혼도 하지 않은 상태였지.

포르투갈과 에스파냐가 황금기를 맞다

냐 왕의 통치를 받게 되었지."

"헉! 그럼 에스파냐가 인도양까지 집어삼키는 건가요?"

"그건 아니야. 에스파냐의 펠리페 2세는 안팎으로 워낙 많은 문제에 시달렸기 때문에 인도까지 신경 쓸 겨를이 없었어. 그래서 인도양 무역의 주도권은 도로 이슬람 상인에게 넘어가 버렸단다."

"에스파냐에서 무슨 일이 있었는데요?"

"그럼 포르투갈이 한창 인도양 장악에 나설 무렵 에스파냐의 상황부터 살펴보자꾸나."

용선생의 핵심 정리

포르투갈은 인도양의 주요 길목을 장악해 통행증을 판매하며 향신료 무역을 독점함. 그러나 요새와 해군을 유지하기 어려워 오랫동안 장악하지는 못함.

에스파냐가 아메리카의 은으로 황금기를 이룩하다

↑ 펠리페 2세
(1527년~1598년) 에스파냐의 황금기를 이끈 왕이야.

"포르투갈이 인도양에서 애를 쓰는 동안 에스파냐는 정복자를 앞세워 드넓은 아메리카를 야금야금 차지했어."

"맞다, 에스파냐 때문에 아메리카 원주민이 엄청 고통을 겪었죠."

지난 시간에 배운 걸 떠올리며 허영심이 씩씩댔다.

"그래. 아메리카에 막 식민지가 건설되던 1500년대 초반까지만 해도 에스파냐가 아메리카에서 챙긴 수익은 보잘것없었어. 상황이 달라진 건 아스테카와 잉카 제국을 정복한 이후였지. 그때부터 어마어마한 양의 금과 은이 에스파냐로 쏟아져 들어왔거든. 에스파냐 정복자들은 너도나도 혈안이 돼 광산을 찾아 나섰고, 아메리카 여기저기에서 금광과 은광을 발견했지. 그 가운데서도 최고의 노다지는 1545년에 옛 잉카 제국의 포토시에서 발견한 은광이었어. 은 매장량이 상상을 초월했거든."

"대체 어느 정도인데 호들갑이세요?"

"정말 엄청났다니까. 1500년부터 1800년까지 지구상에서 생산된 은의 절반 이상이 포토시에서 생산됐거든. 아메리카에서 포토시 광산을 비롯한 여러 광산이 개발되면서 1540년대에는 매년 40톤, 1590년대에는 매년 무려 280톤이나 되는 은이 아메리카에서 에스파냐로 쏟아져 들어왔어."

"우아, 정말 엄청나네요."

곽두기의 국어 사전

노다지 광물이 많이 묻혀 있는 광산이나 그 일부를 가리켜.

용선생의 세계사 돋보기

이전까지 유럽 전체에서 생산되는 은의 양이 가장 많을 때 1년에 85톤 정도였어. 얼마나 많은 양이었는지 짐작이 가지?

↑ **볼리비아의 광산 도시 포토시의 현재 모습** 포토시는 1545년 은광이 발견되면서 건설된 도시로, 해발 4,000미터 높이에 자리 잡고 있어. 오늘날에는 은은 거의 고갈되었고, 주로 텅스텐과 주석을 캐내지.

↑ **은으로 만든 에스파냐의 성체함**

포르투갈과 에스파냐가 황금기를 맞다 **083**

"금과 은은 그 자체가 돈으로 쓰였기 때문에, 에스파냐는 말 그대로 돈벼락을 맞은 셈이었어. 에스파냐는 아메리카에서 쏟아져 들어온 은을 유럽에서 전쟁 비용으로 쏟아부었단다. 그렇게 해서 1559년에는 이탈리아 전쟁에서 프랑스에 승리를 거두며 이탈리아를 차지했고, 1571년에는 레판토 해전에서 오스만 제국을 상대로 승리해 지중해의 패권을 잠시 빼앗아 왔지. 오스만 제국을 물리친 에스파냐 함대는 '무적함대'라는 영광스러운 별명까지 얻었단다."

"무적함대? 이름 한번 거창하네요."

"그럴 만도 하지. 레판토 해전은 유럽인들이 오랜만에 맛보는 승리였거든. 오스만 제국의 팽창이 본격적으로 시작된 1400년대 중반 이후로 꼬박 100여 년 만이었으니까. 실제로 오스만 제국의 해군은 몇

왕수재의 지리 사전

레판토 오늘날 그리스 서부의 도시 파트라스의 앞바다야.

◆ **레판토 해전** 에스파냐가 주도한 크리스트교 연합 해군과 오스만 제국 함대의 해전이었어. 이 전투에서 패배한 오스만 제국은 지중해의 패권을 잃고 말았지.

년 지나지 않아 완전히 복구됐고 지중해의 패권도 다시 오스만 제국에게 돌아갔지만, 에스파냐는 잠시나마 지중해의 최강국으로서 이름을 날릴 수 있었지."

"아메리카 은의 효과를 톡톡히 봤군요."

장하다가 눈을 반짝이며 중얼거렸다.

"하지만 아메리카 원주민에게 아메리카의 은은 대재앙이었어. 포토시에서만 원주민 8만 명이 은 채굴에 동원되었다가 목숨을 잃었거든."

"네? 8만 명이나요? 대체 어떻게 했기에……?"

"일단 은을 캐낼수록 갱도가 점점 깊어져서 나중에는 지하 200미터까지 내려가야 은을 캘 수 있었어. 갱도가 깊어질수록 산소가 부족해지고 사고의 위험도 높아졌지. 은광에서 일하던 원주민은 흐릿한 촛불에 의지해 숨쉬기조차 힘든 좁

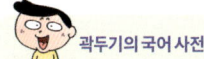

곽두기의 국어 사전

갱도 구덩이 갱(坑) 길 도(道). 광산에서 광석과 자재를 나르거나 바람을 통하게 하기 위해 뚫어 놓은 길을 말해.

↑ **원주민들이 은을 채취하는 모습** 원주민들은 지하 200미터 갱도에서 매일 12시간 이상 일해야 했어.

원주민과 흑인 노예에게 독이 됐던 은 제련법

금이나 은, 철 등의 광물은 여러 물질이 뒤섞인 광석 형태로 채굴돼. 광석에서 순수한 광물 성분만을 뽑아내는 과정을 제련이라고 한단다. 보통 고온의 용광로에서 광석을 녹인 뒤 원하는 물질만을 분리하는 방법을 쓰는데 남아메리카에서는 이 제련법을 쓰기가 어려웠어. 포토시 은광을 비롯한 대부분의 금광이나 은광이 해발 수천 미터의 고지대에 위치해 있어서 광석을 녹일 만한 고온을 얻기에는 산소가 모자랐기 때문이야. 그래서 한동안 은 생산량도 적을 수밖에 없었지.

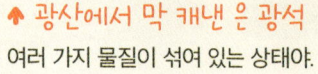
▲ 광산에서 막 캐낸 은 광석
여러 가지 물질이 섞여 있는 상태야.

그런데 은이 수은에 녹는다는 사실이 알려지면서 1550년대에 수은을 이용해 은을 분리해 내는 방법이 개발됐어. 광석을 잘게 부순 뒤 수은에 녹여서 은을 분리해 내고, 다시 이것을 가열해 수은과 은을 분리하는 방법이었지. 이 제련법이 널리 사용되며 은 생산량은 폭발적으로 늘어났단다. 근데 이 방법에는 치명적인 단점이 있었어. 은과 수은의 화합물을 가열하는 과정에서 수은 증기가 발생해 사람 몸속으로 들어간다는 거야. 수은은 사람에게 치명적인 독성 물질이야. 그래서 원주민과 노예들이 수은 중독으로 떼죽음을 당한 거란다.

▲ 제련을 거친 은

은 갱도로 기어들어 가 은 광석을 캐서 바구니에 가득 담은 뒤, 다시 200미터 이상 사다리를 타고 기어 올라와야 했어. 매일 12시간 이상 갱도를 오르내리며 개당 50킬로그램이나 되는 포대를 날라야 하는 혹독한 노동에 시달렸지.”

“그렇게 가혹하게 부려 먹다니!”

아이들이 경악했다.

"게다가 에스파냐는 이렇게 캐낸 은 광석에서 은을 분리하는 데 수은을 이용했어. 그런데 수은은 인체에 치명적인 독성을 가지고 있거든. 결국 수많은 원주민이 수은 중독으로 목숨을 잃었지. 너무 많은 사람이 죽어 더 이상 동원할 원주민이 없자 에스파냐인들은 아프리카에서 노예를 사 와 은 채굴에 동원했어. 이렇게 해서 역시 많은 노예가 가혹한 노동과 수은 중독으로 죽어 갔단다."

"에스파냐 사람들, 너무 잔인해! 사람이 그렇게 죽어 가는데 자기 욕심만 채우려고 하다니!"

아이들이 불끈하자 용선생도 어깨를 들어 올렸다.

"하지만 에스파냐의 전성기는 오래가지 못했단다. 겉으로는 막강해 보였지만 속으로는 병이 들고 있었거든."

허영심의 상식 사전

수은 은백색의 액체 상태로 존재하는 금속이야. 은과 이름은 비슷하지만 전혀 다른 물질이지. 오늘날에는 온도계와 형광등, 그리고 충치 치료에 쓰는 아말감을 만드는 데도 수은이 쓰여.

용선생의 핵심 정리

포토시를 비롯해 아메리카 곳곳에서 은광이 개발되고, 에스파냐는 프랑스와 오스만 제국을 물리치며 전성기를 맞이함. 그러나 은광에 동원된 원주민과 흑인 노예는 과도한 노동과 수은 중독으로 떼죽음을 당했음.

잘나가던 에스파냐, 속으로 골병이 들다

"속으로는 병이 들다니, 그건 무슨 말씀이세요?"
곽두기가 눈을 동그랗게 뜬 채로 물었다.

포르투갈과 에스파냐가 황금기를 맞다

"에스파냐는 목축업과 농업은 발달했지만, 특별히 내세울 만한 자원이나 생산품은 없는 나라였어. 레콩키스타 이후 이슬람과 유대인 상인들을 추방하며 상업마저 쇠퇴해 버렸지. 에스파냐는 이런 상황에서 아메리카를 정복해 넓은 땅을 차지하고, 그곳에서 느닷없이 은이 쏟아져 들어오면서 엉겁결에 강대국으로 떠올랐어."

"그런데요?"

"에스파냐는 겉으로는 강대국이 되었지만 별 실속이 없었어."

"네? 왜요? 은 덕분에 엄청 부유해졌을 거 아니에요."

"그 많은 은을 거의 다 전쟁 비용으로 탕진해 버렸거든. 워낙 전쟁을 많이 벌이다 보니 나중에는 아메리카에서 들어오는 은으로도 전쟁 비용을 댈 수가 없어서 빚까지 져야 할 지경이었어. 그러니 아메리카 은으로 당장 전쟁에서는 승리했을지 몰라도 나라 발전에는 별 도움이 되지 못했던 거야."

"복권에 당첨됐는데, 당첨금을 엉뚱한 데 써 버린 꼴이네요."

왕수재의 말에 다른 아이들도 고개를 끄덕이며 키득거렸다.

↓ **양을 키우는 에스파냐 농촌** 1600년대 초까지만 해도 에스파냐는 이렇다 할 자원이나 특산품이 없이 목축업을 주업으로 삼아 살아가는 나라였어.

"그런 셈이지. 에스파냐의 은은 전쟁 무기와 군복 같은 군수품과 사치품을 생산하던 네덜란드와 영국 등 이웃 나라 상인의 주머니로 고스란히 흘러들어 갔어. 그리고 1600년대 후반부터 아메리카의 은광이 서서히 바닥을 드러내자 에스파냐는 가난했던 과거로 되돌아가고 말았지. 아니, 실은 그 이상이었어. 아메리카에서 들어온 은보다 더 많은 은을 전쟁 비용으로 써서 이미 1500년대에 네 번이나 파산을 선언했거든."

"아니, 대체 왜 그렇게 전쟁을 많이 벌였어요?"

"에스파냐는 적이 너무 많았단다. 가장 큰 적은 유럽의 주도권을 놓고 사사건건 대립했던 프랑스, 지중해 패권을 놓고 다투었던 오스만 제국이었어. 에스파냐는 이 두 나라와의 전쟁에서 승리를 거두긴 했지만 엄청난 비용을 치렀지. 그런데 이들보다 더 끈질기게 에스파냐를 괴롭힌 것은 바다 건너 영국과 플랑드르였단다."

"영국이랑 플랑드르? 왜 사이가 나빴는데요?"

곽두기의 국어 사전

파산 깨트릴 파(破) 재산 산(産). 돈을 빌린 사람이 돈을 갚을 수 없는 상태에 놓인 것을 말해.

포르투갈과 에스파냐가 황금기를 맞다

▲ 에스파냐와 영국 해군의 전투 '무적함대'라 불리던 에스파냐 해군은 영국과의 전투에서 패배하고 폭풍우를 만나 함대 대부분이 침몰하는 굴욕을 겪기도 했어.

"가장 큰 이유는 종교였어. 에스파냐의 황금기를 이끈 펠리페 2세는 독실한 가톨릭 신자였어. 신교로부터 가톨릭을 수호하는 것이 자신의 임무라고 생각했지. 그래서 엘리자베스 1세가 즉위한 뒤 신교로 돌아선 영국과 갈등을 빚었어. 펠리페 2세는 같은 이유로 프랑스의 종교 전쟁에 끼어들어 가톨릭 측을 지원하기도 했단다."

"종교적 신념 때문에 남의 나라 전쟁에까지 끼어들다니……."

"오늘날 우리에겐 이상하게 보일지 몰라도 옛날 사람들에게는 이게 너무나도 당연했어. 종교 개혁이 시작된 이후로 유럽에서는 신교와 가톨릭 사이의 종교 갈등 때문에 사람을 죽이는 일도 심심찮게 일어났거든. 어떤 종교를 믿는지가 무엇보다 중요한 시대였으니, 종교적 신념 때문에 전쟁을 벌인 게 이상하다고 할 수는 없지."

▼ 1600년대 암스테르담 암스테르담은 플랑드르 지방의 주요 무역항으로 부유한 상업 도시 중 하나였어. 오늘날 네덜란드의 수도야.

아이들은 고개를 끄덕였다.

"플랑드르도 펠리페 2세와 종교 갈등이 계기가 되어 에스파냐에 맞서 독립 전쟁을 벌였단다. 플랑드르 지역은 펠리페 2세의 아버지인 카를 5세 때부터 에스파냐의 통치를 받았거든. 예로부터 상업과 도시가 발달해 부유한 곳이다 보니 플랑드르에서 걷히는 세금이 아메리카에서 들어오는 은 못지않을 정도로 많았지."

"에스파냐에게는 그야말로 황금 알을 낳는 거위 같은 땅이었네요."

"두기가 딱 들어맞는 비유를 들었구나. 그런데 종교 개혁 이후 플랑드르의 상인들은 칼뱅파 신교를 받아들였어. 칼뱅파 신교에서는 직업은 하느님이 준 소명이라며, 자신의 직업에서 열심히 일해 성공하고 돈을 많이 버는 걸 적극적으로 장려했지."

"기억나요. 그래서 칼뱅파 신교는 도시 상공업자들에게 인기가 높았다고 종교 개혁 설명할 때 말씀하셨어요."

나선애가 정리 노트를 뒤적이며 말했다.

"펠리페 2세의 아버지인 카를 5세 때까지만 해도 종교가 큰 문제는 안 됐어. 당장 많은 세금을 내는 상인들과 갈등을 빚고 싶지 않았던 카를 5세가 어느 정도 종교의 자유를 허용했기 때문이지. 그런데 펠리페 2세는 신교를 탄압했을 뿐 아니라 세금을 왕창 올리고, 관리를 임명해서 각 도시가 누리던 자치권을 빼앗으려 들었어. 플랑드르 사람들은 당연히 거세게 반발했지."

↑ **알바 공작 페르난도 알바레스** 네덜란드에 파견돼 독립 운동을 진압한 에스파냐 총독이야. 부임하자마자 1,000명이 넘는 사람을 처형하는 등 무자비한 정책으로 큰 반발을 샀어.

"에이그. 또 종교 때문에 문제가 생긴 거네요."

왕수재가 중얼거렸다.

"하지만 펠리페 2세는 더욱 강경하게 나갔어. 플랑드르에 군대를

↑ **성상을 부수는 신교도** 플랑드르의 신교도는 에스파냐의 탄압에 항의하며 가톨릭 교회를 습격해 성상을 부수기도 했어.

> **나선애의 세계사 사전**
>
> **네덜란드** '낮은 땅'이라는 뜻을 가진 말이야. 플랑드르 지방 일대가 유럽에서도 비교적 고도가 낮은 지방이었기 때문에 붙은 이름이지.

주둔시키고, 반발하는 모든 사람을 체포했지. 플랑드르 사람들은 더는 참지 못하고 1568년에 독립 전쟁을 시작했어. 그리고 1581년에 플랑드르 북부 일대의 도시들이 모여 네덜란드 공화국을 건설했지."

"그럼 네덜란드가 그때 생긴 건가요?"

"맞아. 에스파냐는 네덜란드의 독립을 인정하지 않았지만, 에스파냐의 또 다른 적인 영국과 프랑스가 네덜란드 편을 들고 나선 통에 독립 운동을 진압하기가 쉽지가 않았어. 그래서 에스파냐는 무려 80년 동안이나 네덜란드와 전쟁을 벌여야 했지. 결국 1648년에 네덜란드의 독립을 인정할 수밖에 없었단다. 이로써 에스파냐는 부유한 플

↑ **지브롤터 해전** 1607년에 에스파냐와 네덜란드 해군 사이에 벌어진 해전이야. 이 해전에서 승리한 네덜란드는 사실상 독립을 이루게 돼.

에스파냐의 합스부르크 가문과 영예를 함께한 독일의 푸거 가문

▲ 집무실에서 일하는 야콥 푸거(오른쪽)와 비서
왼편에 보이는 글씨는 로마, 베네치아 등 유럽 곳곳의 지명이야. 푸거 기업의 지점이 있던 곳이지.

푸거 가문은 독일 아우크스부르크에서 제일가는 상인 가문으로, 신성 로마 제국의 황제 자리와 에스파냐 국왕 자리를 동시에 가진 합스부르크 가문과 관계가 밀접했어. 에스파냐의 카를 5세가 황제 자리에 오를 때에는 자그마치 85만 굴덴, 오늘날 돈으로 거의 150억 원에 달하는 돈을 선제후에게 뿌려 카를 5세가 황제로 선출되는 데 일등 공신의 역할을 했지. 황제의 일을 헌신적으로 도운 대가로 푸거 가문은 황제의 재산을 관리하는 한편, 유럽 전역에서 각종 사업권을 따내 큰돈을 벌었어. 황제와의 밀접한 관계 덕분에 신교와 가톨릭 사이의 갈등이 극에 달했을 때에도 푸거 가문의 본거지 아우크스부르크는 평화를 유지했지.

에스파냐가 유럽 최강국이었던 시기에 푸거 가문은 에스파냐의 합스부르크 왕실에 많은 돈을 빌려주었어. 이때 푸거 가문은 상인으로서는 처음으로 백작 작위를 받아 귀족이 되기도 했지. 하지만 엄청난 돈을 빌려 간 에스파냐 왕실이 빌린 돈을 갚지 못한 채 파산하자 푸거 가문도 급격히 기울기 시작했고, 결국 1658년에 파산하고 만단다.

◀ 푸거라이
야콥 푸거가 아우크스부르크 빈민들을 위해 건설한 사회 보장 주택 단지야. 지금은 푸거 재단이 운영하는데 1년 집세가 겨우 1,000원 남짓이래.

▲ 오라녜 공작 빌렘 1세
(1533년~1584년) 네덜란드 독립 운동의 지도자. 네덜란드 독립 후 첫 번째 총독이 되었어.

랑드르 지방을 잃고 말았어."

"그냥 잘 지냈으면 될 거 가지고……."

"이뿐만 아니라 에스파냐는 1500년대 중반부터 유럽에서 벌어진 거의 모든 전쟁에 끼어들었단다. 대부분 종교적 신념 때문에 벌인 전쟁이었지. 특히 1600년대에 독일에서 벌어진 30년 전쟁에 끼어들었다가 막대한 비용을 썼단다. 이렇게 전쟁을 많이 했으니 아메리카의 은을 탕진할 수밖에 없었지."

 용선생의 핵심 정리

에스파냐는 아메리카에서 흘러들어 온 막대한 은을 전쟁 비용으로 다 써 버림. 특히 네덜란드는 80년 동안 독립 전쟁을 벌이며 에스파냐에 큰 타격을 줌.

신항로 개척으로 상공업자들이 크게 성장하다

"자, 지금까지 포르투갈과 에스파냐가 신항로 개척을 통해서 어떻게 전성기를 누렸는지 알아보았어. 그런데 이 두 나라의 활동은 유럽 사회 전체에 거대한 변화를 불러왔단다."

"유럽 사회가 어떤 변화를 겪는데요?"

"우선 도시에서 장사하는 사람과 물건 만드는 사람이 유럽 사회의 주역이 되기 시작했어. 신항로 개척으로 활동 무대가 넓어지면서 물건을 만들어서 판매할 시장이 함께 커졌고, 그만큼 더 큰 부를 쌓았거든. 그리고 신항로 개척을 전후해 사회가 차츰 안정되었어. 유럽을 뒤덮었던 흑사병이 1450년대 중반쯤 잠잠해졌고, 농업 기술이 발전하면서 식량 생산도 늘어났지. 그 결과 인구도 크게 늘어나 1450년에 5천만 명 정도였던 유럽 인구가 1600년이 되면 9천만 명에 이르게 돼. 불과 150년 만에 인구가 두 배 가까이 늘어난 거야."

"우아, 그만큼 유럽이 살 만해졌다는 뜻이겠죠?"

"그렇다고 볼 수 있지. 하지만 인구가 급증하자 농경지 부족 현상도 나타났어. 인구는 늘었지만 농사 지을 땅은 제한되어 있었기 때문이지."

"그럼 땅이 없는 사람들은 어쩌죠?"

"일자리를 찾아 도시로 몰려들 수밖에 없었단다. 그럴수록 상공업자들은 더 싼 임금으로 일꾼들을 고용해 많은 상품을 만들어 냈고, 그만큼 더 많은 돈을 벌었지. 여기에 에스파냐를 거쳐 유럽으로 들어

↑ 갈레온 1500년대 후반부터 유럽에서 사용된 범선이야. 속도도 빠르고 짐도 많이 실을 수 있어서 군함 혹은 대형 상선으로 이용됐지.

곽두기의 국어 사전

임금 품팔이 임(賃) 쇠 금(金). 노동자가 일한 대가로 받는 보수를 의미하는 말.

↓ 1580년 무렵의 런던 번화가 풍경(상상화) 널찍하게 뻗은 도로와 빽빽하게 들어선 집들이 인상적이야. 1500년대 말에 런던은 인구 20만이 넘는 대도시로 성장했어.

허영심의 상식 사전
인플레이션 시장에 돈이 많아져서 돈의 가치가 떨어지며 모든 상품의 가격이 오르는 현상을 말해.

용선생의 세계사 돋보기
이러한 물가 상승을 가격 혁명이라고도 해. 그리고 대항해 시대 이후 은의 유입과 물가 상승, 상업과 무역의 발달 등의 변화를 상업 혁명이라고도 해. 상업 혁명은 근대 자본주의로 가는 중요한 흐름이야.

온 아메리카의 은도 무기와 군수 물자 구매 비용으로 쓰여 고스란히 상공업자들의 주머니로 흘러들어 갔어."

"결국 다 상인들 주머니만 불렸네요."

"그런 셈이지. 게다가 상공업자들은 유럽을 휩쓴 인플레이션 때문에 또 한 번 가만히 앉아서 돈벼락을 맞았어."

"인플레이션이라면 물건값이 비싸지는 것 말인가요?"

"그렇단다. 아메리카의 은이 유럽에 풀리면서 물가가 폭등했거든. 이 당시 은은 돈으로 쓰였는데, 시장에 은이 대량으로 쏟아져 들어오니 돈의 가치가 떨어지면서 물가가 오른 거지. 에스파냐에서는 1500년에서 1560년 사이에 물가가 두 배로 뛰었고, 1560년에서 1600년 사이에 다시 그 두 배로 뛰었대. 이 정도로 급격한 물가 상승은 유럽 역사상 처음 겪는 일이었어. 에스파냐에서 시작된 물가 상승은 곧 유럽 전역으로 확대되었단다."

"근데 선생님, 그렇게 물가가 오른다고 상공업자에게 무슨 이익이 생기죠?"

곽두기가 고개를 갸웃댔다.

"어제까지 100원 받던 물건이 하루 이틀 뒤에는 120원을 받고 팔 수 있게 됐다고 생각해 보렴. 가만히 앉아서 돈을 벌잖니? 하지만 임금을 받고 일하는 도시의 노동자는 손해를 보았어. 물가 상승으로 이득을 본 만큼 임금이 오르지 않았거든. 영국에서는 곡물 가격이 4배나 오르는 동안 임금은 거의 오르지 않았대. 당연히 노동자들이 살 수 있는 곡물 양은 줄

'양이 인간을 잡아먹은' 인클로저 운동

인클로저는 '울타리 두르기', '울타리를 친 장소'란 뜻이야. 중세 영국의 장원에는 농민들이 공동으로 양을 치던 목초지가 있었어. 이런 목초지를 공유지라고 불렀지. 그런데 어느 날 갑자기 영주들이 농민들을 쫓아내 버렸어. 그러고는 공유지에 울타리를 치고 자신들이 독점했지. 왜 영주들은 수백 년간 공동으로 이용해 온 목초지에 울타리를 쳤을까?

1400년대부터 영국과 가까운 플랑드르 지방에서 모직물 산업이 크게 발달하자, 모직물의 원료인 양모 수요가 늘어났어. 그러자 영국에서는 농사를 짓는 것보다 양을 길러서 양모를 수출하는 편이 훨씬 더 이득이 되었지. 영국의 영주들은 농노와 소작인을 장원에서 쫓아내고 그 땅에 양을 기르기 시작했어. 그 결과 장원은 거대한 목초지로 변했고, 농민들은 수백 년간 농사를 지어 온 땅에서 쫓겨났지. 이때 영주들이 공유지에도 울타리를 치고 양을 기르기 시작한 거야.

장원에서 쫓겨난 사람들은 결국 도시로 가서 임금 노동자가 되거나 빈민으로 전락했단다. 이를 두고 영국의 작가 토머스 모어는 자신의 책 《유토피아》에서 '양은 온순한 동물이지만 영국에서는 인간을 잡아먹는다.'라고 말했어. 양 때문에 농민이 땅을 빼앗기고 먹고살 길이 막막해진 현실을 날카롭게 비판한 거지.

인클로저 운동은 영주들이 돈을 벌 목적으로 땅을 적극적으로 활용하기 시작했다는 것을 알려 주는 사건이야. 그때까지는 먹고살기 위해 곡물 농사를 짓는 것이 우선이었다면, 이제는 시장에 팔아서 돈을 벌 수 있는 용도로 땅을 활용하는 것이 우선적인 목표가 된 거지.

➡ 토머스 모어의 《유토피아》

⬆ **양을 키우는 영국의 목초지** 영국은 예로부터 양을 많이 기르기로 유명했어.

어들었고, 하루하루 생활이 힘들어질 수밖에 없었지."

"그렇구나……. 상인들은 좋았겠네요."

"게다가 새로운 항로로 전 세계가 이어지면서 상인들이 돈을 벌 기회는 훨씬 더 많아졌어. 취급할 수 있는 물건이 예전보다 훨씬 많아졌으니까. 인도의 향신료, 아메리카의 사탕수수, 중국의 도자기……. 유럽 상인들은 이제 전 세계를 무대로 장사를 할 수 있게 된 거야."

"그럼 상공업자의 힘이 훨씬 강해졌겠네요?"

"그렇단다. 유럽 각국의 왕들은 자신의 힘을 강화하기 위해 상인들과 적극적으로 손을 잡았어. 왕들의 목표는 비슷했지. 더 강한 무기, 더 많은 군사를 갖춰 전쟁에서 승리하고, 그리하여 누구도 넘볼 수 없는 권력을 손에 넣는 거야. 그러려면 돈이 필요했어. 왕들은 상공업으로 돈을 벌고, 그 돈을 전쟁 비용으로 쏟아부었단다. 왕들의 각축장이 된 유럽은 단 하루도 전쟁이 그친 날이 없는 아수라장이 되고 말았지."

"휴, 하루도 전쟁을 쉬지 않았다고요?"

"응. 정말 단 하루도 쉬지 않았단다. 그 이야기는…… 다음에 자세히 살펴보자꾸나. 오늘은 여기까지!"

곽두기의 국어 사전

각축장 뿔 각(角) 쫓을 축(逐) 마당 장(場). 서로 이기려고 다투는 곳을 말해.

용선생의 핵심 정리

신항로 개척의 결과, 교역 규모가 확대되고 상공업자들의 활동 범위가 넓어짐. 또 아메리카에서 은이 유입되며 물가가 폭등하고, 인구 증가와 함께 도시 규모가 커지자 상공업자 세력은 더 크게 성장함.

나선애의 정리노트

1. ## 인도양 바닷길을 장악한 포르투갈
   - 강력한 해군을 이용해 인도양의 주요 거점을 점령
     → 1509년 디우 해전에서 승리한 이후 인도양 장악에 성공
   - 인도양 주요 길목을 장악한 후 향신료 무역을 독점하고 통행증 판매
     → 요새와 해군을 유지하지 못해 오래도록 장악하지는 못함!

2. ## 에스파냐의 황금기
   - 아메리카에서의 약탈과 은광 개발로 큰 이득을 봄.
     → 포토시 은광: 세계 은의 절반이 생산됨.
     → 그러나 가혹한 노동으로 원주민은 큰 희생을 당함.
   - 라이벌 프랑스와 오스만 제국을 물리치고 유럽 최강국으로 성장

3. ## 에스파냐의 몰락
   - 막대한 은을 대부분 전쟁 비용으로 낭비함.
   - 가톨릭의 수호자를 자처하며 신교를 믿는 영국 및 플랑드르와 갈등을 빚음.
   - 네덜란드 독립 전쟁(1568년~1648년) → 에스파냐에 큰 타격을 줌.

4. ## 신항로 개척이 가져온 유럽 사회의 변화
   - 유럽은 1450년대부터 안정을 되찾아 인구가 급속도로 증가 → 도시 발달
   - 아메리카 은의 유입으로 유럽 물가가 폭등
     → 상공업자들은 큰 이득을 보고, 임금을 받는 노동자들은 손해를 봄.
   - 유럽 상인들은 전 세계를 누비며 더욱 많은 이득을 봄.

세계사 퀴즈 달인을 찾아라!

1 포르투갈의 인도양 장악에 대한 설명으로 알맞은 것에 ○표, 알맞지 <u>않은</u> 것에 X표 해 보자.

○ 포르투갈은 통행증을 판매해서 인도양을 장악하려고 했다. （　）

○ 포르투갈은 중국 남부의 마카오에 아시아 무역의 거점을 마련했다. （　）

○ 포르투갈은 디우 해전에서 이슬람 세력에게 패배하여 인도양 장악에 실패했다. （　）

2 빈칸에 공통으로 들어갈 알맞은 말을 써 보자.

동남아시아산 ○○○는 유럽에서 매우 비싸게 팔렸어. 그래서 포르투갈 상인들은 유럽으로 수입되는 ○○○ 무역을 독점하고 싶어 했단다. 인기가 좋았던 동남아시아산 ○○○에는 정향, 메이스, 육두구 등이 있어.

（　　　　　　　　　　）

3 다음에서 설명하는 인물의 이름으로 알맞은 것은? （　）

에스파냐의 왕이자 포르투갈의 왕으로, 에스파냐를 유럽 최강대국으로 만들었던 인물이야. 독실한 가톨릭 신자로 신교를 탄압하고 유럽의 가톨릭을 지키는 데 앞장서기도 했어.

① 펠리페 2세　② 엘리자베스 1세
③ 세바스티앙 1세　④ 오라녜 공작 빌렘 1세

4 에스파냐의 황금기에 대해 잘못 설명한 친구는? （　　）

 ① 에스파냐는 포토시 은광을 개발하여 큰 이득을 보았어.

 ② 네덜란드 독립 전쟁은 에스파냐의 전성기에 도움을 주었어.

 ③ 은광에 동원된 원주민과 흑인 노예는 가혹한 노동으로 큰 희생을 당했어.

 ④ 막대한 은화를 전쟁에 투자하여 레판토 해전에서 오스만 제국을 물리쳤어.

5 다음 중 원인과 결과가 가장 알맞게 연결된 것은? （　　）

① 디우 해전 → 포르투갈의 인도양 장악
② 포토시 은광 개발 → 원주민들의 생활 조건 개선
③ 종교 개혁 → 플랑드르 지역의 가톨릭 신자 급증
④ 레판토 해전 → 오스만 제국이 에스파냐를 물리치고 지중해 장악

6 신항로 개척 이후의 유럽 사회에 대한 설명으로 옳은 것을 골라 보자.

○ 아메리카 은의 유입으로 유럽의 물가가 (폭등 / 폭락)했다.

○ 신항로가 개척되며 유럽의 (상공업자 / 노동자)들이 큰 이익을 보았다.

○ 무적함대는 당대 최강이었던 (오스만 제국 / 에스파냐)의 해군을 가리키는 말이다.

 정답은 355쪽에서 확인하세요!

용선생 세계사 카페

은이 세계 화폐로 사용되다

유럽에서는 예로부터 금과 은을 화폐로 널리 이용했어. 그중에서도 일상생활에서는 은을 가장 널리 이용했지. 금은 너무 가치가 높고 양도 많지 않아 일상적으로 이용하기에 불편했기 때문이야. 은은 보통 작은 덩어리나 주화로 만들어서 사용했어. 유럽에서는 독일 남부와 오스트리아 지방에서 은이 많이 생산되었는데, 보통 금의 10분의 1 가격에 거래되었대.

이와 달리 중국에서는 주로 구리로 만든 동전을 사용했어. 금과 은의 생산이 유럽에 비해 매우 적었기 때문이지. 고액 화폐가 필요할 때는 종이로 만든 돈, 즉 지폐를 사용했는데, 지폐의 역사는 송나라 때로 거슬러 올라가.

유럽에서는 십자군 전쟁 이후 피렌체와 제노바, 베네치아 등 이탈리아 도시들을 중심으로 교역이 활발해지면서 은 부족 현상이 나타났어. 그래서 불순물이 많이 섞인 불량 은화나 구리로 동전을 만들어 쓰기도 했지.

그런데 1500년대 중반에 들어서며 세계적으로 은 유통량이 크게 증가

↑ 드라크마
기원전 400년 무렵 그리스에서 쓰이던 은화야.

↑ 페니히
800년 무렵 카를로스 대제 시기에 유통되던 은화야.

↑ 세계 은의 흐름

했어. 우선 남아메리카에서 포토시 은광을 비롯한 광산이 속속 개발되며 막대한 양의 은이 에스파냐를 통해 유럽으로 흘러들었고, 이 은이 아프리카와 아시아를 오가던 유럽 상인의 배에 실려 전 세계로 퍼져 나갔지. 또 비슷한 시기에 일본에서도 새로운 제련법이 개발되면서 이와미 은광을 비롯한 여러 광산에서 많은 양의 은이 생산되었단다. 이제 은은 너무나 흔해져서 일상생활에서 값싼 물건을 거래할 때에도 은화를 쓸 정도가 되었지.

▲ **영국 은화**
펠리페 2세와 영국의 메리 1세의 결혼을 기념하기 위해 발행한 은화야.

은의 유통량이 늘어나자 국제 무역에도 자연스럽게 활기가 더해졌어. 은은 세계 어디에서나 그 가치를 인정받는 귀금속이어서 일종의 국제 화폐로 사용할 수 있었거든. 말하자면 세계 어디를 가든 은만 있으면 얼마든지 거래를 할 수 있었어. 은이 흔해지니 상인들이 세계를 오가며 거래를 하기도 훨씬 쉬워졌지. 은은 1500년대 말이면 이미 국제 화폐로 어느 정도 자리를 굳혔고, 이후 1800년대 말에 이르기까지 국제 화폐 자리를 지켰어. 은의 뒤를 이어 금, 금의 뒤를 이어 오늘날에는 미국의 화폐인 달러가 세계에서 그 가치를 인정받는 국제 화폐로 쓰이지.

▲ **디르함**
800년대 이슬람 제국 아바스 왕조에서 사용한 은화야.

1800년대까지 세계를 오가며 화폐로 쓰이던 은의 종착지는 중국이었어. 유럽 상인들이 중국산 도자기와 비단, 차 등의 구입 대금으로 은을 지불했기 때문이지. 반면 중국 사람들은 유럽에서 특별히 수입할 게 없다 보니 은이 일방적으로 중국으로만 흘러들었어. 어찌나 많은 은이 중국으로 흘러들었는지 중국은 '세계 은의 무덤'으로 불리기도 했단다. 이렇게 은이 넘쳐 나자 중국에서도 은이 화폐처럼 쓰였어. 중국의 명나라에서는 세금 제도를 고쳐 은으로 세금을 내게 할 정도였지.

◀ **중국에서 사용하던 말굽은**
중국 사람들은 말굽 모양으로 된 은덩이를 가지고 다니면서 거래할 때마다 잘라서 무게를 달아 사용했대.

103

| 용선생 세계사 카페 |

에스파냐 전성기 대표 건축물

에스파냐가 유럽 최강국으로 군림하던 1500년대부터 1600년대 사이, 아메리카에서 대량의 은이 들어오자 에스파냐는 왕실의 위세를 높이고 신앙심을 드러내기 위해 여러 건축물을 세웠어. 당시 에스파냐에 세워진 건물들은 크고 웅장하면서도 화려한 조각으로 장식된 것이 특징이지. 그럼 이 시기 에스파냐의 대표적인 건축물을 살펴보면서 당시 분위기를 한번 느껴 볼까?

하엔 대성당
에스파냐 남부 안달루시아 지방의 소도시 하엔에 있는 대성당이야. 원래 이슬람 세력이 차지하고 있던 안달루시아 지방에는 이슬람 사원인 모스크가 많았는데, 레콩키스타 이후 모스크를 성당으로 개조하다가 무너지는 바람에 성당으로 다시 만들었대. 1540년에 재건축하기 시작해 1724년에 완성했어.

마드리드 마요르 광장
에스파냐의 수도 마드리드에 있는 광장으로 다른 광장과 달리 직사각형 5층 건물이 'ㅁ'자 모양으로 광장을 에워싸고 있어. 이 건물은 펠리페 2세가 마드리드로 수도를 옮긴 뒤 광장 주변으로 한 변씩 차례로 건설하기 시작하여 1620년 펠리페 3세 때 완성했지. 건물에 달린 발코니만 237개인데, 이곳에서는 광장에서 열리는 행사를 볼 수가 있어. 한때 이 광장에서는 종교 재판이 열려 이단 심판을 받은 이들이 처형되었대. 지금은 에스파냐를 찾는 사람들이 한 번씩은 꼭 들르는 관광 명소야.

엘 에스코리알
펠리페 2세가 수도 마드리드 근처에 지은 건축물이야. 1563년에 짓기 시작해 1584년에 완성했어. 거대한 궁전, 수도원, 박물관, 도서관 등이 합쳐진 복합 시설로, 에스파냐의 전성기를 이끈 카를 5세부터 에스파냐의 역대 왕들의 무덤이 이곳에 있어.

그라나다 대성당
하엔 대성당과 마찬가지로 레콩키스타 이후 모스크를 허물고 그 위에 지었어. 처음엔 왕실의 무덤으로 계획했는데, 완공하기까지 181년이나 걸리는 바람에 원래 용도로 쓰지 못하고 대성당으로 이용하게 되었대. 그 대신 펠리페 2세가 지은 엘 에스코리알이 왕실 무덤 역할을 맡게 되었지.

멕시코 푸에블라 대성당
멕시코 남동부 푸에블라 시에 위치하고 있어. 에스파냐의 식민 지배기였던 1575년에 건설을 시작해 1690년에야 완성했어. 에스파냐 본국에서 파견된 성직자들이 건설을 주도했기 때문에 앞에서 살펴본 에스파냐 건축물과 매우 비슷한 모습을 하고 있단다.

3교시

황금과 소금 교역으로 꽃핀 아프리카 문명

많은 사람이 사막과 정글로만 기억하는 아프리카.
하지만 아프리카에서도 수많은 사람이
문명을 꽃피우며 삶을 꾸려갔단다.
아프리카의 상인들은 드넓은 사하라를 용감히 오가며
황금과 소금을 거래했고,
동아프리카 해안에서는 이슬람 상인과
활발하게 교류를 이어 나갔지.
오늘은 우리에게 조금은 생소한
아프리카의 문명을 알아보도록 하자.

기원전 2500년 무렵	기원전 550년 무렵	기원후 300년 무렵	600년 무렵	1324년	1400년 무렵
반투 사람들이 남아프리카에 퍼져 나감	악숨 왕국이 건설됨	가나 왕국이 건설됨	아랍인이 동아프리카 항로 개척을 시작함	무사왕이 메카 순례를 떠남	포르투갈, 아프리카 항로 개척을 시작함

팀북투

아프리카를 가로지르는 황금 무역로의 요충지. 무사왕이 다스렸던 말리 왕국의 수도였어.

젠네

나이저강 상류의 도시. 서아프리카의 대표적인 무역 도시 중 하나였어.

나이저강

서아프리카를 크게 돌아 기니만으로 빠져나가는 4,000킬로미터의 긴 강. 가나 왕국과 말리 왕국 등 여러 나라의 젖줄이었어.

콩고 분지

콩고강이 흐르는 아프리카 중서부의 거대한 열대 우림 지대. 수많은 동식물의 보고야.

아틀라스산맥
사하라 사막
쿰비 살레
팀북투
가오
젠네
나이저강
차드호
아크라
대서양
콩고 분지
루안다
칼라하리 사막
희망봉

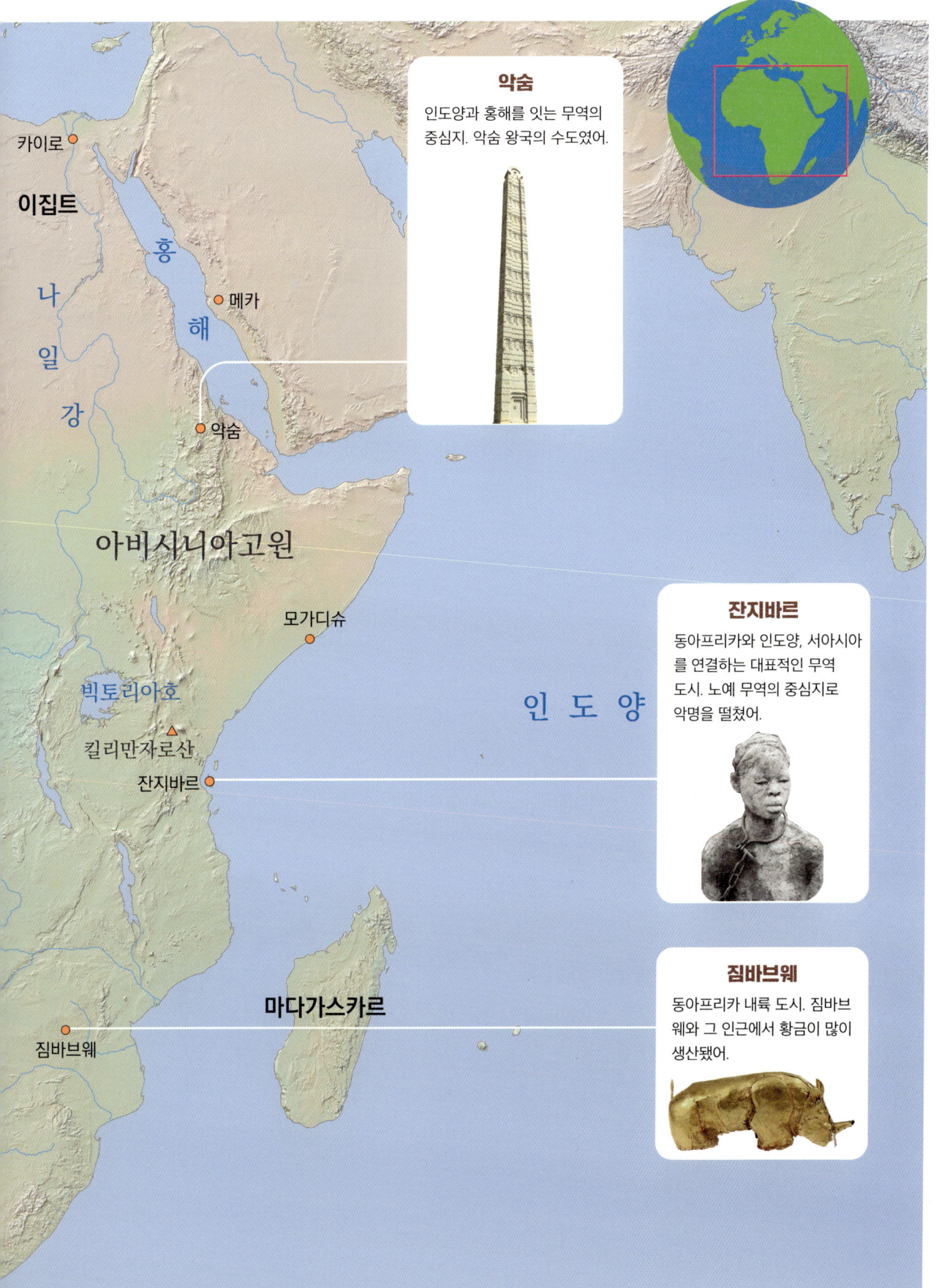

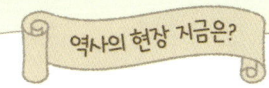

오랜 역사를 자랑하는 아프리카의 나라들을 둘러보다

아프리카의 총면적은 3천 30만 제곱킬로미터로, 지구 전체 육지 면적의 5분의 1이나 차지해. 미국과 멕시코, 중국과 인도, 유럽의 면적을 모두 합쳐도 아프리카보다 작지. 아프리카는 이렇게 거대한 만큼 몹시 복잡하고 다양한 문화와 역사를 가지고 있는 대륙이란다. 유럽과 중국 중심의 세계사만 접했다면 쉽게 깨닫기 어려운 부분이지. 오늘날 많은 아프리카 나라가 고질적인 빈곤과 전쟁으로 큰 고통을 겪어. 하지만 아프리카의 잠재력은 무한하단다.

오늘은 아프리카에서도 특히 오랜 역사를 가진 에티오피아와 말리의 모습을 살펴보자.

고원의 나라 에티오피아

에티오피아는 동아프리카 내륙에 위치한 국가야. 북쪽으로는 수단과 에리트레아, 남쪽으로는 케냐, 소말리아와 국경을 접하고 있지. 한반도의 약 5배 정도 되는 면적에 인구는 약 1억 3천만 명 정도로, 아프리카에서 나이지리아에 이어 두 번째로 인구가 많은 나라란다. 적도와 가깝지만 국토의 대부분이 해발 1,000미터 이상의 고원이어서 대체로 일 년 내내 온화한 날씨를 보여. 풍부한 지하자원과 많은 인구, 정부의 적극적인 경제 개발 정책을 발판으로 최근에는 경제가 빠르게 성장하고 있어.

⬅ 나일강 상류의 르네상스 댐 건설 현장

완공되면 아프리카 최대 규모의 다목적 댐이 될 거야. 에티오피아는 여기서 생산한 전기를 이웃 나라로 수출할 계획이래.

⬆ 에티오피아의 **수도 아디스아바바** 해발 2,300미터의 고원 도시로 인구는 400만 명 정도야. 아디스아바바는 에티오피아어로 '새로운 꽃'이란 뜻이래.

오랜 역사를 가진 크리스트교 국가

에티오피아는 350년 무렵까지 거슬러 올라가는 오랜 역사를 가진 정교회 국가야. 392년에 크리스트교를 국교로 삼은 로마보다 빨랐던 셈이지. 오늘날 에티오피아는 크리스트교와 이슬람교, 아프리카 전통 종교를 믿는 사람들이 어우러져 살아가는 나라이지만, 국민 대다수는 크리스트교를 믿지. 하지만 오랫동안 이슬람 세력에 포위되어 있었던 탓에 신앙의 관습이 조금 독특해. 구약을 중요하게 여겨 교회마다 '계약의 궤' 모형을 갖추고 있다든지, 한 해의 운을 점치고 백성들의 행복을 기원하는 의식이 교회 전례에 포함되어 있는 점이 그 예이지. 또 춤과 노래를 매우 중요하게 여기는 것도 에티오피아 정교회의 특징이야.

▲ 에티오피아 정교회의 십자가

◀ 에티오피아의 주식인 은저라와 웟
발효시킨 테프 가루로 만든 둥글넓적한 부침개인 은저라를 양파와 고기를 넣어 끓인 웟에 찍어 먹어. 또 종교적인 영향으로 돼지고기를 삼가고 오른손으로 음식을 집어 먹는 것도 에티오피아의 관습이야.

▲ 에티오피아 정교회의 대축일 전례 모습

커피의 원산지

에티오피아는 커피의 원산지야. 아비시니아고원에서 최초로 커피를 재배했대. 에티오피아 커피는 부드러운 신맛과 향긋한 꽃향기로 커피 애호가들의 사랑을 받는단다.

↓ 커피를 수확하는 모습

↑ 커피 세리머니
에티오피아 사람들은 귀한 손님이 찾아오면 이렇게 전통 의상을 차려입고 커피를 대접하는 의식을 치른대. 이걸 '커피 세리머니'라고 불러.

국토의 절반을 차지하는 아비시니아고원

에티오피아 국토의 절반은 평균 고도 2,100미터에 달하는 아비시니아고원이 차지해. 특히 에티오피아 북부의 시미엔산은 깎아지른 절벽과 크고 작은 봉우리들이 어우러진 장엄한 풍경으로 유명하지.

→ 흔하게 볼 수 있는 개코원숭이 시미엔산에는 개코원숭이가 많아서 여행 중에도 심심찮게 만날 수 있다는구나.

↓ 4,543미터 높이의 시미엔산

나이저강이 흐르는 나라 말리 공화국

말리는 서아프리카 내륙에 자리 잡고 있는 나라야. 모리타니, 알제리, 니제르, 세네갈 등 여러 나라와 국경을 맞대고 있지. 국토의 북부 지역은 대부분 사하라 사막에 속하며, 나이저강이 흐르는 남부는 여름이 우기인 사바나 기후 지역이야. 인구는 약 2,300만 명이야. 말리는 국민의 절대 다수가 빈곤으로 고통받는 나라지만, 최근에 금, 우라늄, 인광석 등의 광물 자원을 개발하며 경제 도약을 꿈꾸고 있어.

⬇ 말리의 금광

↑ 말리 북서부 타우데니 분지의 석유 시추 모습

↑ **말리의 수도 바마코** 말리의 남부 나이저강 상류에 위치한 상업 도시. 인구는 400만 명 이상으로, 말리 제1의 도시야.

말리의 젖줄 나이저강

나이저강은 기니고원에서 출발해 서아프리카를 시계 방향으로 크게 휘감은 뒤 대서양으로 흘러드는 큰 강이야. 길이 4,180킬로미터로 아프리카에서 나일강, 콩고강에 이어 세 번째로 길지. 나이저강은 말리를 비롯한 서아프리카의 문명 발전에 매우 중요한 역할을 해 왔어. 말리의 수도인 바마코와 팀북투, 젠네 등 오래된 도시들은 모두 나이저강을 끼고 발달했단다.

↑ 말리의 젖줄 나이저강 나이저강은 희한하게도 강 중간에 거대한 삼각주가 형성되어 있어. 중간 지점인 팀북투 근처에서 갑자기 경사가 완만해지면서 유속이 느려지기 때문이지. 나이저강 삼각주 역시 매년 규칙적으로 범람하기 때문에 매우 기름져. 또 호수에는 물고기가 많이 살기로 유명해.

← 몹티의 포구 전경
나이저강의 교통 요충지 몹티의 풍경이야. '아프리카의 베네치아'라고도 불리는 도시이지.

사막화되는 사헬 지대

사하라 사막의 남쪽 가장자리를 사헬이라고 하는데, 사헬 지역에 위치한 대표적인 나라가 말리야. 사헬 지역은 우기에 200밀리미터 정도의 비가 내리기 때문에 야트막한 풀이 자라는 초원 지대가 만들어지지. 사람들은 이 초원을 무대로 오랫동안 소나 양, 염소를 키우고, 강변에서는 더러 농사를 지으며 살아왔단다. 하지만 최근에 지나친 목축과 지구 온난화로 사헬 지대가 급속히 사막으로 변해 삶의 터전이 사라지고 있어.

◀ 나이저강 주변에서 소를 기르는 말리 농민들

▼ 사막화되는 사헬 지대

내전으로 신음하는 말리

말리는 현재 내전으로 큰 고통을 겪고 있어. 프랑스로부터 독립한 이후 정치와 경제 개발에서 내내 소외당해 온 북부의 투아레그족이 분리 독립을 요구하며 내전이 시작됐거든. 여기에 프랑스군과 여러 이슬람 과격 집단까지 개입해 말리는 극심한 혼란에 빠져들고 말았지. 현재는 유엔 평화 유지군이 머무르며 평화를 회복하기 위해 다양한 노력을 기울이지만, 좀체 상황이 개선되지 못하고 있어.

↑ 분리 독립을 주장하는 말리 북부의 투아레그족

↓ 말리에 투입된 프랑스군
말리 정부의 요청으로 프랑스군이 내전에 개입했어.

광활하고 다채로운 아프리카 대륙

"선생님, 아프리카에도 문명이 있었어요?"

"아프리카는 정글에 미개한 원주민들이 사는 곳 아녜요?"

아이들이 번갈아 가며 묻자 용선생이 고개를 가로저었다.

"그럴 리가 있나. 사실 아프리카는 유럽이나 아시아 못지않게 문명이 활기차게 꽃을 피웠던 대륙이야. 다만 우리가 주로 유럽이나 아시아의 시각에서 기록된 세계 역사만 배우다 보니 그 내용을 제대로 알지 못했을 뿐이지."

"아프리카에 문명이라니…… 그래도 믿기 어려운데요."

"아무래도 아프리카의 역사를 공부하기 전에 아프리카가 어떤 곳인가부터 짚고 넘어가야겠구나. 어디 보자…… 그래, 이 지도를 보렴."

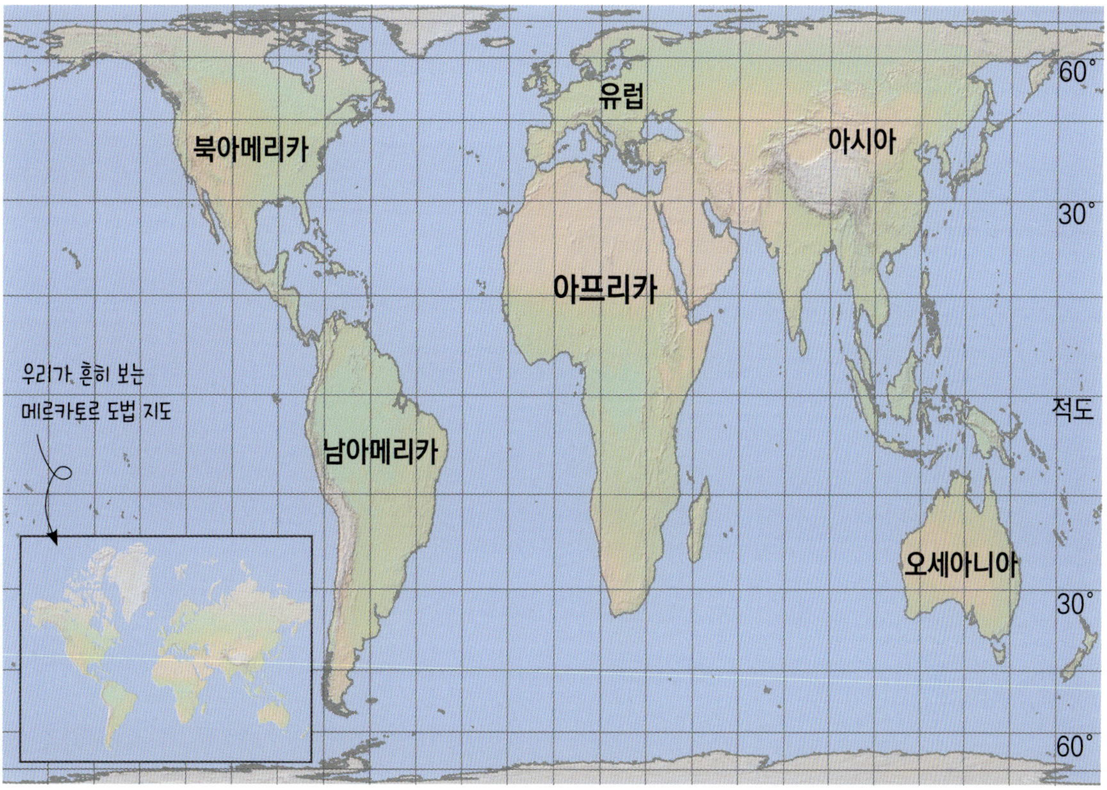

↑ 실제 면적대로 그린 세계 지도

용선생이 스크린에 지도를 한 장 띄웠다.

"어, 아프리카를 왜 이렇게 크게 그려 놨어요?"

"허허, 무슨 소리. 이게 바로 육지의 정확한 면적을 표현한 세계 지도란다. 사실 우리가 흔히 보는 세계 지도는 지구의 실제 면적을 정확하게 묘사한 지도가 아니야. 유럽이나 북아메리카처럼 위도가 높은 지역은 실제 면적보다 크게 그려지고, 적도를 중심으로 위도가 낮은 지역은 실제보다 작게 그려지지."

"왜 그렇게 그려요?"

"지구는 공처럼 둥글게 생겼잖아. 그런데 이걸 평평한 종이에 그리

허영심의 상식 사전

위도 적도를 중심으로 북쪽 또는 남쪽으로 떨어져 있는 정도를 말해. 세계 지도에 그려져 있는 가로선이 바로 위도를 표시하는 선이지. 위도가 높은 지방은 고위도 지방, 낮은 지방은 저위도 지방이라고 한단다. 적도는 위도가 0도이고 북극과 남극은 위도가 90도야.

황금과 소금 교역으로 꽃핀 아프리카 문명 **119**

용선생의 세계사 돋보기

우리가 흔히 보는 세계 지도는 네덜란드의 메르카토르라는 사람이 만든 '지도법'에 따라 제작돼. '메르카토르 도법'은 지도의 면적을 왜곡한다는 단점이 있지만, 지도의 두 점을 연결했을 때 정확한 방향이 표시된다는 장점이 있어. 바다를 항해하는 배에서 목적지까지의 방향과 각도를 계산할 때 유용하게 사용된단다.

➜ **아프리카의 크기 비교**
아프리카는 미국, 중국, 유럽, 멕시코, 인도를 합친 것보다 넓은 대륙이야.

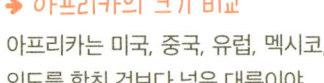

려고 하다 보니 생겨난 문제야. 실제로 아프리카는 아시아에 이어 두 번째로 큰 대륙으로 지구 전체 육지 면적의 5분의 1을 차지한단다."

용선생이 다른 그림을 띄우자 아이들의 눈이 휘둥그레졌다.

"이번에는 이 그림을 보렴. 아프리카가 미국, 중국, 유럽, 인도, 멕시코를 다 합친 것보다 더 넓지?"

"우아, 아프리카가 이렇게 큰 줄 몰랐어요."

"그런데 이 거대한 아프리카 대륙의 3분의 1은 불모의 사하라 사막이 차지하고 있어. 사하라 사막의 총면적은 940만 제곱킬로미터나 된단다. 중국 전체 면적과 맞먹는 세계에서 가장 큰 사막이지."

곽두기의 국어 사전

불모 아니 불(不) 털 모(毛). 땅이 거칠어 식물이 자라지 않는 것을 말해.

알제리의 타실리 유적 벽화

⬇ **사하라 사막** 아프리카 북부에 위치한 사하라 사막은 지금으로부터 약 250만 년 전에 생겨났어. 사막이 되기 전에 이곳은 가축을 키울 수 있는 푸른 초원이었다고 해. 실제로 사막 한복판의 동굴에서 가축을 키우는 사람의 모습이 담긴 벽화가 발견되기도 했어.

"중국 면적과 맞먹는다니, 어마어마하네요."

"아프리카는 이렇게 거대한 사하라 사막을 기준으로 보통 남쪽과 북쪽으로 구분해. 지중해에 접해 있어 유럽, 아시아와 교류가 활발했던 북아프리카와 달리 사하라 사막 이남의 아프리카는 사막을 횡단하는 상인들을 통해서 바깥세상과 소통했단다. 이번 시간에는 아프리카, 그중에서도 사하라 사막 이남의 아프리카에 대해 알아볼 거야. 먼저 지리부터 살펴볼까?"

"아프리카는 열대 지방이니까 밀림이 우거져 있는 거 아니에요?"

"아프리카 하면 대부분 밀림을 떠올려. 하지만 아프리카에서 흔히 나무가 빽빽이 자라는 열대 우림 지역은 일부에 지나지 않아. 오히려 키 큰 나무는 드물고 주로 키가 큰 풀로 덮여 있는 사바나 초원이 가장 넓은 면적을 차지하지."

"사바나 초원? 얼룩말이나 사자가 사는 아프리카 초원 말씀인가요?"

왕수재의 지리 사전

사바나 열대와 아열대 지역에 분포하는 초원 지역으로 우기와 건기가 뚜렷하게 구분되는 것이 특징이야.

← 아프리카의 사바나초원
아프리카의 초원에는 기린과 얼룩말, 사자 등 다양한 야생동물들이 살아가고 있어.

↑ 콩고 분지의 열대 우림 아프리카의 열대 우림은 수많은 동식물이 살아가는 생명의 보고야.

왕수재의 지리 사전

콩고강 아프리카 대륙의 중앙부를 흐르는 강이야. 아프리카에서 두 번째로 길지.

"그래. 사바나는 얼룩말, 사자, 기린 등 여러 야생 동물의 터전이지. 특히 동아프리카의 케냐와 탄자니아에 있는 사바나 초원은 <라이온 킹> 같은 작품의 배경이 되는 동물의 왕국이란다."

"그럼 밀림은 어디 있어요?"

"적도와 가까운 아프리카 중부 내륙에 있어. 콩고강이 흐르는 콩고 분지가 대표적인 열대 우림 지역이지. 이곳은 일 년 내내 덥고 비가 많이 와 밀림이 만들어졌어. 콩고 분지에는 아마존에 이어 세계에서 두 번째로 넓고 보존도 잘 된 열대 우림 지역이 있단다. 너희들이 알고 있는 《타잔》 같은 이야기는 이런 밀림이 주 무대이지."

"그러니까 밀림은 아프리카에서 일부일 뿐이군요."

"그렇지. 적도를 지나 남쪽으로 더 가면 조금씩 기후가 건조하고 선선해지면서 사바나 초원이 펼쳐지고, 초원을 지나서 남쪽으로 더 가면 다시 사막이 나와. 그러니까 아프리카의 기후는 대충 적도를 중심으로 사막과 사바나 초원이 마주 보고 대칭으로 펼쳐진 모양을 띠고 있다고 생각하면 돼."

지도를 본 아이들이 고개를 끄덕였다.

"그런데 여기서 한 가지 더 신기한 사실. 아프리카는 평균 해발 고도가 60미터 정도로 높은 대륙이라 의외로 숨이 막힐 만큼 무덥지는 않아. 아프리카

적도를 중심으로 아래 위로 대칭을 이루고 있군.

↑ 아프리카 대륙의 기후 지도

같은 지형을 옆에서 보면 찰랑거리는 바다에 식탁 하나를 척 올려놓은 것처럼 불쑥 솟아오른 모습이거든. 이런 지형을 탁상지라고 부른단다. 또 아프리카는 우리나라처럼 대체로 동쪽은 높고 서쪽은 낮은 동고서저의 지형을 보이지."

"아프리카가 생각보다 무덥지 않다니, 의외네요."

"흐흐. 같은 아프리카에서도 비교적 고도가 높은 동아프리카는 적도 부근에서도 따뜻한 온대 기후, 서늘한 고산 기후가 나타나기도 해. 예컨대 아프리카에서 가장 높은 킬리만자로산은 적도 부근에 있는데, 산 정상에서는 만년설도 볼 수 있지."

"아프리카에서도 눈을 볼 수 있다고요?"

용선생의 세계사 돋보기

세계적으로 아프리카와 인도, 오스트레일리아의 서부, 남아메리카의 브라질 등이 대표적인 탁상지란다.

곽두기의 국어 사전

만년설 일만 만(萬) 해 년(年) 눈 설(雪). 일 년 내내 녹지 않는 눈을 뜻해.

▼ **킬리만자로산에 쌓인 만년설** 아프리카 동부에 있는 킬리만자로산은 높이가 무려 5,895미터로 아프리카에서 가장 높은 산이야.

만년설로 뒤덮인 정상

"당연하지. 아프리카의 북쪽 끝이나 남쪽 끝에서는 겨울이면 눈이 내리는걸? 이제 아프리카가 얼마나 광활하고 다채로운 대륙인지 알겠지? 하지만 아프리카에는 한 가지 큰 문제가 있었어. 사람이 농사를 지으며 살기에 적당하지 않다는 점이야."

"그건 왜죠?"

"일단 사막이나 열대 우림은 말할 것도 없겠지? 여기에 우기와 건기가 뚜렷이 구분되는 사바나 초원도 문제야. 우기에는 비가 한꺼번에 쏟아져 흙 속의 영양분을 쓸어 가 버리고, 건기에는 비 한 방울 내리지 않고 햇볕이 너무 따가워 땅이 쩍쩍 갈라져 버리거든. 작물이 도저히 살아남을 수 없는 환경이지."

"그럼 아프리카 사람들은 어떻게 살았어요?"

"서아프리카의 큰 강가에서는 농사를 짓는 사람들도 있었지만, 대다수 지역에서는 주로 사냥과 채집을 하며 살았어. 그러다 보니 인구 증가도 더뎠고, 큰 도시가 만들어지기도 어려웠지. 그래서 사람들은 부족 단위로 작은 마을을 이루고 살았는데, 자기 마을에서 나지 않는 물건은 물물 교환 방식으로 교역을 벌여 다른 마을에서 구했어."

"역시, 어디서나 교역부터 이뤄지는 건 마찬가지네요."

"재밌는 거 하나 더 알려 줄까? 사하라 이남의 아프리카 사람들은 모두 언어가 비슷해. 지금도 아프리카 사람들끼리는 완벽하진 않아도 그럭저럭 의사소통이 가능하단다."

"이렇게 넓은 땅에 사는 사람들이 어떻게 비슷한

↑ 얌 열대와 아열대 지역에서 자라는 식물이야. 보통 고구마처럼 땅속에서 캐내어 삶거나 구워서 먹어. 오늘날 아프리카 사람들의 식탁에서 빠질 수 없는 식재료란다.

언어를 써요?"

허영심이 고개를 갸우뚱했다.

"그건 아프리카 사람들이 모두 반투어에서 갈라져 나온 언어를 사용하기 때문이야. 오늘날 사하라 이남 아프리카에서 사용되는 500여 가지 언어가 모두 반투어에서 갈라져 나왔지."

"그럼 원래 아프리카 사람들이 같은 종족이었어요?"

"그건 아니야. 반투어는 서아프리카 사바나 지역, 바로 오늘날의 카메룬에 살던 사람들이 사용하던 언어였대.

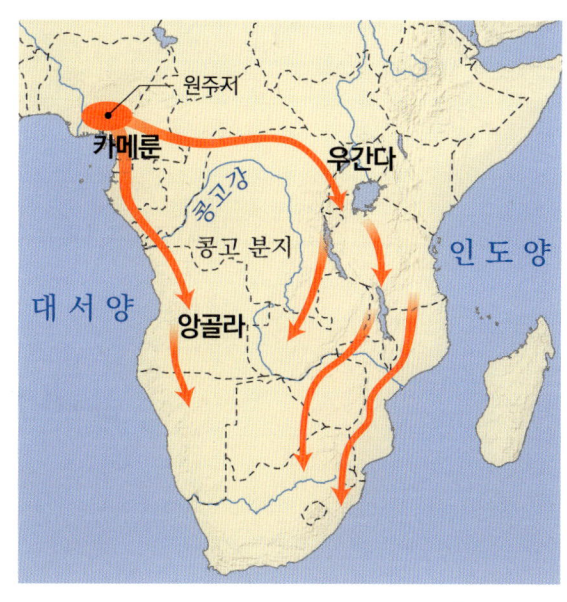

▲ 반투어 사용자의 이동

그런데 이 사람들이 무슨 일인지 기원전 2500년 무렵부터 기원후 1000년 무렵까지 수천 년에 걸쳐 남쪽과 동쪽으로 흩어졌어. 이들은 콩고강을 따라 아프리카 중부와 남부로 퍼져 나갔고, 반투어도 이들의 이동에 따라 퍼져 나갔지."

"왜 갑자기 흩어졌어요? 누가 쳐들어오기라도 했나요?"

"글쎄다. 정확한 이유는 알 수가 없어. 아마도 인구가 늘어나면서 농사를 지을 만한 땅을 찾아 이동한 것이 아닐까 짐작할 뿐이야. 반투어를 쓰던 사람들은 농사를 짓고 소를 키우던 사람들이라 농사지을 땅이 필요했거든. 기원전 500년 무렵 이들은 철기까지 도입했어. 그 덕분에 아프리카의 다른 부족들에 비해 훨씬 강력한 힘을 갖고 사하라 이남 아프리카 전역으로 퍼져 나갈 수 있었단다."

"반투어를 쓰는 사람들이 직접 철기 만드는 법을 알아낸 건가요?"

"아프리카 사람들은 진흙으로 만든 용광로를 이용해 철광석을 녹이고 철기를 만들 줄 알았어. 근데 그게 독자적인 기술인지는 확실하지 않아. 아마도 사하라 사막을 오가는 상인을 통해 북아프리카에서 들여온 게 아닐까 추측할 뿐이지."

 **용선생의 핵심 정리**

아프리카는 열대 우림, 사바나 초원, 드넓은 사막이 펼쳐져 있는 광활한 대륙. 사하라 사막 남쪽의 아프리카는 독자적인 발전을 이어 나갔으며, 기원전 2500년 무렵부터는 반투어를 쓰는 사람들이 퍼져 나감.

황금 무역으로 번성한 서아프리카의 왕국들

"자, 이번에는 서아프리카의 나이저강 유역으로 가 보자. 이 지역은 아프리카에서 가장 일찍부터 문명이 발달했던 곳으로, 여러 왕국들이 바통을 이어 가며 사하라 사막을 횡단하는 황금 무역으로 번영을 누렸단다."

"잠깐만요, 물 한 모금 없는 거대한 사하라 사막을 오가며 장사를 했단 말이에요?"

"물론 자칫하면 목숨을 잃을 수도 있는 위험한 길이야. 하지만 사막 생활과 지리에 밝은 베르베르인에겐 불가능한 일은 아니었어. 사막에서 물을 구할 수 있는 오아시스가 어디에 있는지도 잘 알고 있었거든."

"베르베르인이 누군데요?"

"베르베르인은 북아프리카 사하라 사막 가장자리와 아틀라스산맥 산지에서 유목 생활을 하며 살아온 북아프리카 원주민이야. 페니키

왕수재의 지리 사전

나이저강 서아프리카를 크게 돌아서 기니만으로 빠져나가는 강. 가나 왕국과 말리 왕국 등 여러 나라의 젖줄이었어.

▼ **사막을 건너는 베르베르인** 현재 1,200만 명가량의 베르베르인이 사막과 산악 지역을 무대로 자신들의 언어와 전통을 유지하며 살고 있어.

◆ 사하라 사막의 무역로

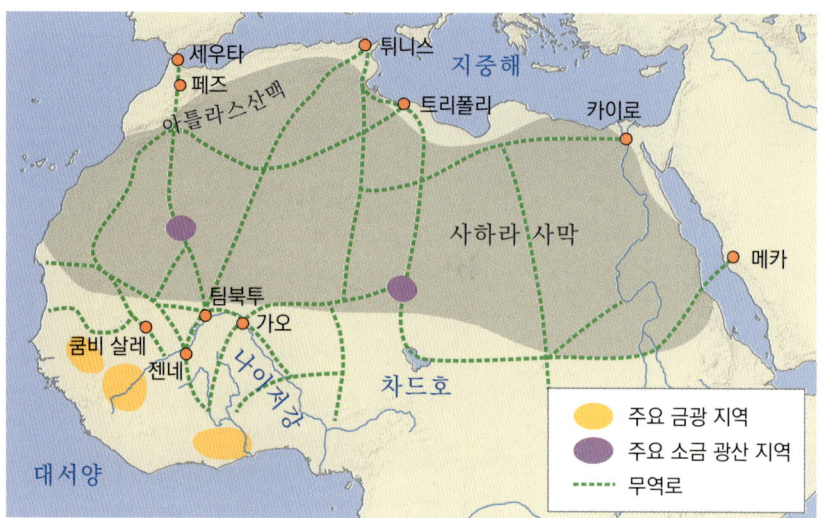

사하라 사막의 무역로는 오아시스를 따라 만들어졌어.

아인의 활약으로 지중해 상업이 발달하자 그중 일부가 사하라 사막을 오가는 무역에 뛰어들었단다."

"지중해 무역을 장악하고 알파벳을 퍼뜨린 그 페니키아인 말씀인가요?"

곽두기가 기억을 더듬으며 말했다.

"그렇단다. 베르베르인은 낙타를 이용해 뜨거운 사하라 사막을 오가며 상품을 실어 날랐어. 목숨을 걸어야 하는 위험한 길이지만 이들의 활발한 활동 덕분에 사하라 사막 이남의 아프리카와 지중해 세계 사이에 교류가 이루어질 수 있었지."

"도대체 얼마나 대단한 상품이기에 그렇게 목숨을 걸고 사막을 건너요?"

왕수재가 물었다.

"황금이었어. 사하라 남쪽 서아프리카는 예로부터 황금의 땅으로 유명했단다. 사하라 사막 남쪽엔 해 질 무렵 땅에서 황금이 자라는 곳이 있다는 말이 퍼질 정도였지. 베르베르인들은 황금을 가져오기 위해 사막을 건넜던 거야."

"황금을 공짜로 주진 않을 거 아니에요."

"물론이지. 베르베르인은 소금을 가지고 가서 황금과 맞바꾸었단다."

"겨우 소금을 가지고 가서 황금과 맞바꿨다고요?"

"그렇단다. 옛날에는 소금이 '하얀 금'으로 불릴 만큼 값비싼 물건이었어. 무더운 아프리카에서는 일사병을 예방하기 위해서라도 소금이 꼭 필요했지. 그런데 바다에서 멀리 떨어진 내륙에서는 소금을 구할 수 없었기 때문에 황금 못지않게 귀했단다."

"베르베르인은 어디서 소금을 가져왔어요?"

"사하라 사막 한가운데에 거대한 소금밭이 있단다. 사하라 사막은 한때 물이 풍부하고 초원이 발달한 지역이었는데, 기후가 건조해지면서 물이 다 말라 버리고 물에 녹아 있던 소금만 남았지. 베르베르인들은 이곳에서 소금을 캐내 낙타 등에 싣고 서아프리카로 가서 황금과 맞바꾸었어."

용선생의 세계사 돋보기

염분은 신체의 수분량을 조절하고 신체 균형을 유지하는 역할을 해. 근데 아프리카처럼 더운 기후에서는 땀을 많이 흘리기 때문에 몸 안의 염분도 쉽게 배출되어 신체 균형을 해칠 위험이 커. 염분 부족이 심각할 경우 목숨이 위태로워진단다. 바다와 먼 내륙 지역에서는 소금을 구하기가 힘들었기 때문에 소금의 가격이 매우 비쌌어.

◀ 시장에서 파는 암염

◀ 니제르의 소금 광산
사하라 지역이 사막이 되기 오래전에 있었던 호수가 말라붙어서 만들어진 소금 광산이야. 상인들은 사하라 사막 한가운데에 있는 이런 소금 광산에서 소금을 가져다 팔았지.

황금과 소금 교역으로 꽃핀 아프리카 문명

나선애의 세계사 사전

가나 왕국 300년 무렵부터 지금의 모리타니와 말리 일대에 있었던 왕국. 지배자 칭호인 '가나'를 따서 붙인 이름이야. 와가두 제국으로도 알려져 있어.

말리 왕국 1235년에서 1645년까지 지금의 모리타니, 말리, 니제르 일대에 있었던 이슬람 왕국이야. 가나 왕국보다 훨씬 더 넓은 지역을 다스렸지. 나이저강 주변 지역의 법, 언어, 관습에 엄청난 영향을 미쳤어.

"그럼 황금은 어디서 나는데요?"

"강에서 채취했어. 나이저강은 사금이 풍부한 곳이라 사금 채취를 통해 굉장히 많은 황금을 생산할 수 있거든. 황금이 흔하다 보니 값이 아주 쌌고, 그 덕분에 베르베르 상인은 이 황금을 사하라 사막 너머 유럽과 서아시아에 내다 팔아서 엄청난 이익을 얻었지."

"베르베르 상인들이 목숨을 걸고 사하라 사막을 건넌 이유가 있었군요."

"그렇단다. 황금 교역이 활발해지자 이 지역에서는 황금 교역을 독점하기 위한 경쟁이 펼쳐졌지. 300년대부터 1500년대 말까지 가나 왕국, 말리 왕국, 송가이 왕국 등이 연달아 황금 교역을 독점해 크게 번영을 누렸단다."

가나라는 말에 장하다가 눈을 동그랗게 떴다.

"가나 왕국? 저 그 나라 알아요. 아프리카 축구 강국이잖아요."

장하다의 말에 용선생은 미소를 지었다.

➔ **사금을 캐는 아프리카 사람들** 빨래라도 하는 것처럼 보이겠지만, 사실은 금을 캐는 사람들이야. 강가의 흙과 모래를 퍼낸 뒤 흐르는 물에 흙을 걸러내면 무거운 금가루만 남거든.

➔ **사금**
강이나 바닷가의 모래에 섞여 있는 작은 금가루를 사금이라고 해. 금 성분을 가진 광석이 상류에서 부서진 후 그 가루가 모래에 섞여 강을 따라 흘러 내려온 거야.

◆ 보트를 타고 나이저강을 오가는 사람들

나이저강은 서아프리카 사람들의 교통로이자, 식수와 농사에 필요한 물을 대 주고 낚시도 할 수 있는 젖줄과도 같은 강이야. 또 많은 양의 사금을 채취할 수 있는 돈줄이기도 했지.

"지금의 가나는 옛날 가나 왕국과는 다른 곳에 있는 나라란다. 옛날 가나 왕국에서 이름만 따왔지."

"아프리카 사람들이 옛날 가나 왕국을 자랑스러워하나 보죠?"

"그래. 그만큼 가나 왕국이 오랫동안 이 지역을 주름잡았다는 것을 알 수 있어. 가나 왕국은 황금 교역으로 엄청난 부를 쌓아 800년 가까이 번영을 누렸단다. 하지만 1200년대에 접어들어 이웃 나라들에게 공격을 당하면서 힘이 약해졌어. 그렇게 가나를 무너뜨리고 황금 교역을 장악한 나라는 말리 왕국이었지."

"말리 왕국은 또 어디예요?"

"가나 왕국의 북동쪽을 근거지로 삼고 있던 나라야. 말리 왕국은 이슬람으로 개종해 세력을 키운 뒤 가나 왕국이 약해

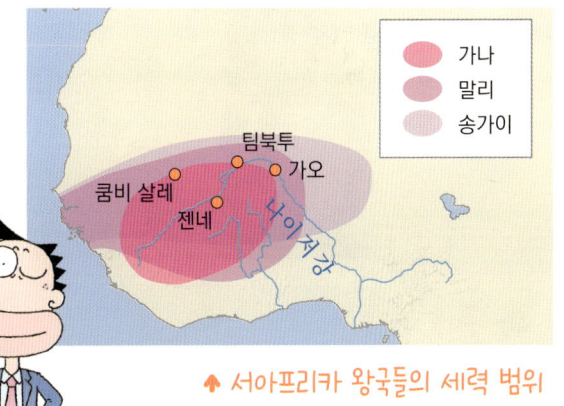

▲ 서아프리카 왕국들의 세력 범위

서아프리카의 여러 왕국이 소금과 황금 교역을 독점하며 차례차례로 번성했어.

▲ 1400년대 유럽의 지도에 표시된 무사왕
황금으로 만든 관을 쓰고 황금 동전을 손에 쥐고 있어. 당시 유럽 사람들이 말리의 왕 무사를 어떻게 생각했는지 짐작하게 해 주지.

장하다의 인물 사전
무사 케이타 1세 (재위 1312년~1332년) 말리 왕국의 제10대 왕. 왕이란 뜻인 '만사'를 붙여 '만사 무사'라고 불러.

"지자 이 지역의 패권을 장악했지."

"어? 아프리카 사람들도 이슬람교를 믿었어요?"

"응, 사하라 사막을 넘나들던 상인들을 통해 서아프리카에도 이슬람교가 전파되었단다. 말리 왕국도 가나 왕국과 마찬가지로 금과 소금 교역으로 400년 가까이 번영을 누렸어. 말리 왕국의 한 왕은 엄청난 부로 유럽에까지 알려졌어."

"어떤 왕이에요?"

"바로 무사왕이야. 그는 독실한 이슬람교 신자였어. 이슬람교 신자라면 일생에 한 번은 메카를 순례해야 한다는 쿠란의 가르침에 따라 1324년에 가족과 함께 메카 순례를 떠났지. 놀라운 건 순례 행렬의 규모와 화려함이었어. 그도 그럴 것이 무사왕의 순례 행렬에는 수만 명의 신하와 순금을 가득 실은 80마리의 낙타, 황금을 진 12,000여 명의 노예가 뒤따랐거든."

"12,000명의 노예요? 우아!"

"그뿐만이 아니었어. 무사왕은 가난한 사람들에게 자선을 베풀라는 이슬람교 교리에 따라 길가에 구경 나온 사람들에게 아낌없이 황금을 나누어 주었대. 왕의 일행이 뿌린 황금이 얼마나 많았던지, 이집트에서는 한동안 금값이 폭락했다는구나."

"황금이 얼마나 많았으면…… 쩝."

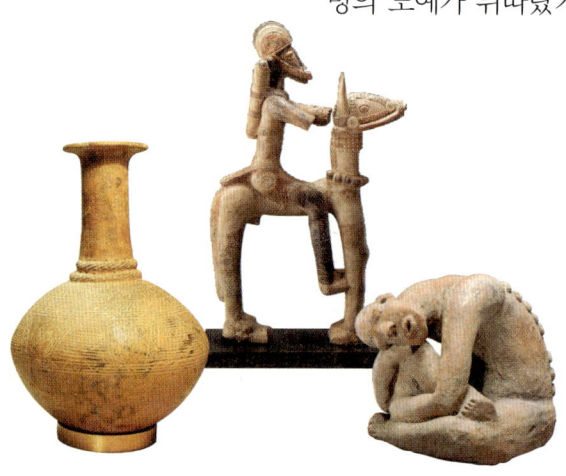

▲ 말리의 젠네에서 발견된 토기

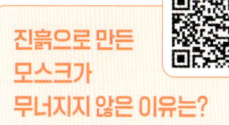
◀ 나이저강 주변의 무역 도시 젠네
나이저강 상류에 있는 젠네는 200년대부터 서아프리카를 대표하는 무역 도시였어. 오늘날 이곳은 도시 전체가 세계 문화유산으로 지정되어 있단다.

▶ 젠네의 진흙 모스크 1300년대에 처음 지어진 진흙 모스크로 서아프리카를 대표하는 문화유산이야.

장하다가 부러운지 입맛을 다셨다.

"성지 순례를 끝마친 무사왕은 돌아오는 길에 수많은 이슬람 학자들을 말리 왕국으로 데려왔어. 그리고 왕국 곳곳에 웅장한 모스크와 학교를 짓고 학자들에게 마음껏 학문을 연구하고 가르치도록 했지. 그 덕분에 말리 왕국의 수도였던 팀북투는 아프리카 교역의 중심지이자 이슬람 문화의 중심지로 부상했단다."

"아프리카에 그렇게 발달한 나라가 있었다니, 뜻밖인데요?"

"그렇지만 1332년 무사왕이 세상을 떠난 뒤 말리 왕국은 왕위를 둘러싼 내분으로 점차 쇠퇴의 길을 걸었어. 1460년대 중반쯤이면 말리 왕국의 지배를 받던 나이저강 동쪽의 송가이 왕국이 독립해 말리 왕국의 패권을 물려받았지. 훗날 나이저강 유역 대부분을 지배하는

진흙으로 만든 모스크가 무너지지 않은 이유는?

황금과 소금 교역으로 꽃핀 아프리카 문명 **133**

▲ **팀북투의 상코레 대학** 사람들은 아프리카가 미개하다고 생각하지만, 이미 1300년대에 대학이 세워졌어. 상코레 대학은 서아프리카의 학문 중심지였지.

◀ **중세 아프리카의 필사본** 팀북투 모스크에 보존된 필사본으로 천문학, 의학 지식을 담고 있어.

제국으로 성장한 송가이 왕국 역시 황금 교역을 독점하며 번영을 누렸단다."

"가나, 말리, 송가이, 이렇게 세 나라가 차례로 서아프리카의 황금 교역을 장악해 번영을 누린 거군요."

나선애가 배운 내용을 정리했다.

"그런 셈이지. 자, 이번에는 서아프리카보다 훨씬 앞서 교역이 발달했던 동아프리카로 가 볼까?"

> **용선생의 핵심 정리**
>
> 북아프리카의 베르베르 상인들은 사하라 사막을 건너 소금과 황금 교역에 나섰고, 그 결과 서아프리카에는 황금 교역으로 가나 왕국, 말리 왕국, 송가이 왕국이 차례로 번성함.

홍해 상권을 거머쥔 악숨, 동아프리카를 누빈 아랍 상인

"방금 전까지 이야기했던 서아프리카와, 지금부터 이야기할 동아프리카에는 큰 차이점이 하나 있어. 그건 바로 동아프리카에는 나일강과 홍해가 있다는 거야. 나일강과 홍해는 동아프리카의 남과 북을 연결할 뿐만 아니라 주변 지역과 교류하는 통로 역할을 했어. 그래서 동아프리카의 문명은 북쪽의 이집트나 메소포타미아 문명과 밀접한 관계를 맺고 발전했지."

"아하, 배를 타고 쉽게 오갈 수 있어서 그런 거죠?"

곽두기의 말에 용선생은 고개를 끄덕였다.

"응. 특히 이집트에서 나일강 상류로 거슬러 올라가면 만나는 누비아가 대표적이지. 누비아는 이미 기원전 3000년 무렵부터 이집트 문명의 영향을 받으며 발전을 거듭했어. 누비아인이 세운 쿠시 왕국은 기원전 1000년 무렵에 이집트를 공격해서 점령하기도 했지. 혹시 기억나니?"

"아! 기억나요. 누비아 사람이 파라오까지 됐었죠."

"맞아. 근데 시간이 더 흘러 바로 그 쿠시 왕국 남동쪽의 아비시니아고원 일대에도 국가가 들어서며 번성했단다. 이 나라를 '악숨 왕국'이라고 불러. 오늘날의 에티오피아가 바로 악숨 왕국의 뒤를 이은 나라지. 악숨 왕국은 350년 무렵 크리스트교를 받아들여 크리스트교 왕국이 되었어."

"선생님, 악숨 왕국도 누비아인이 세웠어요?"

왕수재의 지리 사전

아비시니아고원 오늘날 에티오피아가 위치한 동아프리카의 고원 지대야. 적도와 가깝지만 평균 해발 고도가 2,000미터에 달해 기후가 온화해. 또 화산토가 많아 땅이 비옥하지.

◀ 에자나왕의 오벨리스크
악숨 왕국의 왕들은 전쟁의 승리를 기념하고자 이런 오벨리스크를 세웠어. 역시 이집트의 영향을 엿볼 수 있지.

"그건 아냐. 원래 아비시니아고원 일대에 살던 원주민과 멀리 서아시아에서 이주해 온 사람들이 세웠단다. 악숨은 홍해와 가까운 교역 요충지라서 일찍부터 서아시아 사람들이 많이 찾아왔거든. 로마 제국 시대에는 홍해 무역로를 이용한 교역이 매우 활발했어. 이집트에서 출발해서 홍해를 지나가는 배들은 전부 악숨 왕국의 앞바다를 지나갔지."

"그럼 악숨에는 지중해 상인이나 서아시아 상인도 많이 들락거렸겠네요."

"그래. 악숨 왕국은 홍해를 오가는 상인을 상대로 중계 무역을 벌였고, 아프리카 내륙 무역로를 이용해 황금과 상아, 몰약 같은 아프리카 특산물을 독점적으로 취급해 엄청난 부를 쌓았어. 그래서 한창때의 악숨 왕국은 로마나 페르시아에 비교될 만큼의 강대국이었지. 하지만 악숨 왕국은 600년대에 들어서며 주요 무역항을 빼앗기고 속절없이 쇠퇴하기 시작했단다."

"아니, 왜요?"

"홍해 건너편의 아라비아반도에서 이슬람 세력이 들불 같은 기세로 번져 왔기 때문이야. 이슬람교는 삽시간에 아프리카까지 퍼졌어. 하지만 악숨 왕국은 꿋꿋이 크리스트교를 믿었기 때문에 그

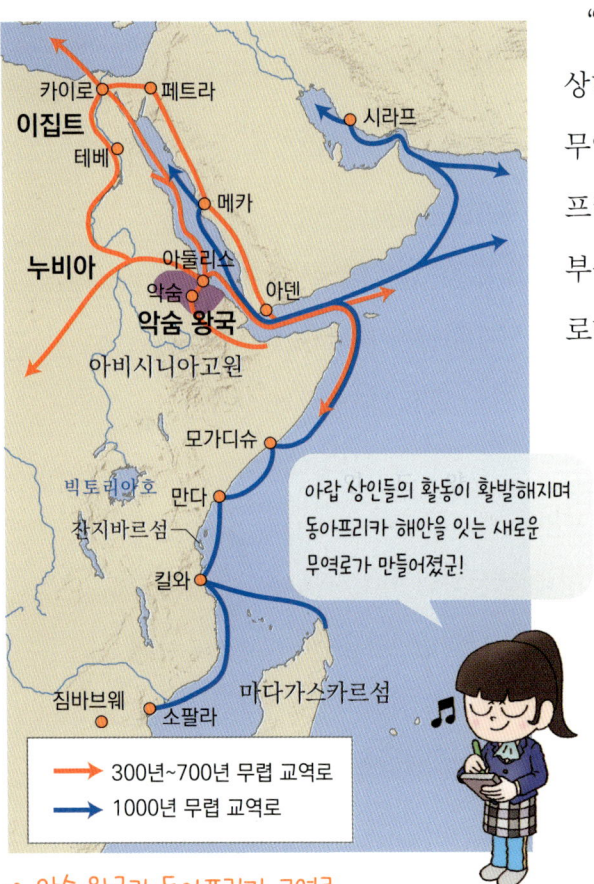

↑ 악숨 왕국과 동아프리카 교역로

만 주변 나라로부터 고립되고 말았단다. 자연스럽게 교역도 끊기고 말았지. 오늘날에도 아프리카 북부와 동부의 많은 나라가 이슬람교를 믿는 것과 달리 에티오피아만은 여전히 크리스트교 국가로 남아 있단다."

"그러니까 이슬람 세력에게 항구를 빼앗기고 주변 나라와 교역이 끊기면서 쇠퇴할 수밖에 없었다, 그런 말씀이시죠?"

"응. 아랍 상인들은 동아프리카 해안을 따라 내려가며 항구를 만들고 교역 활동을 해 나갔지. 오늘날 소말리아의 수도인 모가디슈, 킬

곽두기의 국어 사전

고립 외로울 고(孤) 설 립(立). 다른 사람과 어울리지 못하고 혼자서 외톨이가 되는 상황을 가리켜.

에티오피아 건국 설화에 솔로몬 왕이?

에티오피아의 건국 설화에 따르면, 먼 옛날 아름답고 지혜로운 여왕이 다스리는 '시바'라는 나라가 있었어. 시바의 여왕은 멀리 예루살렘에 솔로몬이라는 지혜로운 왕이 있다는 소문을 듣고 값진 선물을 마련해 예루살렘을 찾아갔어. 여왕은 솔로몬에게 온갖 어려운 질문을 던졌지만 솔로몬은 모든 질문에 막힘없이 대답했지. 그러자 여왕은 크게 기뻐하며 선물을 주고 그와 하룻밤을 보낸 후 시바 왕국으로 돌아갔단다. 솔로몬은 여왕에게 반지를 주며 자식이 태어나거든 그 반지를 들려서 예루살렘으로 보내라고 말했지.

여왕은 곧 아들을 낳았는데, 그가 바로 악숨 왕국을 세운 메넬리크 1세였어. 메넬리크 1세는 어른이 되자 예루살렘으로 가서 솔로몬에게 3년 동안 가르침을 받았고, 수많은 학자와 함께 시바로 돌아와 악숨 왕국을 건설했대.

시바 여왕과 솔로몬의 만남에 관한 전설은 에티오피아와 서아시아 곳곳에 퍼져 있고, 성경에도 비슷한 이야기가 실려 있어. 이 이야기가 정말 역사적 사실인지는 확인되지 않았지만, 악숨 왕국이 그만큼 서아시아 세계와 밀접한 관계가 있는 나라였다는 사실은 알 수 있단다.

↑ 시바 여왕과 솔로몬의 만남을 표현한 그림

와, 잔지바르 등이 이때 건설된 항구들이란다. 이런 항구를 중심으로 아랍인의 이주가 활발히 이루어졌고, 이들이 아프리카 현지의 여성들과 결혼해 가정을 꾸리면서 아랍인과 아프리카인의 혼합 문명이 만들어졌어. 이렇게 탄생한 혼혈인을 스와힐리인, 문명을 스와힐리 문명이라고 부른단다."

"스와힐리 문명이라고요?"

"그래. 스와힐리 문명은 동아프리카 해안을 따라 넓게 퍼져 나가며 바다를 통해 서로 활발하게 교류했어. 인도양을 주름잡은 아랍 상인

▲ **동아프리카의 킬와** 1500년대 후반에 유럽인들이 그린 그림이야. 킬와는 동아프리카 내륙의 황금을 거래하는 무역항이었어.

용선생의 세계사 돋보기

중국 명나라의 환관 정화는 황제의 명령을 받아 함대를 조직해 동남아시아 및 인도양을 탐험했어.

왕수재의 지리 사전

짐바브웨 아프리카 남동쪽에 위치한 내륙 국가야. 동아프리카 지역에서도 황금이 많이 나기로 유명한 나라였지.

덕택에 동아프리카에서 머나먼 인도를 오가는 장거리 무역도 이루어졌지. 그래서 포르투갈의 바스쿠 다가마도 동아프리카에서 인도로 가는 항로를 손쉽게 이용할 수 있었던 거야. 반대로 중국 명나라에서 인도를 거쳐 온 원정대가 동아프리카까지 올 수도 있었지."

용선생의 말에 모두들 고개를 끄덕였다.

"선생님, 그런데 아랍 상인들은 뭘 사러 동아프리카까지 간 거죠?"

왕수재가 손을 번쩍 들며 물었다.

"첫 번째는 황금이었어. 동아프리카 내륙에 위치한 짐바브웨 왕국 같은 나라는 황금이 많이 나기로 유명했거든. 또 상아를 비롯한 아프리카 특산물도 빼놓을 수 없지. 마지막으로 중요한 교역품은 바로 노

↑ 짐바브웨의 요새 1000년에서 1400년 무렵까지 짐바브웨 왕국의 수도였던 곳이야. 오늘날 짐바브웨 공화국의 남동부에 있지. 이 요새에서는 황금 장신구, 아랍인이 쓰던 동전, 중국 도자기 조각이 발굴되기도 했어.

↑ 짐바브웨 인근에서 발견된 황금 코뿔소 조각

예였어. 동아프리카에서는 노예 무역이 활발하게 이뤄졌거든."

"예? 노예라고요?"

용선생의 핵심 정리

아비시니아고원에 건설된 악숨 왕국은 홍해 교역로를 장악하며 번영을 누림. 600년대 이후 이슬람 세력이 팽창하며 쇠퇴함. 아랍 상인들은 동아프리카 곳곳에 무역항을 건설하고 교역에 나섬.

↑ 짐바브웨의 새 짐바브웨 왕국의 상징이야. 오늘날 짐바브웨 국기에도 이 문양이 들어가 있지.

황금과 소금 교역으로 꽃핀 아프리카 문명

아프리카 해안에서 노예 무역이 성행하다

"그럼 아랍 상인들이 노예 무역을 했다는 말씀이신가요?"

"그렇단다. 이슬람교에서는 같은 이슬람교 신자를 노예로 삼는 걸 엄격히 금지하거든. 그래서 이슬람 세계에서는 유럽의 크리스트교도, 러시아 초원의 슬라브인, 유라시아 초원의 튀르크인을 주로 노예로 부렸지. 이때 아랍 상인들이 동아프리카를 통해 아프리카 사람들을 노예로 들여왔어. 오늘날 탄자니아의 잔지바르섬이 동아프리카 노예 무역의 중심지였는데, 아랍인들은 1800년대까지도 이 섬을 장악하고 활발하게 노예 무역을 펼쳤다는구나."

> **용선생의 세계사 돋보기**
> 특히 이슬람 세계에서 병사로 활약한 튀르크인 노예 병사를 맘루크라고 불러.

"헉! 그렇게 오랫동안이나요? 아프리카 사람들은 그걸 보고만 있었어요?"

"흠, 그게 말이다. 처음 노예를 잡아서 상인에게 팔아넘긴 건 같은 아프리카 사람이었단다. 전쟁 포로를 노예로 팔았지."

"아프리카 사람이 자기랑 같은 아프리카 사람을 노예로 팔았다고요?"

아이들이 깜짝 놀라자 용선생은 잠시 생각에 잠겼다가 말을 이었다.

"옛날에는 전쟁 포로나 빚을 갚지 못한 사람을 노예로 팔아넘기는 게 흔한 일이었어. 딱히 아프리카뿐 아니라 유럽이나 아시아에서도 마찬가지였단다. 그런데 아프리카는 인구가 적어서 일손이 매우 귀했고, 그러다 보니 부족한 노동력을 노예로 보충하기 위해 노예를 사고파는 시장이 좀 더 활성화된 편이었어. 아랍 상인이 이 시장에 뛰

↑ 노예를 추모하며 만든 석상

➜ **1889년 잔지바르섬의 노예 무역상**
아랍 노예 상인이 노예를 끌고 가는 모습. 동아프리카에서는 1800년대 말까지도 노예 무역이 활발했지.

어들여 노예를 사 갔어. 600년대부터 1800년대까지 아랍 상인이 동아프리카에서 사 간 노예는 모두 1,100만 명이 넘었지."

"1,100만 명이나요! 이슬람 세계에도 노예가 그렇게 많았군요?"

"그래, 어마어마한 수지. 이렇게 노예 거래가 활발해지자 아프리카에서는 노예를 확보하기 위한 전쟁이 더욱 빈번해졌단다."

"이슬람교에서는 신 앞에 만인이 평등하다고 했잖아요. 그런데 이렇게 많은 노예를 부리다니, 실망인데요."

"마치 물건처럼 거래되며 주인이 시키는 대로 해야 하는 노예의 삶이 끔찍한 건 어디서나 마찬가지야. 하지만 이슬람 세계에서 노예들의 삶은 우리가 흔히 아는 것과는 조금 달랐어. 경우에 따라 가족처럼 대우를 받기도 했고, 몇 년 노예 생활을 하면 자유를 얻는 수도 있었지. 튀르크인 노예 병사인 맘루크는 장군이 되거나, 심지어 나라를 세우기도 했잖니?"

동아프리카 교역을 주도한 오만 왕국

↑ 전성기 오만 왕국의 영역

유럽에서 아프리카 남단을 돌아 인도로 가는 항로가 개척된 이후 동아프리카에서는 포르투갈을 비롯한 유럽 국가들이 차츰 세력을 키웠어. 그러다가 아라비아반도 남단에서 일어난 오만 왕국이 1650년에 포르투갈을 내쫓고 동아프리카를 장악하지. 오만 왕국은 강력한 해군을 갖추고 1850년대까지 동아프리카 일대를 주름잡았어.

오만은 동아프리카와 아라비아반도의 특산품인 커피, 설탕, 향료 무역을 독점했고, 노예 무역으로 큰 수익을 올렸지. 전성기의 오만 왕국은 포르투갈에 이어 인도양으로 진출한 영국, 네덜란드, 프랑스 등 여러 유럽 국가가 힘을 합쳐야 견제할 수 있을 정도로 막강한 나라였단다.

↑ 잔지바르 탄자니아 연안에 있는 섬으로 동아프리카 최대의 노예 시장이 있었던 곳이야. 오만 왕국은 전성기에 이곳을 수도로 삼았어.

"어, 그건 또 그러네요."

"우리가 아는 끔찍한 노예 무역은 1400년대 들어 신항로를 개척한 포르투갈이 본격적으로 아프리카 노예 무역에 뛰어들면서 시작됐단다. 그 뒤 영국, 네덜란드, 프랑스 등 유럽 여러 나라가 앞서거니 뒤서거니 아프리카에 정착지를 건설하고 노예 무역에 뛰어들었지. 유럽의 노예 무역은 주로 서아프리카의 기니만 일대에서 이루어졌어. 그래서 이 해안에는 '노예 해안'이라는 이름이 붙었단다."

얼마나 많은 노예와 상아, 황금을 거래했으면 이런 이름이 붙었을까?

↑ 아프리카 곳곳에 설치된 유럽의 무역항

"노예 해안이라고요!"

허영심이 불끈했다.

"근데 이때에도 노예 무역의 가장 큰 협조자는 같은 아프리카인이었어. 유럽인은 말라리아를 비롯한 무서운 전염병 때문에 아프리카 내륙 깊숙한 곳까지 들어가지 못했거든. 그래서 유럽인 노예 상인은 해안가의 거점에 머물렀고, 이들과 거래하던 아프리카 부족장들이 내륙의 마을을 급습해 포로를 붙잡아 유럽인 노예 상인한테 넘긴 거야."

허영심의 상식 사전

말라리아 모기가 옮기는 급성 전염병이야. 주로 열대 지방에서 발생하지. 증상은 독감과 비슷한데, 오늘날에도 매년 수백만 명이 말라리아로 목숨을 잃는대.

"아프리카 부족장이 유럽인과 손잡고 같은 아프리카 사람을 노예로 팔아먹은 거군요."

"그렇단다. 대표적인 예가 콩고 왕국이었어. 비교적 빨리 유럽 문

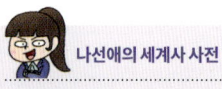

나선애의 세계사 사전

콩고 왕국 아프리카 중부 콩고 분지에 자리 잡은 나라. 오늘날 '콩고'라는 이름을 쓰는 나라는 모두 두 나라로, 콩고 공화국과 콩고 민주 공화국이 있어.

물을 받아들인 콩고 왕국은 포르투갈로부터 용병과 무기를 지원 받아 주변 지역을 정복하며 세력을 키웠어. 그 대가로 포로로 잡은 아프리카 사람을 포르투갈 상인에게 노예로 넘겼지. 그런데 포르투갈 상인들이 정말 끝도 없이 많은 노예를 요구하는 통에 나중에는 주변 나라와 분쟁이 생길 정도였단다."

"대체 노예를 얼마나 많이 사 갔는데 그래요?"

"1500년대 초부터 유럽에서 노예 무역이 금지된 1800년대 초까지 유럽인이 사 간 노예가 자그마치 1,200만 명이나 된대."

"세상에, 유럽 사람들은 왜 그렇게 많은 노예가 필요했죠?"

허영심이 입을 딱 벌리며 물었다.

"아메리카에는 1500년대 말부터 사탕수수, 담배, 목화 따위를 재배하는 대농장이 많이 들어섰어. 이런 대농장에서 값싸게 부려 먹을 일꾼이 필요했거든."

"아프리카 사람이 다 노예로 팔려 가면 아프리카에는 일할 사람도 없었겠네요?"

➜ **콩고의 주앙 1세** 주앙 1세는 포르투갈 탐험가와 상인을 통해 크리스트교 문화와 유럽 신무기를 받아들였어.

↑ **케이프 코스트성** 서아프리카 해안에 지어진 이 성은 서아프리카 노예 무역의 중요 거점이었어. 한때는 1,500명이 넘는 노예들이 지하 감옥에 갇혀 팔려 가기를 기다렸지. 이때 노예들이 벽에 긁어 새긴 낙서가 아직도 남아 있대.

나선애가 물었다.

"물론 인구도 크게 줄어들었고, 경제적으로도 타격이 컸어. 하지만 그보다 더 심각한 것은 아프리카 사람들이 언제 누가 노예 사냥꾼으로 돌변해 자신들을 잡아갈지 모른다는 공포와 불신에 시달리게 되었다는 거지. 이런 불신이 수백 년간 쌓이고 쌓여 오늘날까지 부족 간 원한과 갈등의 원인이 되고 있단다."

"어휴, 유럽 사람들의 욕심이 어마어마한 결과를 낳았네요."

"더 큰 문제는 노예 신세가 된 아프리카 사람들이 세계 곳곳에서 인간 이하의 취급을 받으면서 아프리카와 아프리카 사람에 대한 부정적인 인식이 깊이 뿌리를 내렸다는 거야. 당장 우리만 해도, 아프리카 흑인이라고 하면 뭔가 야만적이고 미개할 것 같다는 선입견을 가지는 경우가 많잖니? 이렇듯 노예 무역이 금지된 지 이미 수백 년이 넘었지만 그 영향은 오늘날 우리에게까지 이어지고 있지."

"유럽 사람들이 신항로를 개척하면서 아메리카뿐 아니라 아프리카 역사에도 큰 영향을 미쳤군요."

"그래. 자, 다음 시간에는 유럽 상인들이 동남아시아에서 어떤 활동을 했는지 한번 살펴보자. 오늘 수업은 여기까지."

용선생의 핵심 정리

동아프리카에서는 아랍 상인이 1800년대까지 노예 무역을 주도함. 서아프리카에서는 포르투갈을 비롯한 유럽 상인들이 해안에 많은 정착지를 건설하고 노예 무역에 나섬. 노예 무역으로 아프리카는 인구가 줄어드는 등 큰 피해를 입음.

나선애의 정리노트

1. 아프리카의 지리
- 거대한 사하라 사막을 경계로 북아프리카와 남아프리카로 나뉨.
  → 사막 남쪽으로는 사바나 초원, 열대 우림, 다시 초원과 사막이 반복됨.
- 고도가 높은 동아프리카 지역에는 온대 기후, 서늘한 고산 기후도 나타남.
- 기원전 2500년 무렵부터 반투어를 사용하는 사람들이 남아프리카 전역으로 퍼져 나감.

2. 황금 무역으로 번성한 서아프리카
- 사하라 사막을 건너온 베르베르 상인과 황금, 소금 거래로 번영
  → 나이저강 유역에서 가나 왕국, 말리 왕국, 송가이 왕국이 차례로 번영
  → 말리 왕국의 왕 무사의 호화로운 메카 순례
  → 이슬람 문화의 중심지였던 도시 팀북투!

3. 서아시아 역사와 관련이 깊은 동아프리카
- 악숨 왕국: 아비시니아고원에서 번성한 왕국. 홍해 무역로를 장악하며 번영
  → 오늘날의 에티오피아로 이어짐.
- 스와힐리 문명: 아랍인과 아프리카인의 혼합 문명
  → 동아프리카 해안을 중심으로 퍼져 나감. 인도까지 장거리 무역이 이루어짐.

4. 아프리카의 노예 무역
- 동아프리카: 잔지바르섬을 중심으로 1800년대 초까지 아랍 상인들이 주도
- 서아프리카: 포르투갈의 신항로 개척 이후 노예 무역 활성화
  → 인구 감소, 부족 간 갈등 심화, 아프리카에 대한 부정적인 인식을 남김.

세계사 퀴즈 달인을 찾아라!

1 서아프리카에 만들어진 나라를 시간 순서대로 알맞게 나열한 것은?
( )

① 가나 - 말리 - 송가이
② 가나 - 송가이 - 말리
③ 말리 - 가나 - 송가이
④ 말리 - 송가이 - 가나

2 빈칸에 공통으로 들어갈 알맞은 말을 써 보자.

○○은 아프리카에서 '하얀 금'으로 불릴 만큼 매우 귀했으며 황금과 맞바꿀 수 있는 교역 물품이었다. 베르베르인들은 아프리카의 사하라 사막에서 ○○을 채취하여 사하라 남쪽의 황금과 맞바꿨다.

( )

3~4 사진을 보고 다음 물음에 답해 보자.

3 다음 사진과 관련한 종교의 이름을 써 보자.

(   )

4 사진과 관련한 종교에 대한 설명으로 옳은 것은?   (   )

① 악숨 왕국은 이 종교를 적극적으로 받아들였어.
② 말리의 수도 팀북투에는 이 종교와 관련된 문화가 번성했어.
③ 악숨 왕국의 왕은 이 종교의 교리에 따라 황금을 나누어 주었어.
④ 오늘날 아프리카에서 이 종교를 믿는 대표적인 국가는 에티오피아야.

5 다음 지도와 관련된 설명으로 옳지 않은 것은?   (   )

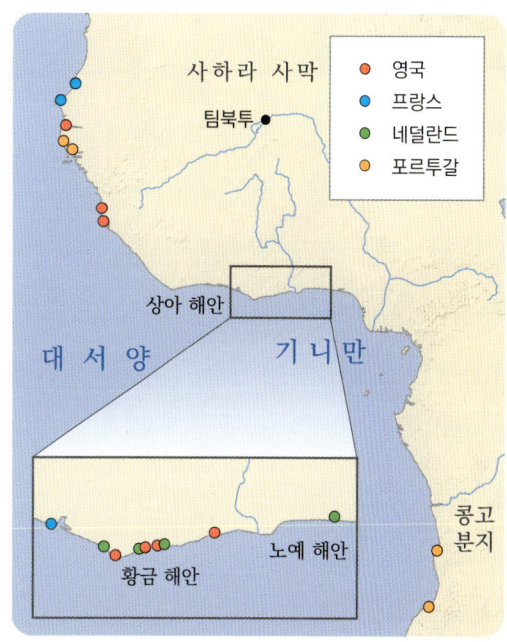

① 아프리카의 흑인 상인들은 노예 무역에 전혀 관여하지 않았다.
② 노예 무역으로 아프리카는 인구가 줄어드는 등 큰 피해를 입었다.
③ 유럽 상인들은 해안에 정착지를 건설하고 노예 무역에 나섰다.
④ 아프리카에서는 원래 전쟁 포로 등을 노예로 팔아넘기는 노예 무역이 활발했다.

정답은 355쪽에서 확인하세요!

용선생 세계사 카페

노예 무역에 저항한 은동고 여왕 은징가

은징가는 오늘날 앙골라가 자리 잡은 아프리카 서남부 은동고 왕국의 여왕이었어. 노예 무역이 한창이던 1600년대 중반 포르투갈 노예 상인의 횡포에 맞서 싸웠던 여장부이지.

포르투갈 상인들이 콩고 분지에 도착하다

콩고강이 흐르는 서아프리카의 콩고 분지에는 아주 오래전부터 수렵과 채집 생활을 하는 원주민들이 자리를 잡고 있었어. 1400년대에 들어서면서 이들은 도시를 여럿 건설하고 서서히 국가의 형태를 갖추어 나갔단다. 그중에서도 가장 강력한 세력이 콩고 왕국이야. 콩고 왕국은 인근의 은동고 왕국, 로앙고 왕국 등을 지배하며 콩고 분지를 대표하는 세력으로 성장했지.

▼ 루안다 오늘날 앙골라의 수도야. 원래는 포르투갈 사람들이 노예 무역을 위해 건설한 항구였어.

신항로 개척과 함께 서아프리카에 도착한 포르투갈 상인들은 콩고 왕국의 세력이 이렇게 커지는 데에 큰 역할을 했단다. 콩고 왕국의 주앙 1세는 일찍부터 포르투갈 상인들과 접촉해 크리스트교를 받아들이고, 총을 비롯한 유럽산 신무기와 알파벳 등 다양한 문물을 들여와서 나라를 크게 발전시켰거든. 그러자 이웃한 은동고 왕국도 크리스트교를 받아들이고 유럽의 신문물을 들여와 나라를 발전시키려 했지.

포르투갈 상인들은 아프리카에서 주로 노예를 사 갔어. 포르투갈 상인들이 해안에 정착지를 만들고 머물러 있으면 아프리카의 노예 사냥꾼들이 내륙에서 노예를 사다가 포르투갈 상인들에게 팔아넘겼지. 하지만 포르투갈 사람들이 점점 더 많은 노예를 요구하면서 노예 무역은 이내 아프리카의 사회 문제로 떠올랐단다. 처음에는 전쟁 포로나 죄인만 노예로 팔아넘겼지만, 나중에는 멀쩡한 마을을 습격해 일가족을 노예로 팔아넘기기도 했거든. 그래서 1500년대 중반 콩고 왕국에서는 노예 무역을 철저히 제한했어. 콩고 왕국에서 노예를 사 가기 어렵게 된 포르투갈 상인들은 은동고 왕국과 같은 이웃 나라로 눈길을 돌려 더더욱 노예 무역에 열을 올렸지. 은동고의 여왕 은징가는 바로 이런 상황에서 태어났단다.

은동고 왕국의 공주

은징가는 1583년 은동고 왕국의 공주로 태어났어. 어렸을 때부터 용맹하고 똑똑했던 은징가는 아버지의 사랑을 독차지했지. 이때 은징가의 아버지가 다스리던 은동고 왕국은 포르투갈 상인들이 노예를 구매해 가는 창구였어. 그래서 은징가는 많은 아프리카 사람들이 포르투갈 노예 상인의 배에 실려 노예로 팔려 가는 모습을 보며 자랐단다.

▲ 은징가 여왕의 초상화
1800년대에 그려진 은징가 여왕의 초상화야.

포르투갈의 공격에 저항하다

은징가가 막 어른이 되었을 때, 은동고 왕국은 큰 위협에 빠져 있었어. 포르투갈이 더 많은 노예를 얻기 위해 군대를 이끌고 은동고 왕국을 공격했거든. 은징가는 아버지를 도와 잘 훈련된 전사들을 이끌고 포르투갈 군대와 맞섰어. 그리고 누구보다 용감하고 잔인한 전사로 이름을 떨쳤지.

은징가, 시녀의 등에 앉다

시간이 흘러 1617년, 은징가가 서른네 살 때였어. 아버지가 세상을 떠나고 오빠 음반디가 새 왕이 되었지. 하지만 음반디는 아버지나 동생 은징가와 달리 겁이 많고 나약한 사람이었어. 음반디는 전쟁을 그만두고 은징가를 보내 포르투갈과 협상을 하기로 결심했단다. 오빠의 뜻에 따라 은징가는 신하 몇 명을 데리고 포르투갈 대표가 있는 곳을 찾아갔어. 근데 이게 웬걸! 의자에 앉은 포르투갈 대표가 은징가를 무시하며 방석 하나만 툭 던져 주는 게 아니겠니? 은징가는 침착하게 시녀를 불렀어. 그리고 시녀를 바닥에 엎드리게 하고 시녀의 등에 걸터앉았지. 그리고 포르투갈 대표를 똑바로 바라보며 꼿꼿한 자세로 협상을 벌였단다.

↑ **시녀의 등에 앉은 은징가** 시녀를 엎드리게 하고 시녀의 등에 앉아 협상을 진행하는 은징가의 모습이야. 유네스코에서 2014년에 제작한 <아프리카의 여성사> 시리즈의 한 장면이란다.

여왕이 된 은징가

포르투갈 대표와 은징가는 은동고 왕국이 포르투갈의 포로들을 풀어 주면 포르투갈도 은동고 왕국을 공격하지 않는다는 데 합의했어. 하지만 이 약속은 그리 오래가지 못했어. 사 갈 노예가 부족해진 상인들이 또다시 은동고 왕국을 공격해 사람들을 노예로 잡아갔거든. 은징가는 오빠 음반디에게 포르투갈에 맞서 싸워야 한다고 목소리를 높였지. 하지만 음반디는 동생의 요청을 들어주지 않았단다.

그러던 어느 날, 오빠 음반디가 갑작스럽게 세상을 떠났어. 은징가는 오빠의 뒤를 이어 왕이 되었지. 은징가는 평생을 바쳐 포르투갈 사람들을 나라에서 몰아내기로 굳게 결심했어.

▲ 무기를 들고 일어선 은징가

은징가, 앙골라의 수호자가 되다

은징가는 은동고 전사들을 모두 동원해 끈질기게 포르투갈 사람들을 공격했어. 끈질긴 저항에 질려 버린 포르투갈 사람들은 고개를 절레절레 흔들며 은동고 정복을 포기했지. 은징가는 전쟁 대신 무역을 하게 해 달라는 포르투갈 총독의 요청을 받아들이고 전쟁을 끝냈단다.

전쟁이 끝난 10년 후인 1663년, 은징가는 여든한 살의 나이로 세상을 떠났어. 가슴에는 활과 화살을 안은 채로 무덤에 묻혔지. 오늘날 은징가 여왕은 앙골라 사람들을 지켜 낸 수호자로 많은 존경을 받는대.

▲ 포르투갈 총독의 편지를 받은 은징가
은징가가 포르투갈의 요청을 받아들이고 전쟁을 멈췄을 때, 은징가의 나이는 일흔이 넘었어.

◀ 앙골라 루안다에 세워진 은징가 동상

에티오피아의 로제타석, 에자나왕의 비석 이야기

200년대 말, 지중해를 지배하던 로마 제국은 이민족들의 침략을 받아 한창 내리막길을 걸었어. 그동안 로마 제국의 지원을 받아 전성기를 누렸던 이집트나 아프리카 내륙에 위치한 누비아의 왕국들도 덩달아 쇠퇴했지. 동아프리카의 악숨 왕국이 급속도로 성장했던 게 바로 이 무렵이란다. 악숨 왕국은 아프리카 내륙의 누비아 일대와 홍해 건너 아라비아반도 남부를 정복하며 강력한 제국을 이룩했고, 이슬람 세력이 본격적으로 확장을 시작한 600년대에 이르기까지 전성기를 누렸지.

↑ 에자나왕의 동전

이때 악숨 왕국의 팽창을 이끌었던 지도자가 바로 에자나왕이야. 특히 에자나왕은 처음으로 크리스트교를 받아들여 에티오피아를 크리스트교 국가로 탈바꿈시킨 인물로도 널리 알려져 있지. 이때 뿌리를 내린 에티오피아의 크리스트교 전통은 오늘날까지 명맥을 이어 온단다.

↑ 시온의 성모 마리아 교회 300년대 중반에 세워진 교회로, 에티오피아의 오랜 크리스트교 역사를 상징하는 곳이야. 전설에 따르면 모세가 하느님에게서 받아 온 십계명을 담았던 상자인 '언약궤'가 이곳에 보관되어 있다고 해.

에자나왕은 아비시니아고원 일대에 숱한 비석을 세워서 자신의 업적을 기록했어. 재밌는 것은 에자나왕이 같은 내용을 서로 다른 세 가지 언어로 새긴 비석을 세웠다는 거야. 하나는 당시 아라비아반도에서 널리 쓰이던 '사바어', 다른 하나는 당시 서아시아의 공용어로 쓰이던 '그리스어', 마지막 하나는 에티오피아 고유어인 '게즈어'란다. 같은 내용을 세 가지 다른 언어로 기록했다는 점에서 이집트의 로제타석과 비슷하지. 그래서 에자나왕의 비석을 '에티오피아의 로제타석'이라고 부르기도 해.

그렇다면 에자나왕은 왜 세 가지나 되는 언어로 자신의 업적을 기록한 걸까? 당시 대부분의 에티오피아인들은 게즈어를 썼다고 해. 그러니 에티오피아인들에게 자신의 업적을 알리고 싶었다면 그냥 게즈어로 된 비석을 세우는 것으로 충분했을 거야. 굳이 세 가지 언어를 사용한 것은 아마도 이 당시 악숨 왕국을 찾아오는 외국인들과, 정복 전쟁을 통해 새롭게 자신의 지배를 받게 된 사람들에게 자신이 전쟁을 벌인 이유를 알리고 싶었기 때문이었겠지. 그럼 에자나왕이 비석을 통해 어떤 이야기를 하는지 잠깐 살펴볼까?

(……) 그들은 평화를 깨고, 이웃을 해치고, 강도 짓을 했다. 나는 그들에게 경고를 보냈지만 나의 말에 귀 기울이지 않았다. 그들은 나를 모욕했으며 스스로 전쟁을 일으켰다. (……) 나는 도덕과 정의로 사람들을 다스릴 것이며, 그들을 억압하지 않을 것이다. 내가 '천국의 왕'을 위해 왕좌를 보존할 수 있도록 하소서.

이 비문에는 에자나왕이 자신의 정복 전쟁을 정당화하고 백성들을 안심시키려는 메시지가 담겨 있어. 인도의 아소카왕이 세웠던 돌기둥이나, 페르시아의 다리우스 대왕이 세웠던 베히스툰 비문과 마찬가지인 셈이지. 에자나왕의 비석은 오랜 옛날 아프리카에도 역사를 호령한 대제국이 있었음을 증명하는 유물이란다.

↑ **에자나왕의 오벨리스크**
오늘날 에티오피아에서 가장 보존 상태가 좋은 이 오벨리스크 역시 에자나왕이 세운 거란다. 한때 약탈되어 세 조각이 난 채 이탈리아로 실려 갔는데, 되찾아 오면서 하나로 합쳤지.

← **에자나왕의 비석** 비문이 총 세 가지의 서로 다른 언어로 기록되어 있어. 악숨 왕국의 위세를 느끼게 해 주는 유물이지.

4교시
다채로운 세계 동남아시아

동남아시아는 중국과 인도를 잇는 바닷길의 관문이야.
그래서 오랜 옛날부터 인도와 중국은 물론,
멀리 아랍 상인까지 향신료, 비단, 도자기 등을 싣고
부지런히 동남아시아를 오갔지.
그 결과 오늘날 동남아시아는 참으로 다채로운 모습을 띠게 되었단다.
오늘은 동남아시아의 오랜 역사와
동남아시아 사람들의 삶에 대해 알아보자.

기원전 2000년 무렵	기원후 200년 무렵	650년	802년	849년	1288년	1293년	1350년
동남아시아에 사람들이 이주함	푸난이 전성기를 누림	스리위자야 왕국 건국	앙코르 왕국 건국	파간 왕국 건국	바익 당 전투	마자파힛 왕국 건국	아유타야 왕국 건국

앙코르
오늘날의 시엠립. 과거 동남아시아의 강국이었던 앙코르 왕조의 수도였어.

말라카
말라카 해협의 주요 무역 거점. 1511년 포르투갈의 침략을 시작으로 유럽인의 지배를 받게 돼.

빠르게 성장하는 동남아시아의 대륙부 국가들

동남아시아에서 대륙과 연결되어 있는 반도 부분을 '대륙부 동남아시아'라고 불러. 대륙부 동남아시아의 총면적은 약 230만 제곱킬로미터로 한반도의 10배가 넘어. 오늘날 이곳에서는 베트남, 타이, 캄보디아, 미얀마, 라오스, 말레이시아 등 6개국에 약 2억 8천만 명의 사람들이 살아가지. 이 나라들은 대부분 1인당 국민 소득이 수백에서 수천 달러에 불과한 개발 도상국이야. 하지만 최근 들어 빠른 속도로 경제 성장을 해 나가는 중이지. 우리나라와의 교류도 점점 늘어나고 있어.

미얀마
인구: 약 5,500만 명
면적: 한반도의 3배

타이
인구: 약 7,100만 명
면적: 한반도의 2.3배

캄보디아
인구: 약 1,700만 명
면적: 한반도보다 조금 작음

베트남
인구: 약 9,900만 명
면적: 한반도의 1.5배

라오스
인구: 약 700만 명
면적: 한반도 크기 정도

말레이시아
인구: 약 3,500만 명
면적: 한반도의 1.5배

↑ **메콩강의 풍경** 메콩강은 라오스, 미얀마, 타이, 캄보디아를 거쳐 베트남에 이르기까지 총 4,200킬로미터에 걸쳐 6개국을 관통하는 큰 강이야.

동서로 뻗은 높은 산, 남북으로 흐르는 거대한 강

대륙부 동남아시아의 북부에는 험준한 산악 지대가 동서로 가로놓여 있어. 그리고 이 산줄기에서 시작된 여러 개의 강이 남쪽의 바다를 향해 흐르며 이곳 사람들의 젖줄 노릇을 하지. 그중에서도 가장 대표적인 강이 메콩강이야. 오늘날도 수천만 명이 메콩강 유역에서 농사를 짓고 고기를 잡으며 살아가.

↑ **판시판산** 베트남에 있는 대륙부 동남아시아의 최고봉이야. 높이는 3,143미터. 동남아시아 북부에는 이렇게 드높은 산이 많아.

↑ **메콩강에서 물고기를 잡는 어부** 메콩강은 동남아시아 사람들의 젖줄이야.

여행자의 천국 타이

타이는 대륙부 동남아시아 한가운데 자리 잡은 나라야. 우리나라에서는 '태국'이라는 한자식 이름으로 더 잘 알려져 있지. 타이는 독특하면서도 아름다운 건축물과 천혜의 자연 경관 덕분에 세계에서 손꼽히는 관광 대국이야. 면적은 한반도의 2.3배, 인구는 7,100만 명 정도, 1인당 국민 소득은 7,500달러 정도야. 동남아시아에서는 싱가포르, 말레이시아 다음가는 경제 대국이지.

↑ **타이의 수도 방콕** 1782년부터 200년 넘게 타이의 수도 역할을 하고 있어. 현재는 고층 빌딩이 빠르게 늘어나며 고속 성장하는 도시이지.

↑ **타이의 명물 뚝뚝** 뚝뚝은 타이의 교통수단이야. 2~3명이 타는 소형 택시라고 할 수 있지.

→ **다양한 타이 요리** 강한 향신료가 특징인 타이 요리는 세계인의 입맛을 사로잡고 있어. 볶음면 팟타이와 국물 요리 똠얌꿍은 우리에게도 꽤 친숙하지.

↑ 벼농사를 짓는 농민들 타이는 세계적인 쌀 수출국으로, 타이 인구의 약 40퍼센트가 농업에 종사한대.

↑ 휴양지로 유명한 파타야

타이에는 파타야, 푸껫, 끄라비 등 세계적인 관광지가 많아. 최근 우리나라에서도 자주 찾는 관광지로 각광받고 있지.

← 타이 마사지

피로를 풀어 주는 타이 마사지는 타이의 주요 관광 상품이 되었어. 원래는 타이의 전통 의학에서 유래되었대.

불탑의 나라 미얀마

대륙부 동남아시아 서부에 위치한 미얀마는 예전에는 '버마'라고 불렀어. 불교 신자가 많은 동남아시아에서도 유독 어디를 가든 불교 사원과 불탑을 쉽게 볼 수 있는 나라여서 '불탑의 나라'라고 부른단다. 50여 년에 걸친 오랜 군부 독재로 인해 경제 발전이 뒤처져 동남아시아에서 가장 가난한 나라이기도 해.

쉐다곤 파고다

↑ 미얀마의 정치, 경제 중심지 양곤
미얀마 최대 도시야. 2006년 수도를 네피도로 옮기기 전까지 미얀마의 수도였어.

← 바간 천 년 전 미얀마 통일 왕조의 수도였어. 2,500여 개의 사원과 불탑이 남아 있어서 '불탑의 도시'라고 했지.

▶ 네피도의 우빠타산띠 파고다
양곤의 쉐다곤 파고다를 본떠 미얀마의 새로운 수도 네피도에 만든 불탑이야.

🔺 **미얀마의 성인식 신쀼 의식 행렬** 불교 국가인 미얀마에서는 4월이면 전통적인 성인식인 신쀼 의식이 거행돼. 신쀼 의식은 부처님이 왕위를 버리고 출가한 것을 기념하는 의식으로, 12세 이상의 남자아이들이 화려하게 치장하고 사원으로 가서 1~2주간 사원 체험을 하는 풍습이야. 요즘은 여자아이들도 함께한대.

▶ **흰 승복을 입고 신쀼 의식에 참가한 어린이**

🔺 **노벨 평화상 수상자 아웅 산 수 치** 독립 운동가의 딸로서 오랫동안 군부 독재에 맞서 민주화 운동을 펼쳐 왔어. 하지만 로힝야족 탄압을 묵인했다는 이유로 비판을 받기도 해.

🔺 **고향에서 내쫓긴 로힝야족 난민들** 로힝야족은 방글라데시와 가까운 미얀마 국경 지역에 살면서 이슬람교를 믿는 소수 민족이야. 이들은 미얀마 사람들과 믿는 종교가 다르고, 과거 영국의 식민 지배를 도왔다는 이유로 지금까지 탄압을 받아 국제적으로 큰 문제가 되고 있어.

화려한 과거를 간직한 캄보디아

타이의 남동쪽에 위치한 캄보디아는 과거 대륙부 동남아시아를 주름잡은 앙코르 왕국의 후예야. 프랑스의 식민 지배와 독립 이후의 오랜 독재와 내전 등의 혼란을 거치며 오늘날엔 가난한 나라로 전락하고 말았어. 하지만 화려했던 과거를 떠올리게 하는 문화유산과 잘 보존된 자연환경 덕분에 최근에는 관광지로 각광받아.

↑ **캄보디아의 수도 프놈펜** 가운데 노란색의 큰 건물은 프놈펜에서 가장 큰 재래시장이래.

↓ **캄보디아의 울창한 밀림** 개발이 늦은 탓에 울창한 밀림이 잘 보존되어 있어.

↓ **캄보디아의 북한 식당** 캄보디아는 북한과 정식 수교를 맺은 나라야. 그래서 북한 식당도 쉽게 찾아볼 수 있어.

🔺 **앙코르 와트** 1100년 무렵 앙코르 왕조 시절 건설한 힌두교 사원이야. 캄보디아의 찬란했던 과거를 느끼게 하는 유적이지. 현재 캄보디아의 국기에 그려진 건축물이 바로 앙코르 와트란다.

🔺 **앙코르 톰** 앙코르 와트 북쪽에 위치한 앙코르 톰은 '거대한 왕궁 도시'란 뜻이야. 높이 8미터에 한 변이 3킬로미터나 되는 웅장한 성벽으로 둘러싸인 거대한 유적이지. 앙코르 와트와 함께 앙코르 왕조를 상징하는 곳이야.

그런데 동남아시아가 어디지?

"자, 동남아시아는 오늘이 처음이지? 너희들 동남아시아가 정확히 어디를 가리키는지 아니?"

"에이, 동남아시아니까 아시아 중에서도 동남쪽에 있겠죠. 그렇게 당연한 걸 묻고 그러세요?"

용선생의 질문에 왕수재가 코웃음을 쳤다.

"그래, 수재 말대로 동남아시아는 아시아의 동남쪽, 인도와 중국 사이에 있단다. 동남아시아는 자와와 수마트라처럼 커다란 섬부터 발리처럼 조그마한 섬

↑ 동남아시아 11개국

말레이시아는 대륙부와 도서부 양쪽에 걸쳐 있네.

까지 거의 3만 개나 되는 섬으로 구성된 '도서부 동남아시아'와 대륙에 붙어 있는 반도 부분인 '대륙부 동남아시아'로 나뉘지. 오늘날 대륙부 동남아시아에는 타이, 말레이시아, 베트남, 캄보디아, 미얀마, 라오스, 이렇게 6개 나라가 있어. 그리고 도서부 동남아시아에는 인도네시아, 브루나이, 싱가포르, 필리핀, 동티모르, 이렇게 5개 나라가 자리를 잡고 있단다."

곽두기의 국어 사전
도서 섬 도(島) 작은 섬 서(嶼). 크고 작은 온갖 섬을 가리키는 말이야.

"생각보다 많은 나라가 모여 있네요."

"게다가 지리적으로 동남아시아는 인도와 중국 사이에 있고, 인도양과 태평양을 가르는 경계선에 놓여 있어. 그래서 수많은 무역선이 동남아시아를 오갈 수밖에 없었지. 한마디로 해상 교통의 요충지였다, 이 말씀."

"육로로 오가도 되잖아요. 굳이 바닷길을 이용하는 이유가 있나요?"

지도를 본 나선애가 고개를 갸웃거렸다.

"항로에 대한 정보가 쌓이고 항해술이 발달할수록 육로보다 바닷길의 비중이 점점 더 커졌단다. 바다에는 통행을 방해하는 산맥과 사막이 없고, 배를 이용하면 많은 짐도 쉽고 빠르게 옮길 수 있었기 때문이지. 더구나 신항로 개척 이후 인도양과 태평양, 대서양 항로가 서로 이어지자 바닷길의 비중은 비약적으로 커졌어."

용선생은 지도를 짚으며 이야기를 이어 나갔다.

곽두기의 국어 사전
비약 날 비(飛) 뛸 약(躍). 지위나 수준이 갑자기 빠른 속도로 높아지거나 향상되는 걸 가리켜.

"그리고 대륙부 동남아시아의 북부에는 최고 높이가 4,000미터에 이르는 험준한 산줄기가 솟아서 인도와 중국 사이를 가로막고 있지. 그래서 인도와 중국 사람들이 육로로 교류하기가 어려웠던 거야."

"그렇게 험준하면 사람들도 많이 살기 어려웠겠네요? 농사도 짓기

➜ 동남아시아의 지형

우아, 메콩강 주변에 드넓은 평야가 펼쳐져 있네!

길쭉한 베트남 쌀
짤막한 한국 쌀

↑ 벼를 수확하는 베트남의 농부 동남아시아는 기온이 따뜻하고 비도 많이 내려서 벼농사를 짓기에 아주 좋아. 1년에 이모작은 기본이고 삼모작을 하는 경우도 있지.

어려울 것 같고."

왕수재가 안경을 살짝 들어 올리며 말했다.

"그건 아니야. 산과 산 사이에 큰 강이 흘러서 물이 풍부하고, 기름진 평야도 있어서 농사를 짓기에 적합했어. 특히 따뜻하고 비가 많이 오는 기후 덕분에 벼농사를 짓기에 제격이었지. 동남아시아에서는 1년에 이모작, 심지어 삼모작까지 할 수 있거든. 지금도 동남아시아는 세계 제일의 쌀 생산지란다."

"도서부 동남아시아 사람들은 어떻게 살았어요?"

"섬에 살던 사람들도 대개 농사가 주업이었단다. 동남아시아의 섬들은 대부분 화산

↑ **인도네시아 플로레스섬의 비옥한 들판** 저 뒤로 보이는 화산 덕분에 주변에 비옥한 논밭이 펼쳐져 있어. 동남아시아 도서부에는 이런 비옥한 땅을 가진 섬이 많아.

섬이라 화산재 덕분에 토양이 비옥했거든."

"대륙부에서나 도서부에서나 대개 농사를 짓고 살았다는 말씀이시죠?"

나선애의 말에 용선생이 크게 고개를 끄덕였다.

"선생님, 그렇게 농사가 잘되면 동남아시아에도 일찍부터 많은 사람이 살고 문명이 발달했겠네요?"

"그렇지 못했단다. 동남아시아의 기후는 벼농사를 짓기엔 적합했지만 많은 사람이 모여 살기에는 적합하지 않았거든. 열대의 밀림 때문에 농지를 넓히거나 도시를 세우기가 어려웠고, 그러다 보니 문명의 발달도 늦었지. 동남아시아 사람들은 꽤 오랫동안 도시나 국가를 만들지 않고 소규모 집단을 이루어 흩어져 살았단다."

왕수재의 지리 사전

화산섬 해저 화산이 분출해서 바다 위에 생긴 섬을 가리켜. 제주도와 울릉도도 화산섬이지.

다채로운 세계 동남아시아

"휴! 역시 문명을 만들기가 쉬운 게 아니네요."
장하다가 고개를 절레절레 저었다.

> **용선생의 핵심 정리**
>
> 동남아시아는 크게 대륙부 동남아시아와 도서부 동남아시아로 구분됨.
> 벼농사는 잘되지만 너무 더운 기후 때문에 인구가 크게 증가하지 못함.

왕수재의 지리 사전

폴리네시아 태평양 한가운데 있는 수천 개의 크고 작은 섬을 한꺼번에 묶어 가리키는 말이야. 휴양지로 유명한 하와이가 폴리네시아에 있지.

바다를 통해 교류한 동남아시아 사람들

"그러다가 대략 기원전 2000년 무렵, 오늘날 동남아시아 사람들의 조상이 중국 남부에서 동남아시아로 이주해 왔어. 이들은 크게 두 갈래로 나뉘어 동남아시아에 정착했단다. 한 갈래는 육지를 따라 반도 끝자락까지 퍼져 나갔고, 한 갈래는 남중국해를 건너 필리핀에 도착한 뒤 이웃한 섬으로 퍼져 나갔지. 이 중에서 섬 쪽으로 나간 사람들을 '말레이인'이라고 불러. 말레이인 중 일부는 인도양을 건너 아프리카의 마다가스카르섬까지 갔고, 일부는 태평양의 폴리네시아의 섬으로 이주해 폴리네시아 원주민이 되었단다."

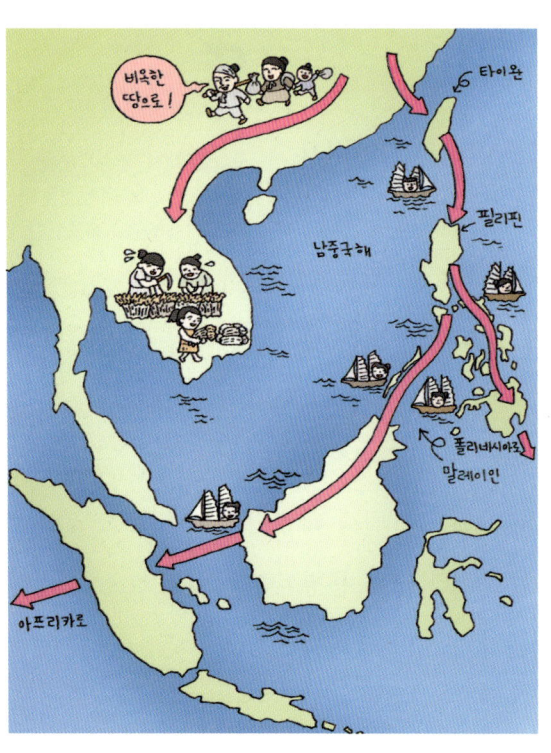

"우아, 큰 배도 없었을 텐데, 어떻게 아프리카에서 폴리네시아까지 이주한 거죠?"

"말레이인들은 바람을 이용해 먼바다를 항

↑ **말레이인** 동남아시아 원주민인 말레이인은 작은 키와 갈색 피부를 가진 사람들이야. 다만 오랜 세월이 흐르는 동안 중국, 인도, 유럽 등 다양한 곳에서 온 사람들과 뒤섞여서 오늘날 말레이인 대부분이 혼혈이란다.

↑ **하와이의 전통 카누** 1976년에 재현한 폴리네시아 원주민의 전통 카누야. 이 전통 카누는 무려 4,300킬로미터나 되는 태평양 항해에 성공했지.

해할 줄 알았단다. 인도양처럼 동남아시아에서도 계절마다 일정한 방향으로 계절풍이 부는데, 이 계절풍을 잘 이용하면 큰 배가 없어도 멀리까지 항해할 수 있었지. 그 덕분에 동남아시아 사람들은 섬에 흩어져 살면서도 고립되지 않고 교류를 이어 갈 수 있었단다. 바로 이게 그 증거지."

용선생이 화면에 묵직해 보이는 유물 사진을 한 장 띄웠다.

"이게 뭔데요?"

"이건 청동으로 만든 북이야. 베트남 북부 홍강 근처에 있는 동 썬이란 곳에서 기원전 600년 무렵부터 만들어졌지. 큰 것은 높이가 1미터에 무게만 100킬로그램이 나

표면을 확대한 모습

↑ **베트남의 청동 북** 표면에는 정교한 태양 문양과 함께 다양한 부조가 새겨져 있어.

다채로운 세계 동남아시아 **177**

◀ 청동 북 발견지

갈 정도로 아주 묵직하단다. 근데 흥미롭게도 이 청동 북과 아주 흡사하게 생긴 청동 북이 바다 건너 수천 킬로미터나 떨어진 인도네시아를 포함해 동남아시아 전역에서 발견되었어."

"엥? 그럼 인도네시아 사람들이 베트남까지 와서 청동 북을 가져간 건가요?"

"남아 있는 기록이 거의 없어서 정확히 어떤 일이 있었는지는 알 수 없어. 하지만 분명한 건 기원전 600년 무렵 베트남 북부에서 인도네시아에 이르는 동남아시아 사람들이 서로 활발히 교류했으리라는 거야."

"왜 남아 있는 기록이 없어요? 동남아시아에는 문자가 없었어요?"

"그렇지 않아. 지금 남아 있는 기록이 거의 없는 건 동남아시아의 환경과 연관이 깊단다. 동남아시아 사람들은 주변에 흔한 동물 가죽이나 나뭇잎에 기록을 남겼어. 하지만 동남아시아의 무덥고 습한 환경 때문에 동물 가죽이나 나뭇잎은 오랜 세월 보존될 수가 없었지.

↑ **파다르섬** 인도네시아의 소순다 열도에 있는 작은 섬이야. 좁은 바다를 건너서 곧바로 육지가 보이지? 사람들은 이런 섬을 일종의 징검다리처럼 이용하여 움직였어.

나무로 지은 건물도, 나무껍질로 만든 종이도 마찬가지야. 오늘날까지 남아 있는 거라곤 오로지 단단한 돌에 새긴 비문뿐이란다. 그런데 비문 기록이 많질 않으니 무슨 일이 있었는지 정확히 알기가 어려울 수밖에."

"휴! 그럼 동남아시아의 역사는 어떻게 공부해요?"

"다행히 기원전 300년 무렵부터 이웃한 인도와 중국 사람들이 동남아시아에 대한 기록을 남겼어. 인도에서는 마우리아 왕조가, 중국에서는 한나라가 들어서서 한창 전성기를 누

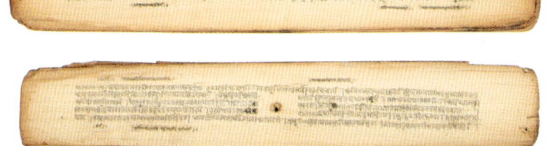

↑ **야자잎을 가공해서 만든 기록물** 이렇게 나뭇잎에 기록을 남기는 문화는 동남아시아와 인도 남부 지역에 널리 퍼져 있어. 다만 썩기 쉬운 재질이다 보니 아무래도 오랜 세월 보존되기는 어려웠지.

다채로운 세계 동남아시아

릴 때였지. 인도의 아소카왕 기억하니? 아소카왕은 불교를 전파하기 위해 동남아시아 전역으로 사람들을 보냈는데, 이때 동남아시아와 교류하게 되면서 단편적이나마 기록을 남긴 거야. 또 중국 한나라 때의 역사서에도 중국에서 인도에 이르는 바닷길에 자리 잡고 있었던 동남아시아의 여러 나라 이름이 등장해."

"한나라와도 교류가 있었던 모양이죠?"

"물론이지. 동남아시아에는 중국과 인도 사이 바닷길에서 중계 무역으로 번영을 누린 나라가 많았어. 그러다 보니 한나라와도 교류가 있었지. 지금부터 그 나라들이 어디였는지 알아볼까?"

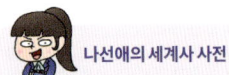

> **용선생의 핵심 정리**
>
> 동남아시아에는 기원전 2000년 무렵부터 중국 남부에서 이주해 온 사람들이 정착함. 기원전 600년 무렵 동남아시아 사람들은 서로 활발히 교류하며 문명을 꽃피움.

중계 무역으로 번영을 누린 동남아시아 여러 나라

나선애의 세계사 사전

푸난 기원전 200년 무렵부터 중국의 역사서에 등장하는 나라야. 한자로는 '부남'이라고 쓰지. 이 지역에서는 기원전 300년 무렵부터 사람들이 모여 살며 도시를 건설한 것으로 보여.

용선생은 지도를 펼치며 설명을 이어 나갔다.

"기원후 200년 무렵 대륙부 동남아시아 남쪽에는 푸난이라는 국가가 중계 무역을 통해 번성했어. 또 푸난의 동쪽, 오늘날 베트남의 남부에는 참파라는 나라가 있었지. 푸난은 인도와 중국을 오가는 무역선들의 중간 경유지로 해상 무역의 요충지였어. 푸난의 항구 도시 '옥에오' 유적에서는 로마 제국의 금화가 발견되기도 했단다."

"로마 금화가 여기까지 왔단 말이에요?"

"그렇단다. 이 금화는 아마도 인도 상인의 손을 거쳐 푸난까지 흘러들어 온 것으로 보여. 그만큼 이곳에 인도 상인들의 왕래가 잦았다는 증거로 볼 수 있지. 사실 푸난의 건국 설화에도 인도의 영향이 강하게 남아 있거든."

"푸난의 건국 설화? 우아, 재미있겠다."

"전설에 따르면 푸난은 원래 뱀의 신 나가의 딸이 다스렸대. 그런데 서쪽에서 브라만이 활과 화살을 들고 바다를 건너와 둘 사이에 전투가 벌어졌어. 이 싸움에서 패한 나가의 딸은 브라만에게 항복했

↑ 푸난과 참파

나선애의 세계사 사전

나가 인도와 동남아시아 신화에 등장하는 뱀의 모습을 한 신이야. 동남아시아에서는 토지를 다스리는 신으로 숭배받았어.

↑ 베트남 안장성에 위치한 옥에오 유적지 중국, 인도, 유럽과 교역이 있었음을 보여 주는 귀금속, 장식품 등이 많이 출토되었어.

로마 황제 마르쿠스 아우렐리우스

← 푸난에서 발견된 로마 금화

다채로운 세계 동남아시아

고, 브라만은 나가의 딸을 아내로 맞아 함께 푸난을 다스렸다는 거야. 이 전설에 따르면 인도에서 바다를 건너온 브라만이 푸난의 왕이 된 거지."

곽두기가 고개를 갸웃거리며 말했다.

"그렇다면 푸난은 인도의 영향을 많이 받았겠군요?"

"물론이지. 푸난의 귀족들은 인도의 영향으로 산스크리트어를 사용했고, 힌두교를 믿었어. 또 인도에서 대승 불교가 대세이던 500년대 초반에는 푸난에도 대승 불교가 전해졌지. 당시 대승 불교는 주로 중국과 우리나라 같은 동아시아에서 널리 유행했기 때문에, 동아시아와의 교류도 자연스레 활발해졌어. 푸난의 스님들은 바닷길을 따라 중국으로 건너가기도 했고 백제와도 교류했다고 하는구나."

"백제랑 교류가 있었다니, 뜻밖인걸요."

아이들은 백제라는 말에 놀라는 표정을 지었다.

"이번에는 오늘날 베트남 남부에 있었던 참파에 대해 알아볼까? 참파 역시 인도의 영향을 강하게 받아 힌두교를 믿고 산스크리트어를 사용했지. 근데 푸난과 달리 참파는 바다 건너 말레이인들이 세운 나라였어."

"아하, 아까 도서부 동남아시아에 자리 잡았다고 하신 말레이인 말씀이시죠?"

"그래. 기원후 130년 무렵 참파는 수천 명의 군사를 이끌고 중국의 국경 지대로 쳐들어갈 정도로 강력했어. 참파는 그 뒤로 1000년 넘게 대륙부 동남아시아 남동쪽 지

↑ 두르가 여신상 힌두교 조각상이야. 두르가는 인도에서 섬기는 시바신의 부인인데, 무적의 여전사로 표현되지.

↑ **베트남 다낭** 다낭은 위아래로 길쭉한 베트남의 중간쯤에 위치한 항구 도시야. 원래는 '인드라푸라'라는 이름을 가진 참파의 수도였단다.

역을 지배했지. 한편 참파 북쪽에는 베트남이라는 새로운 나라가 들어서서 남쪽으로 차츰 세력을 넓혀 갔어. 베트남은 자연스레 남부의 참파와 충돌했는데, 결국 베트남이 참파를 정복하고 오늘날 베트남 전역을 차지했어. 참파는 베트남에 정복당한 뒤에도 끈질기게 저항하다가 1800년대에 들어서서야 완전히 자취를 감추었대."

"이야, 그럼 참파는 거의 1700년 동안이나 지속된 나라였네요. 근데 푸난은 어떻게 됐어요, 선생님?"

"참파와 달리 푸난은 일찍이 500년대 말쯤부터 활기를 잃고 쇠퇴했어. 푸난이 맡았던 인도와 중국 사이의 무역 중심지 역할도 '스리

↑ **참파의 왕관**
600년대 무렵 참파의 왕관이야. 화려한 보석과 장식만 봐도 참파 왕국이 번영을 누렸다는 걸 알 수 있지.

왕수재의 지리 사전

말라카 해협 인도네시아의 수마트라섬과 말레이반도 사이에 위치한 해협이야. 인도와 중국을 오가는 배라면 반드시 지나야 하는 해협이기 때문에 옛날부터 중요한 항로로 여겨졌지.

위자야 왕국'으로 옮겨 갔지."

"스리위자야 왕국은 어떤 나라인데요?"

"600년대에 오늘날의 인도네시아 수마트라섬에 들어선 나라야. 막강한 해군으로 말라카 해협을 장악하고 400여 년 동안 동남아시아 중계 무역을 독점하다시피 한 나라지. 스리위자야의 수도 팔렘방은 중국과 인도를 오가는 무역선이라면 반드시 들르는 항구였어. 그래서 팔렘방에는 중국의 도자기와 비단, 동남아시아의 향신료와 인도의 특산물인 면직물이 활발하게 거래되는 시장이 있었지."

"왜 무역선들이 팔렘방에 반드시 들렀어요?"

"일단 지리적 조건이 좋았어. 팔렘방은 말라카 해협을 빠져나오는 배가 들렀다 가기 딱 좋은 위치에 있었거든. 게다가 막강한 스리위자야의 해군이 해적들을 물리쳐 주니까 안심하고 바닷길을 이용할 수 있었지. 스리위자야 왕국은 팔렘방에 들어오는 배들을 상대로 세금

▼ **오늘날의 팔렘방** 팔렘방은 인도네시아 수마트라섬에 위치한 도시로, 과거 중계 무역으로 큰 번영을 누린 스리위자야 왕국의 수도였어.

◀ 스리위자야와 사이렌드라 왕국

스리위자야가 동남아시아 바다를 꽉 쥐고 있었구나!

을 받아서 많은 이익을 챙겼단다. 물론 세금을 내기 싫으면 다른 항구를 이용할 수도 있겠지만, 구태여 그럴 필요가 없었지."

"흠, 그럼 스리위자야에 세금만 좀 내면 안심하고 동남아시아를 여행할 수 있었다는 거죠?"

"바로 그거야. 특히 스리위자야가 한창 전성기를 누릴 당시에는 동아시아에서 인도로 떠나는 구법 여행이 유행이었단다. 그리고 스리위자야는 불교를 믿는 나라였기 때문에 동아시아 각국의 구법승들이 모이는 장소이기도 했어. 스님들은 팔렘방에 머물며 인도 생활에 대비해 산스크리트어를 미리 공부하고, 불경을 번역하기도 했지. 당나라의 스님은 물론이고 신라와 베트남의 스님도 팔렘방에 머물렀다고 하는구나."

▶ 스리위자야의 관음보살상 스리위자야에서는 인도에서 전래된 불교가 융성했어. 이외에도 다양한 불상과 힌두교 신상도 발견된단다.

"그야말로 국제도시였던 셈이네요."

아이들이 서로를 바라보며 고개를 끄덕였다.

"자, 근데 이 스리위자야의 강력한 라이벌로 떠오른 나라가 있어. 수마트라섬 바로 옆에 있는 자와섬에 건설된 사이렌드라 왕국이었지. 사이렌드라 왕국은 해상 교역으로 부강해진 스리위자야 왕국과 달리 농업을 기반으로 힘을 키운 나라야. 자와섬은 비옥한 화산토 덕분에 농사가 매우 잘됐고, 인구도 매우 많았거든. 오늘날도 인도네시아 인구의 절반이 넘는 1억 4천만 명이 자와섬에 산단다. 남한의 1.5배쯤 되는 크기의 섬에 세 배나 되는 사람이 살고 있지."

"우아, 지도에는 작은 섬처럼 보이는데 인구가 그렇게 많아요?"

"그래. 놀랍지? 사이렌드라는 풍부한 인구를 바탕으로 힘을 키워 700년대 중반부터 스리위자야 왕국의 강력한 라이벌로 떠올랐어. 심지어 멀리 푸난을 공격하고 오늘날 베트남 일대까지 군대를 보내 전

↑ **자와섬 풍경** 자와섬의 사이렌드라 왕국은 비옥한 화산토 덕분에 농업으로 강국이 될 수 있었어.

쟁을 벌일 정도로 기세가 높았지. 오늘날 자와섬에는 이 당시 사이렌드라의 번영을 짐작하게 하는 대표적인 유적이 있어. 바로 세계에서 가장 큰 불교 사원인 보로부두르 사원이야."

"세계에서 가장 큰 절이 동남아시아에 있어요?"

"그래. 보로부두르는 동남아시아를 대표하는 유적이야. 언덕 위에서 섬을 내려다보는 불상과 줄지어 선 석탑들이 햇빛을 받아 빛나는 모습이 그야말로 압권이지."

"정말 멋진데요. 동남아시아에도 이렇게 멋진 사원이 있을 줄은 정말 몰랐어요."

곽두기가 눈을 동그랗게 뜨고 고개를 연신 끄덕였다.

"하지만 사이렌드라의 전성기는 오래가지 못했단다. 대륙부 동남

다채로운 세계 동남아시아 **187**

→ 보로부두르 사원의 불상

↑ 보로부두르 사원 가로 길이는 5킬로미터, 높이는 30미터에 총 8층으로 되어 있어. 모두 400여 개의 불상과 2,000여 개의 부조로 장식되어 있지. 사이렌드라 왕국의 국력이 얼마나 컸는지 짐작되지?

→ 사이렌드라의 왕과 왕비 보로부두르 사원의 부조야. 단상 위에 왕과 왕비가 있고, 그 아래에 신하들이 무릎을 꿇고 있지.

신하들 · 왕과 왕비

세계에서 가장 큰 불교 사원은?

아시아에서는 '앙코르'라는 강력한 왕국이 등장해 사이렌드라를 몰아냈고, 본토인 자와섬에서는 힌두교를 숭배하는 새로운 나라가 등장해 사이렌드라를 압박했거든. 결국 사이렌드라 왕국은 832년에 멸망했어. 하지만 그 뒤에도 자와섬에는 비옥한 대지 위에 세워진 힌두 왕국들이 줄곧 강력한 세력을 유지하면서 서쪽의 스리위자야 왕국과 대립했단다."

용선생은 책을 넘기며 잠시 숨을 고른 뒤 말을 이어 나갔다.

"그다음은 너희도 한번 들어 본 나라가 등장해. 혹시 촐라 왕국이라고 기억나니?"

"어? 인도 남쪽에 있던 힌두교 나라 말씀하시는 거 맞죠?"

"음, 촐라 왕국이 동남아시아까지 세력을 넓혔다고 하셨어요."

나선애가 재빨리 노트를 뒤져 보며 대답했다.

"그래. 강력했던 스리위자야 왕국을 쇠퇴의 길로 내몬 나라가 바로 인도에서 세력을 넓혀 온 촐라 왕국이었단다."

"인도라면 엄청 멀리 떨어진 것 같은데, 전쟁이라도 벌였나요?"

"맞아. 스리위자야 왕국은 촐라 왕국에 해상권을 빼앗기면서 몰락의 길을 걷거든. 또 촐라 왕국이 몰락한 뒤에는 자와섬을 기반으로 한 크고 작은 힌두교 세력들이 말라카 해협을 장악한단다. 이들은 1293년 몽골 제국의 침략을 막아 내고 동남아시아 도서부 전체를 장악해 강력한 나라를 세워. 이 나라를 '마자파힛'이라고 부른단다. 마자파힛은 오늘날 인도네시아의 직접적인 뿌리이기도 하지."

나선애의 세계사 사전

마자파힛 1293년에서 1527년 무렵까지 자와섬과 수마트라섬, 보르네오섬 대부분을 지배했던 나라야.

"알고 보니 동남아시아에도 참 여러 나라가 있었네요."

장하다가 고개를 절레절레 저었다.

"하하. 마자파힛은 자와섬을 중심으로 동남아시아 일대는 물론이고 중국, 인도와도 활발히 교류했단다. 하지만 마자파힛을 마지막으로 동남아시아의 바다에는 새로운 역사가 펼쳐지게 돼. 향신료를 찾아 먼 길을 항해해 온 유럽 상인들이

▶ **바장 라투 문** 마자파힛의 수도인 자와섬의 트로울란 유적지에 남아 있는 유물이야. 언뜻 탑처럼 보이지만 가운데가 뚫려 있는 '문'이란다.

오늘날의 인도네시아 영토와 흡사한 지역을 지배했어.

↑ 마자파힛 왕국의 세력 범위

본격적인 활동을 시작하면서 이 지역은 차츰 네덜란드와 포르투갈, 영국 등 여러 나라의 식민지로 전락했거든. 그 일에 대해서는 나중에 배울 거야."

곽두기의 국어사전

전락 구를 전(轉) 떨어질 락(落). 좋지 않은 상태나 바람직하지 못한 방향으로 빠지는 걸 뜻해.

"동남아시아 남쪽 나라들은 그런 역사가 있었군요. 그럼 대륙부에 있던 나라들은요?"

"그래 그럼 대륙부로 다시 올라가 볼까?"

용선생의 핵심 정리

동남아시아에는 중국과 인도를 잇는 바닷길을 따라 많은 왕국이 번영함. 대륙부 동남아시아 동부에는 푸난과 참파, 수마트라섬에는 스리위자야, 자와섬에는 사이렌드라 왕국이 번영함. 1300년대 이후로는 마자파힛이라는 나라가 도서부 동남아시아 일대를 장악함.

베트남이 중국에게서 독립하고
강국으로 부상하다

　용선생은 새로운 지도를 띄운 뒤 설명을 이어 나갔다.

　"대륙부 동남아시아에서도 가장 오랜 역사를 자랑하는 나라는 단연 베트남이란다. 원래 베트남의 중심지는 오늘날 베트남의 북쪽 끝, 홍강 유역이었어. 이곳에는 이미 기원전 300년 무렵부터 부족 국가가 있었어. 푸난이나 참파보다 약 300~400년 정도 앞서서 부족 국가가 형성되었던 셈이지."

> **왕수재의 지리 사전**
> **홍강** 베트남 최대의 강. 중국 윈난성에서 시작되어 베트남 내륙을 거쳐 통킹만으로 흐르는 길이 1,149킬로미터의 거대한 강이야.

　"베트남 역사가 그렇게 오래된 줄 몰랐어요."

　"베트남은 지리적으로 중국과 가까워서 중국과 교류가 많았거든. 그래서 꽤 오랜 기간 중국의 지배를 받았고, 중국 문화의 영향으로 유교를 받아들이고 과거제를 실시해 관리를 뽑았어. 또 율령으로 나라를 다스리고 한자를 사용했지. 주로 인도의 영향을 많이 받은 동남아시아의 다른 나라들과는 문화적으로 큰 차이가 있단다."

　"베트남이 중국의 지배를 받았다고요?"

　"응. 중국의 지배가 시작된 것은 진나라 때였어. 중국을 통일한 시황제가 군인과 범죄자를 중국의 남쪽 국경 너머로 보내 그곳을 다스리라고 명

▶ **베트남 하노이의 문묘** 공자를 모시기 위해 하노이에 세운 사당이야. 1076년부터는 베트남에서 유학자를 길러 내는 대학 역할도 했지. 베트남이 중국의 영향을 많이 받았음을 알려 주는 유적이란다.

▶ 베트남 수도 하노이를 흐르는 홍강
하노이는 중국 내륙과 동남아시아 바다를 연결하는 교역로에 위치해 있어 중요한 교역 중심지였어.

령했거든.

이때 조타라는 사람이 홍강 유역을 정복해 '남비엣'이라는 나라를 세웠는데, 이 나라가 오늘날 베트남의 뿌리란다. 남비엣이 세워진 뒤 중국은 거의 1000년 넘게 베트남을 지배했어."

"그렇다면 당연히 중국이랑 관계가 깊을 수밖에 없겠네요."

장하다의 말에 용선생은 고개를 끄덕였다.

"하지만 중국도 멀리 떨어진 베트남을 줄곧 강력하게 지배하긴 어려웠어. 그래서 한나라나 당나라 같은 강력한 통일 왕조가 들어서 있을 때는 베트남

 나선애의 세계사 사전

남비엣 한자로는 남월(南越)이라고 해. 1800년대 베트남 마지막 왕조가 이 한자를 거꾸로 뒤집어서 나라 이름을 '월남', 즉 '비엣남'이라고 지었는데, 이걸 일본식으로 읽은 '베토나무'가 한국에서 '베트남'으로 굳어졌대.

◀ 쯩 자매의 반란 기원후 40년 무렵 중국에 대항해 반란을 일으킨 쯩 자매의 모습이야. 코끼리를 타고 베트남 전통 의상을 입은 병사들이 중국인들을 몰아내고 있어.

을 꽁꽁 옭아맬 수 있었지만, 분열과 혼란을 겪을 때면 이내 지배가 느슨해졌지. 베트남은 그때마다 중국으로부터 독립하기 위해 애썼단다."

"그래서 성공했어요?"

"응. 939년, 베트남은 중국이 5대 10국의 혼란에 놓여 있는 틈을 타 중국의 지배에서 완전히 벗어났어. 이후 약 70여 년의 혼란을 겪은 끝에 1009년, 드디어 베트남에도 당당히 독립 왕조가 들어섰지."

"그럼 중국은 베트남을 포기한 건가요?"

"아니. 중국은 기회가 있을 때마다 베트남을 다시 점령하려고 달려들었어. 특히 5대 10국 시대를 통일한 송나라는 두 번이나 베트남을 공격했어. 하지만 두 번 다 크게 패하고 베트남을 포기할 수밖에 없었지."

"송나라는 유목민한테도 만날 지더니 베트남한테도 졌어요?"

왕수재가 혀를 끌끌 찼다.

"흐흐. 하지만 베트남도 동아시아 제일의 강대국인 중국을 마냥 무시할 수는 없었어. 그래서 독립한 후에도 중국에 사신을 보내 중국 황제의 신하를 자처하며 허리를 숙였지. 하지만 동남아시아 나라들에게는 자기들이 황제 노릇을 하며 조공을 받으려고 했단다."

"중국 황제 흉내를 낸 거네요?"

➜ 태조 리꽁우언
(974년~1028년) 베트남 최초의 왕조를 세운 사람이야.

▲ 베트남 왕국과 참파 왕국

"응. 사실 베트남은 동남아시아에서만큼은 중국 못지않은 강국이었어. 비옥한 홍강 유역에서 얻은 풍족한 식량과 중국의 선진 문물을 빠르게 받아들인 덕택이었지. 이런 국력을 바탕으로 베트남은 꾸준히 세력을 넓혀 나갔어. 처음 독립했을 때 베트남의 영토는 북쪽 홍강 유역 일부에 불과했지만, 남쪽의 참파를 압박하면서 조금씩 영토를 넓혀 나간 끝에 결국 오늘날처럼 길쭉한 베트남의 영토를 이룩했단다. 참파는 결국 베트남의 소수 민족으로 전락했지."

"'호랑이 없는 골에 토끼가 왕 노릇 한다.'는 속담이 생각나네요."

곽두기의 말에 용선생은 씩 미소를 지었다.

"하지만 베트남이 토끼에 비유될 만큼 약한 나라는 아니었어. 베트남은 호랑이 중에서도 가장 무서운 호랑이의 공격을 무려 세 번씩이나 막아 냈거든. 바로 몽골 제국의 공격이었지. 이때 베트남군을 이끌었던 사람이 바로 오늘날 베트남의 영웅으로 꼽히는 쩐 흥 다오라는 장군이야."

"와! 한 번도 아니고 세 번이나 몽골을 막아 냈어요?"

"그래. 쩐 흥 다오는 1257년, 1284년, 1288년 세 차례에 걸쳐 몽골의 침입을 격퇴했단다. 물론 쉬운 일은 아니었어. 몽골의 2차 침입 때에는 수도인 하노이가 함락되는 큰 위기를 맞기도 했지. 이때 쩐 흥 다오는 베트남의 밀림을 이용한 게릴라전을 펼쳐 쉴 새 없이 몽골군을 괴롭힌 끝에 결국 승리를 거두었단다. 그리고 1288년의 3차 침입 때에는 '바익 당'이라는 강에서 몽골 해군을 상대로 큰 승리를 거두며 몽골을 완전히 좌절시켰지."

"오호, 베트남이 이제 보니 대단한 나라였네요. 토끼란 말은 취소!"

"흐흐, 잘 생각했다. 계속 이렇게 힘을 키운 베트남은 동남아시아에서 손꼽히는 강국으로 성장한단다."

▲ 바익 당 전투

용선생의 핵심 정리

베트남은 동남아시아에서 가장 역사가 오래된 나라. 900년 가까이 중국의 지배를 받았지만, 독립한 이후에는 동남아시아에서 황제를 자처하며 강대국으로 성장함. 세 차례에 걸친 몽골의 침략을 물리치기도 했음.

앙코르 왕국이 전성기를 맞이하다

용선생은 새로운 지도를 펼쳤다.

"그런데 대륙부 동남아시아에는 베트남 못지않게 오랜 역사를 지닌 나라가 있었어. 이번에는 그 나라에 대해 알아보자꾸나. 바로 앙코르를 근거지로 한 앙코르 왕국이야."

"앙코르 왕국? 혹시 앙코르 와트랑 관계있는 나라인가요?"

"오호, 영심이가 앙코르 와트를 알고 있구나. 그 이야기는 이따가

왕수재의 지리 사전

앙코르 현재의 이름은 시엠립이야. 앙코르는 앙코르 왕국이 몰락한 뒤 밀림 속에 파묻혀 있었지만, 오늘날 캄보디아의 대표적인 관광 도시로 발전했지.

▲ 몬인, 크메르인의 이동과 앙코르 왕국

하고 먼저 지도부터 보자. 대륙부 동남아시아 북쪽에서 남쪽으로 흐르는 강줄기가 보이지? 기원전 2000년 무렵부터 시짱고원에 살던 사람들이 바로 이 강을 따라 내려와 대륙부 동남아시아 곳곳에 정착했어. 이들은 주로 큰 강 하류에 펼쳐진 평야에 자리 잡았는데, 그중에서 메콩강 하류에 자리 잡은 사람들을 '크메르', 서쪽의 이라와디강 하류에 자리 잡은 사람들을 '몬'이라고 불렀어. 크메르인과 몬인은 각각 자신들이 정착한 곳에서 훗날 대륙부 동남아시아 문화의 바탕이 될 도시 문명을 건설했지."

"그러니까 큰 강 유역에 문명이 건설된 거군요."

"그래. 앙코르 왕국은 802년에 크메르인이 메콩강 하류에 세운 나라야. 한때는 대륙부 동남아시아 전역을 호령하는 강국이었지. 자와섬에서 쳐들어온 사이렌드라를 몰아낸 것도 바로 이 앙코르 왕국이었단다. 앙코르 왕국의 중심지는 메콩강 하류의 톤레삽호였어. 톤레삽호는 우기에 불어난 메콩강의 물을 저장하는 일종의 천연 댐과 같은 역할을 하는 호수야. 비가 많이 온 해에는 호수 면적이 평소의 3배까지 늘어날 정도지."

"우아, 호수가 3배로 커지다니……."

"크메르인들은 톤레삽호의 풍부한 물을 이용해 벼농사를 지었고,

호수 위에 수상 가옥을 짓고 물고기도 잡으며 풍요롭게 생활했어. 그래서 앙코르 왕국의 주요 도시들은 전부 다 톤레삽호 인근에 모여 있었단다. 앙코르 왕국의 왕이 건설한 힌두교 사원인 앙코르 와트도 여기에 있지."

용선생이 사진을 띄우자 아이들의 눈이 휘둥그레졌다.

"근데 선생님, 왜 저렇게 거대한 사원을 지었대요?"

"당시 앙코르 사람들은 죽으면 자기가 모시던 신과 하나가 된다고 믿었는데, 살아생전에 자기와 하나가 될 신의 사원을 짓는 풍습이 있었대. 앙코르 와트는 왕이 자기가 모시던 비슈누 신과 하나가 되어

▲ **톤레삽호의 풍경** 앙코르 왕국의 중심지였던 톤레삽호에는 오늘날도 이렇게 호수 위에 집을 짓고 사람들이 살아.

 허영심의 상식 사전

수상 가옥 말 그대로 물 위에 떠 있는 집을 가리키는 말이야. 비가 많이 오는 우기에 땅이 수시로 물에 잠기는 동남아시아 일부 지역에서 볼 수 있지.

➡ **앙코르 와트 사원 내부**
좌우 대칭 구조로 건물이 가지런하게 배치돼 있어.

⬇ **하늘에서 바라본 앙코르 와트**
앙코르 와트는 1100년대 초반 들어 약 30년에 걸쳐서 건축되었다고 해. 사원의 바깥벽은 동서로 1.5킬로미터, 남북으로 1.3킬로미터에 이르고 바깥벽 안쪽으로 너비 190미터의 거대한 해자가 사원을 둘러싸고 있을 만큼 거대한 규모를 자랑하지.

↑ 앙코르 와트 사원 내부의 부처상

머물기 위해 지은 사원이야. 말하자면 자신이 죽은 뒤에 머물 궁전으로 이렇게 으리으리한 사원을 지었던 거지."

"흠, 그럼 앙코르 와트는 힌두교 사원이지만, 피라미드처럼 왕의 무덤이기도 한 거네요?"

"바로 그거야. 하지만 1300년대 들어 힌두교 대신 불교가 유행하자 앙코르 와트도 상좌부 불교 사원으로 개조되었단다. 그리고 앙코르 왕국이 몰락하면서 밀림에 묻혔다가, 오늘날엔 세계적인 관광지로 주목받고 있지."

> **용선생의 핵심 정리**
>
> 대륙부 동남아시아의 큰 강인 메콩강과 이라와디강을 따라 크메르인과 몬인이 자리를 잡음. 크메르인이 세운 앙코르 왕국은 대륙부 동남아시아의 강국으로 이름을 날림.

새로운 강자 버마인과 타이인의 등장

"선생님, 그럼 앙코르 왕국은 왜 쇠퇴했는데요?"

"북쪽에서 내려온 이민족들 때문이었지. 앙코르 왕국이 건설된 800년대 무렵부터 중국 남부에서 새로운 사람들이 대륙부 동남아시아의 남부를 향해 이동하기 시작했거든. 이들 중에서 몬인이 있는 서쪽의 이라와디강을 향해 이동한 사람들을 '버마', 앙코르 왕국이 있는 메콩강과 짜오프라야강 인근으로 이동한 사람들을 '타이'라고 불

왕수재의 지리 사전

짜오프라야강 오늘날의 타이 중부를 흘러 타이만으로 흘러드는 큰 강이야. 타이에서 가장 큰 강이지. 하류에 타이의 수도 방콕이 있어.

러. 바로 이 사람들이 원주민인 몬인과 크메르인을 밀어내고 오늘날 동남아시아의 대표 국가인 미얀마와 타이를 세웠지."

"굴러온 돌이 박힌 돌을 빼낸 거네요."

"흠, 말처럼 그렇게 간단한 일은 아니었어. 버마인은 849년부터 이라와디강 상류에 나라를 만들고 하류에 있는 몬인과 대립했어. 원주민인 몬인은 이미 수백 년에 걸친 역사와 발달한 불교문화를 자랑하는 문명인이어서 만만찮은 상대였지. 버마인은 몬인을 통해 발달한 불교문화를 받아들이고 때로는 몬인과 협력하면서 나라를 키워 나갔단다. 그러다 대략 1200년대 말이 되면 버마인이 이라와디강

↑ 버마인과 타이인의 이동

↑ **파간** 미얀마 중북부에 위치한 파간은 버마인의 중심 도시였어. 몬인을 통해 불교를 받아들인 후 불교문화의 중심지가 됐지.

다채로운 세계 동남아시아 **199**

↑ 쉐모도 파고다 몬인의 중심지였던 페구에 있는 불교 사원이야. 900년대에 처음 세워진 이후 줄곧 개축되어 오늘날에 이르지.

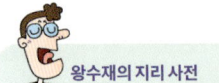

왕수재의 지리 사전

프놈펜 메콩강 하류에 위치한 도시로, 현재 캄보디아의 수도이자 캄보디아 최대 도시야.

↑ 타이인의 세력 확장

상하류에 걸친 지역을 모두 지배했지. 하지만 몬인은 그 후로도 여전히 호시탐탐 독립의 기회를 노렸어. 실제로 버마인을 물리치고 몬인들의 나라를 세우기도 했어. 몬인과 버마인의 대립은 거의 1800년대에 이르기까지 끈질기게 이어졌단다."

"그럼 앙코르 왕국도 타이인한테 쉽게 밀려나진 않았겠죠?"

"흐흐. 타이인의 공격은 조금 더 매서웠어. 앙코르 왕국과 타이인의 대립은 미얀마보다 조금 늦은 1200년대 무렵에 시작됐단다. 이때만 하더라도 앙코르 왕국은 깊은 숲속에 웬 야만인 패거리가 나타나 마을을 약탈한다고 여겼지. 하지만 시간이 흐를수록 타이인은 강해지고 앙코르 왕국은 점점 쇠락의 길을 걸었어. 타이인은 1238년에 짜오프라야강 유역에 '수코타이'라는 나라를 세웠어. 수코타이의 뒤를 이은 아유타야 왕국은 1431년에 앙코르 왕국의 수도 앙코르를 습격해 폐허로 만들고 타이인의 시대를 활짝 열었단다. 이후 앙코르 왕국은 수도를 남쪽의 프놈펜으로 옮겼지만 끝없는 쇠락의 길을 걷지."

"그럼 몬인처럼 끈질기게 버티기도 어려웠던 거예요?"

↑ **수코타이 유적지** 1238년부터 약 140년 동안 수코타이 왕국의 수도였던 곳. 짜오프라야강 상류에 있어. 오늘날 이곳은 한적한 농촌 마을이지만, 약 193개의 불교 사원 유적이 있어서 한때는 번성한 도시였음을 알려 주지.

↑ **람캄행 대왕** (1239년?~1298년) 작은 나라였던 수코타이를 물려받아 강국으로 키워 낸 인물이야. 타이에서는 우리의 세종 대왕처럼 많은 존경을 받는 분이지.

"그게 영 어려웠어. 이 무렵이면 북쪽에서 남쪽으로 세력을 넓히던 베트남도 앙코르 왕국을 공격했거든. 1700년대에 이르면 찬란했던 앙코르 왕국은 타이와 베트남의 속국 신세가 된단다. 하지만 타이인이 이렇게 잘나가는 걸 이웃 나라들이 그냥 보고만 있지 않았지."

"그럼 서로 싸워요?"

"응, 버마인과 타이인, 베트남이 치열하게 패권 경쟁을 벌였단다. 여기에 이제는 약소국으로 전락한 앙코르 왕국과 베트남에게 끈질기게 저항하던 참파, 타이인이 세운 또 다른 나라인 라오스도 이따금 싸움에 끼어들었지. 타이인은 한때 버마인의 습격으로 수도를 빼앗기고 멸망 직전까지 몰리기

> **나선애의 세계사 사전**
> **라오스** 타이인의 한 갈래인 라오인이 세운 나라야. 1353년 앙코르 왕국으로부터 독립한 란쌍 왕국이 오늘날 라오스의 뿌리지.

↑ **짜오프라야강이 흐르는 방콕 모습** 방콕은 아유타야가 버마인의 습격을 받아 폐허가 된 뒤 타이의 수도가 되었어.

도 했어. 같은 곳에 모여 있는 이웃 나라끼리 이렇게 오랜 세월 치열하게 전쟁을 벌였던 역사가 있다 보니, 이들은 오늘날까지도 서로 경쟁심이 엄청나고 국민 감정도 썩 좋지 않은 편이야."

"전 그냥 다 비슷비슷한 나라들일 줄 알았는데, 그게 아니었네요."

곽두기의 말에 용선생은 잠시 말을 멈추고 싱긋 미소를 지었다.

"흐흐. 이런 걸 알아 가려고 역사를 배우는 거 아니겠니? 자, 이렇게 해서 대륙부 동남아시아를 대표하는 나라를 모두 살펴봤어. 간단히 되짚어 볼까? 버마인과 몬인이 세운 서쪽의 미얀마, 타이인이 세운 타이, 그리고 가장 동쪽의 베트남. 여기에 앙코르 왕국은 오늘날 캄보디아라는 나라가 되어 명맥을 이어 간단다."

용선생의 핵심 정리

800년대 중반부터 이주를 시작한 버마인과 타이인은 각각 오늘날 미얀마와 타이의 뿌리가 됨. 타이인이 세운 수코타이와 아유타야 왕국은 앙코르 왕국을 밀어내고 타이인의 전성시대를 엶.

말라카 왕국이 해상 교역으로 번영을 누리다

"그럼 시선을 다시 바다로 돌려 보자. 1400년대 무렵부터 말라카 해협을 중심으로 큰 변화가 일어났거든."

"무슨 변화요?"

"상인들을 통해서 이슬람교가 본격적으로 퍼진 거야. 이전에도 이슬람교를 믿는 아랍 상인들이 종종 동남아시아를 들락거렸지만, 이들은 장사에만 몰두했지 이슬람교를 전파하는 데는 별 관심이 없었어. 그러다 1200년대부터 가까운 인도에 이슬람교가 퍼지면서 인도와 가까운 동남아시아에까지 영향을 미쳤지. 특히 동남아시아와 교류가 많았던 인도 구자라트 지방의 상인들이 이슬람교로 개종한 뒤

↑ **말라카 해협의 항구 도시 싱가포르로 들어서는 화물선들** 말라카 해협은 오늘날까지도 수많은 화물선으로 크게 붐비는 곳이야.

곽두기의 국어사전
유치 꾈 유(誘) 이를 치(致). 어떤 사람을 꾀어서 데려오거나, 행사나 사업을 끌어들인다는 뜻이야.

로 동남아시아에 이슬람교가 본격적으로 퍼졌지."

"구자라트 상인이 동남아시아에 이슬람교를 전해 줬다는 말씀인가요?"

"그건 아니야. 구자라트 상인들도 종교보다는 돈이 주된 관심사였어. 오히려 동남아시아 현지 지배자들이 이슬람 상인을 자기네 항구로 유치하려고 앞장서서 이슬람교로 개종했지. 대표적인 나라가 말라카 해협에 자리 잡은 말라카 왕국이었어."

"말라카 해협에 있어서 말라카 왕국인가요?"

"사실 그 반대야. 말라카 왕국이 워낙 큰 번영을 누리며 이름을 날린 탓에 이 해협의 이름이 말라카 해협이 되었지. 그뿐만 아니라 '말

▶ 말라카 술탄 궁
말라카의 술탄이 살던 궁전이야. 오늘날엔 박물관으로 쓰이지.

레이인', '말레이시아' 같은 말도 모두 이 나라 이름에서 나왔어."

"정말요? 이제 보니 대단한 나라였네요."

"그럼. 원래 말라카는 작은 어촌에 불과했어. 하지만 1400년대에 말라카의 지배자가 이슬람교로 개종하고 이슬람 상인들을 유치하기 시작했어. 이때부터 인도와 서아시아의 이슬람 상인들은 아무래도 종교 생활을 하기에 편리한 말라카로 몰려들었고, 말라카는 무역항으로 급성장했지. 말라카는 여기서 번 돈으로 막강한 해군을 갖추었고, 그 힘으로 마자파힛을 물리쳐 동남아시아의 해상 무역로를 장악했어. 한창때의 말라카는 배가 안전하게 정박하고 짐을 손쉽게 싣고 내릴 수 있는 시설과 물건을 보관하는 지하 창고까지 갖추고 있어서 상인들

▼ 말라카 왕국

말라카 해협 해상권을 꽉 쥐고 번영을 누렸어.

의 발길이 끊이지 않았지."

"크, 이슬람교로 개종한 덕택에 엄청나게 이득을 본 거네요."

"그렇단다. 물론 말라카의 성공 비결이 꼭 그것만은 아니었어. 말라카의 술탄은 상인들이 편리하게 항구를 이용할 수 있도록 법과 제도를 정비하고 상인들의 안전에도 각별히 주의를 기울였거든. 말라카를 본받아 동남아시아의 다른 항구 지배자들도 앞다투어 이슬람교로 개종했어. 오늘날 동남아시아에 이슬람교가 널리 퍼지게 된 건 그때 문이란다. 수백 년 동안 힌두교와 불교의 영향 아래 있었고, 보로부두르처럼 거대한 불교 사원이 지어진 자와섬도 예외는 아니었지."

"이슬람교는 서아시아나 인도에만 퍼진 줄 알았는데, 그게 아니었

군요."

"그럼. 심지어 인도네시아는 세계에서 이슬람교도가 가장 많은 나라야. 그게 다 말라카 왕국의 대성공에서 비롯됐지."

"그런데 말라카에는 이슬람 상인만 많이 찾아온 건가요? 중국에서는 안 왔어요?"

"물론 중국 상인도 굉장히 많이 찾아왔어. 그래서 말라카의 술탄은 중국과도 좋은 관계를 유지하려고 애썼어. 직접 중국을 방문해 황제를 알현하고, 꼬박꼬박 조공을 바치는 등 살갑게 굴었지. 이것도 말라카 왕국의 성공 비결 중 하나였어."

"그렇구나……."

아이들이 고개를 끄덕이는 모습을 본 용선생은 히죽 미소를 지었다.

"하지만 말라카 왕국은 1511년에 예상치 못한 외적의 침입을 받았단다. 바로 향신료를 찾아 인도양을 건너온 포르투갈인이었지."

"앗! 포르투갈이 벌써 나타났어요?"

"그럼. 지난 시간에 배운 거 기억나지? 포르투갈은 말라카를 무력으로 점령하면 자기들이 말라카 대신 동남아시아의 무역을 장악할 수 있을 거라고 생각했어. 하지만 결과는 영 신통치 않았지. 말라카의 주인이 바뀌자 상인들이 말라카에 발길을 끊어 버렸거든. 포르투갈 사람들은 말라카의 성공 비결을 몰라도 너무 몰랐던 거야."

↑ **인도네시아 자카르타 이스티클랄 모스크에서 기도를 드리는 이슬람교도** 자카르타의 이스티클랄 모스크는 동남아시아에서 가장 큰 모스크야. 최대 10만 명이 입장할 수 있대.

용선생의 세계사 돋보기

말라카 왕국이 멸망한 이후에는 보르네오섬 북부의 브루나이 왕국이 동남아시아의 무역 거점으로 떠올랐어. 브루나이는 동남아시아의 마자파힛 등 여러 나라와 교류하며 유럽인의 침략이 본격화되기 이전까지 전성기를 이어 나갔지.

→ 말라카 해협 일대를 묘사한 1600년대 영국 지도

수마트라섬과 말라카 해협 일대가 매우 정밀하게 묘사되어 있어. 당시 유럽 상인들이 이곳을 얼마나 자주 찾아 왔는지 알려 주는 지도이지.

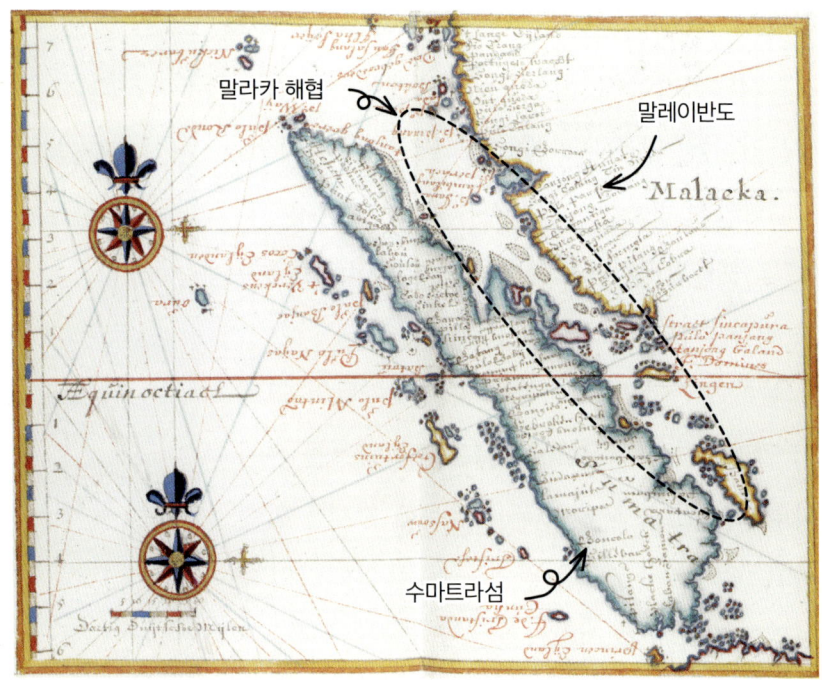

"그러고 보니 예전에도 포르투갈은 금방 망했다고 하셨던 것 같아요."

"호호. 하지만 포르투갈의 말라카 공격은 시작에 불과했어. 포르투갈의 뒤를 이어 네덜란드와 영국이 본격적으로 동남아시아에 진출하면서 동남아시아는 서서히 유럽의 식민지로 전락한단다. 거기에 대해서는 다음에 다시 배울 거야. 오늘은 여기까지 하자!"

 용선생의 핵심 정리

1400년대 들어 이슬람교를 받아들인 말라카가 급속히 성장하여 동남아시아를 대표하는 무역 도시가 됨. 그러자 동남아시아 전역에 걸쳐 이슬람교가 빠르게 퍼져 나감. 말라카는 1511년 포르투갈의 침략으로 멸망함.

나선애의 **정리노트**

1. ### 동남아시아와 동남아시아인
   - 동남아시아: 아시아의 동남쪽. 인도와 중국 사이에 위치함.
     → 크게 대륙과 연결된 반도(대륙부)와 바다의 수많은 섬(도서부)으로 구분
   - 기원전 2000년 무렵부터 중국 남부에서 사람들이 이주함.
   - 기원전 600년 무렵이면 동남아시아 전역에서 교류가 이루어지며 문명이 탄생
     → 베트남의 청동 북이 인도네시아에서도 발견됨!

2. ### 바닷길을 따라 번성한 나라들
   - 푸난과 참파: 인도차이나반도의 남부. 참파는 베트남과 싸우며 1,800년 넘게 유지됨.
   - 스리위자야: 수마트라섬을 근거지로 해상 무역을 장악
   - 사이렌드라: 자와섬의 풍부한 농업 생산력과 인구를 기반으로 성장
     → 세계 최대의 불교 사원인 보로부두르 사원을 세움.
   - 마자파힛: 1300년대 이후로 오늘날의 인도네시아 일대를 장악

3. ### 대륙부 동남아시아의 여러 나라들
   - 베트남: 1000년 넘게 중국의 지배를 받았으나 독립한 후 강국으로 성장
   - 앙코르 왕국: 800년대부터 메콩강 하류를 근거지로 대륙부 동남아시아를 장악
     → 웅장한 힌두교 사원 앙코르 와트 건설
   - 타이: 중국 남부에서 이주해 와 앙코르 왕국을 밀어내고 새로운 강자로 성장
   - 미얀마: 버마인이 원주민인 몬인과 경쟁과 협력을 반복하며 오늘날의 미얀마를 탄생시킴.

4. ### 이슬람교가 전파되고 말라카 왕국이 번성하다
   - 인도에 이슬람교가 전파되며 동남아시아로 퍼져 나감.
     → 말라카 왕국이 이슬람교를 받아들이고 번영을 누리며 동서 무역의 중심지로 성장
   - 말라카 왕국은 1511년 포르투갈의 공격으로 멸망함.

세계사 퀴즈 달인을 찾아라!

1 동남아시아에 대한 설명으로 알맞은 것에 ○표, 알맞지 <u>않은</u> 것에 X표 해 보자.

○ 동남아시아는 대륙부만을 가리킨다.
(   )

○ 동남아시아는 기후 특성상 농사짓기가 어려운 지역이다. (   )

○ 동남아시아의 말레이인은 계절풍을 이용해 먼 바다까지 항해했다. (   )

2 다음 설명이 가리키는 지역으로 알맞은 것은? (   )

사이렌드라 왕국이 건설된 곳으로 세계에서 인구가 가장 많은 섬. 세계 최대의 불교 사원인 보로부두르 사원이 자리하고 있어.

3 다음 지도를 통해 알 수 있는 사실로 가장 알맞은 것은? (   )

① 동남아시아 사람들은 서로 활발하게 교류했어.
② 동남아시아 사람들은 청동 북을 화폐로 사용했어.
③ 동남아시아 사람들은 대륙부에서만 청동 북을 사용했어.
④ 동남아시아 사람들은 청동 북에 공통된 문자로 역사를 기록했어.

4 다음 설명에 해당하는 알맞은 나라의 이름을 써 보자.

- 중국의 유교, 과거제, 한자를 받아들였어.
- 동남아시아에서 역사가 가장 오래된 나라야.
- 몽골의 침략을 세 번이나 막아 냈어.
- 수도 하노이는 중요한 교역 중심지였어.

(   )

6 다음 설명에서 나타내는 유적의 알맞은 이름을 써 보자.

이 유적은 앙코르 왕국의 왕이 건설한 힌두교 사원이다. 하지만 1300년대 들어 힌두교 대신 불교가 유행하자 이 유적은 상좌부 불교 사원으로 개조되었다. 그리고 앙코르 왕국이 몰락하면서 밀림에 묻혔다가, 오늘날 세계적인 관광지로 주목받고 있다.

(   )

5 대륙부 동남아시아의 나라들에 대해 <u>잘못</u> 설명한 친구는?   (   )

 ① 크메르인은 800년경 메콩강 하류에 앙코르 왕국을 세웠어.

 ② 베트남은 중국의 지배를 받았지만 독립한 후 강국으로 성장했어.

 ③ 타이인이 세운 왕국은 앙코르 왕국을 밀어내고 전성기를 누렸어.

 ④ 버마인은 몬인의 불교 문화를 배척하고 협력을 철저하게 거부했어.

 정답은 355쪽에서 확인하세요!

| 용선생 세계사 카페 |

베트남의 영웅 쩐 흥 다오 이야기

쩐 흥 다오는 베트남의 장군으로 세 차례에 걸쳐 몽골의 침략을 막아 냈어. 우리에게는 낯설지만 베트남에서는 역사상 최고로 존경받는 인물이지. 쩐 흥 다오가 어떤 삶을 살았고, 몽골 제국과의 전쟁에서 어떤 활약을 펼쳤는지 한번 살펴볼까?

베트남 왕족 출신의 장군

쩐 흥 다오는 1200년대 중반 하노이 근처의 남딘에서 태어났어. 아버지는 베트남의 왕족으로 평소 자녀 교육에 대한 관심이 남달랐어. 그 덕분에 쩐 흥 다오는 어렸을 때부터 뛰어난 학자들에게 훌륭한 교육을 받아 지혜롭고 용감하게 성장했어. 어른이 된 뒤 아버지는 권력 다툼에서 밀려났지만, 쩐 흥 다오는 오로지 본인의 능력을 인정받아 관직을 유지할 수 있었지.

↓ 베트남 냐짱에 있는 쩐 흥 다오 동상

몽골 제국과의 첫 번째 만남

쩐 흥 다오가 관직 생활을 할 때는 몽골 제국의 전성기였어. 1234년에 금나라를 멸망시킨 몽골은 창장강 이남의 남송을 거세게 밀어붙였어. 그러다 1257년, 몽골은 남송을 치기 위해 길을 빌려 달라는 구실을 내세워 결국 베트남으로 쳐들어왔어. 쩐 흥 다오는 베트남의 수도 탕롱(오늘날의 하노이)을 공격하는 몽골군을 상대로 용감히 맞서 싸운 끝에 승리를 거두었어. 몽골 제국과 쩐 흥 다오의 질긴 인연은 이때 시작되었지.

몽골 제국의 침입을 한 번 더 물리치다

몽골 제국은 패한 뒤에도 호시탐탐 베트남을 정복할 기회를 노렸어. 그러다 야심차게 준비했던 일본 정복이 실패로 돌아가자 목표를 베트남으로 바꾸어 두 번째 침략을 개시했지. 이번에는 베트남 남쪽의 참파 왕국을 공격하겠다는 구실을 내세웠단다. 수십만의 몽골군이 수도로 들이닥치자 베트남 국왕은 몽골군을 이길 방법이 없다며 항복하려고 했지. 이 소식을 들은 쩐 흥 다오는 왕에게 달려가 '항복을 하려거든 제 목부터 베십시오!' 하고 용감히 몽골군에 맞서 싸우자고 간청했대. 왕은 쩐 흥 다오의 주장을 받아들여 몽골과 전쟁을 벌이기로 결심하고, 쩐 흥 다오를 총사령관으로 임명했어.

쩐 흥 다오는 정면으로 몽골군과 맞붙어서는 승산이 없다는 걸 잘 알았어. 그래서 적은 병력으로 신속히 치고 빠지는 게릴라전을 택했지. 베트남 지형에 어두웠던 몽골군은 베트남군의 잽싼 공격에 정신을 차리지 못하고 큰 혼란에 빠졌단다. 결국 1285년, 쩐 흥 다오는 몽골군 5만 명을 포로로 사로잡는 큰 승리를 거두었어. 몽골군은 이번에도 빈손으로 베트남에서 철수할 수밖에 없었단다.

▲ **쩐 흥 다오가 그려진 지폐** 쩐 흥 다오는 과거 남베트남이 발행한 500동짜리 화폐의 모델이었어.

↑ 바익 당 전투 모습

바익 당 전투에서 승리를 거둔 쩐 흥 다오

그로부터 2년 뒤 몽골은 다시 한 번 베트남에 쳐들어왔어. 몽골의 쿠빌라이 칸은 육로로 30만 명의 군사를, 해로로 500척의 배를 동원해 어떻게든 베트남을 무릎 꿇리려 애썼지. 지난번 전투에서와 마찬가지로 쩐 흥 다오는 게릴라전을 택해 몽골군을 괴롭혔어. 몽골군은 전쟁터인 베트남이 본국과 멀리 떨어져 있어 보급을 받기 어려운 데다 병사들이 풍토병으로 하나둘 쓰러지기 시작하며 궁지에 몰렸어. 결국 몽골 제국은 정복을 단념하고 군사를 철수하기로 결정했지.

퇴각하던 몽골 군사들은 바익 당이라는 강으로 향했어. 몽골군의 퇴각 소식을 들은 쩐 흥 다오는 미리 바익 당 강어귀에 말뚝을 잔뜩 박아 놓고 작은 배들을 강에 띄워 몽골군의 함대를 유인했지. 쩐 흥 다오의 함대를 발견한 몽골군은 함정인 줄 모른 채 베트남의 함대를 맹렬히 쫓았단다. 몽골 함대는 강어귀에 미리 박아 놓은 말뚝에 막혀 옴짝

↑ 오늘날 바익 당 강변 모습

달싹하지 못하는 처지가 되었어. 그제야 몽골군 함대는 함정에 빠졌다는 것을 깨달았지만, 이미 쩐 흥 다오의 군대에 겹겹이 포위당한 뒤였지. 쩐 흥 다오는 바익 당 전투에서 몽골 함선 100척을 침몰시키는 큰 승리를 거두었단다.

세 번이나 혼쭐이 난 몽골 제국은 베트남 정복을 단념했어. 쩐 흥 다오는 몽골의 침입을 세 번이나 물리친 공을 인정받아 극진한 대접을 받았지. 이후 쩐 흥 다오는 1300년에 세상을 떠나기 전까지 글쓰기에 힘써 《병서요략》, 《만법종비전서》 등 병법서를 남겼어.

쩐 흥 다오는 직접 왕위에 오른 적은 없지만, 죽은 뒤에는 '대왕'이라 불리며 베트남의 영웅으로 존경받아. 오늘날 베트남 길거리에서는 쩐 흥 다오의 동상을 쉽게 찾아볼 수 있고, 해마다 쩐 흥 다오의 제삿날과 생일에는 성대한 축제도 열린단다. 언젠가 베트남을 여행할 기회가 있으면 꼭 눈여겨보렴!

↑ **쩐 흥 다오 사원** 베트남 호찌민 시에 있는 쩐 흥 다오의 사원이야. 이곳에서는 해마다 쩐 흥 다오 장군의 제삿날과 생일에 축제가 열리지.

| 용선생 세계사 카페 |

오세아니아에는 어떤 사람들이 살고 있을까?

남태평양 구석구석으로 퍼져 나간 인류

동남아시아의 남쪽에 자리 잡은 오스트레일리아와 그 동쪽에 있는 남태평양 지역을 하나로 묶어서 '오세아니아'라고 불러. 이 중 남태평양에는 7,000여 개에 달하는 크고 작은 섬들이 흩어져 있는데, 이 섬들은 고유한 문화와 인종에 따라 또다시 미크로네시아와 멜라네시아, 폴리네시아라는 세 지역으로 구분된단다. 미크로네시아는 '작은 섬', 멜라네시아는 '검은 섬', 폴리네시아는 '수많은 섬'이라는 뜻이야.

오세아니아에 첫 인류가 도착한 것은 지금으로부터 약 5만 년 전이래. 이들은 주로 따뜻한 해안에서 수렵과 채집 생활을 하며 삶을 꾸려 나갔어. 오스트레일리아의 원주민인 '애버리지니'가 바로 5만 년 전 인류의 직접적인 후손이라고 해. 그 외에도 오스트레일리아 북쪽의 뉴기니 섬과 그 인근의 여러 섬에 인류가 살았던 흔적이 남아 있지.

▼ 오세아니아

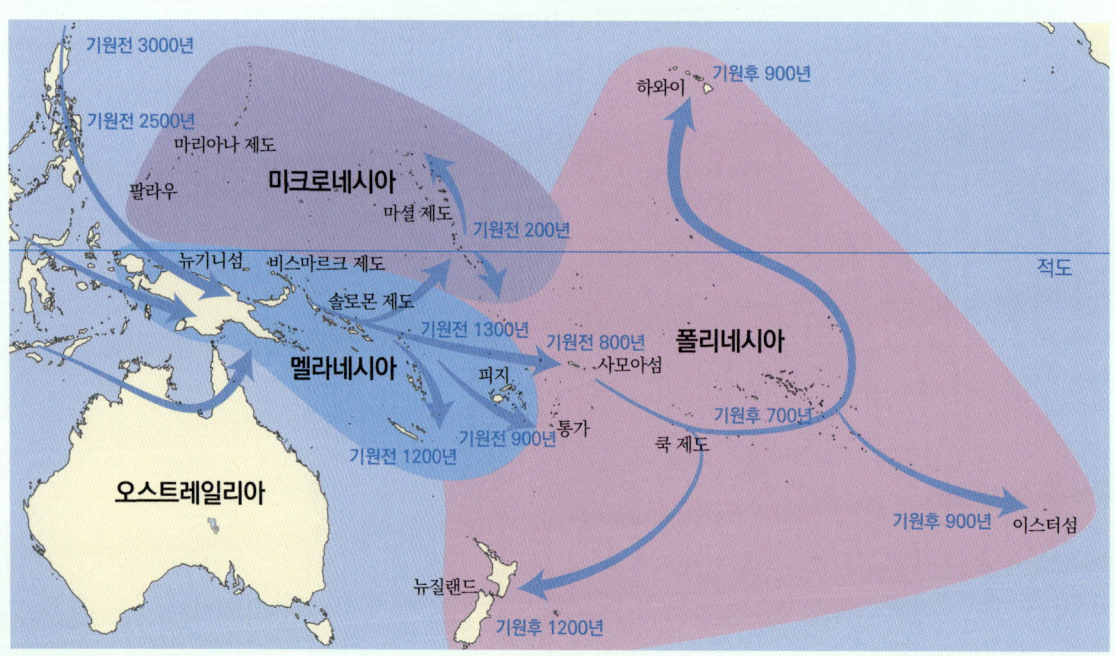

▲ 오스트레일리아의 원주민 애버리지니 이들은 약 5만 년 전부터 오스트레일리아 대륙의 해안 지대를 중심으로 모여 살았지만, 1700년대 이후 백인들의 이주가 시작되며 전염병으로 대부분이 목숨을 잃었어. 이후에도 백인들의 극심한 인종 차별을 받았고 오늘날엔 약 60만 명 정도가 남아 있지.

▲ 부메랑
목표물을 향해 던지면 주인에게 돌아오는 무기 '부메랑'은 원래 애버리지니의 전통 무기였어.

인류는 그로부터 수만 년이 흐른 기원전 1500년 무렵에 이르러 드넓은 태평양을 건너 폴리네시아와 미크로네시아에 발을 디뎠어. 태평양을 건넌 이들은 멀리 중국 남부에서 출발해 동남아시아 일대를 거쳐 온 말레이인이었단다. 계절풍과 무역풍을 이용해 바다를 누비는 데 익숙했던 말레이인은 배를 타고 미크로네시아와 멜라네시아 일대에 진출했고, 기원전 800년 무렵이면 미크로네시아 전역으로 퍼져 나갔어. 그리고 기원후 1300년 무렵이면 북쪽으로는 하와이, 남쪽으로는 뉴질랜드, 동쪽으로는 이스터섬에 이르는 폴리네시아 전역에 자리를 잡게 된단다.

➔ 폴리네시아인
전통 복장을 한 폴리네시아인의 모습이야. 폴리네시아인은 피부색이 아시아인과 비슷하지만 덩치가 훨씬 크고 힘도 세대.

폴리네시아인의 놀라운 항해 실력

1700년대 중반에 이르러 남태평양에 도달한 유럽인들은 폴리네시아 사람들의 놀라운 항해 지식에 깜짝 놀랐어. 이들은 작은 카누에 몸을 싣고 오직 바람과 해류에만 의존해 서로 교역했는데, 눈에는 보이지도 않는 섬들의 위치와 방향, 거리를 손바닥 보듯이 꿰뚫고 있어서 지도 한 장 보지 않고도 얼마든지 바다를 오갈 수 있었거든.

1976년에는 전통 방식대로 만든 카누를 타고, 오로지 바람과 조류의 도움으로 하와이에서 남쪽으로 약 4,000킬로미터나 떨어져 있는 타히티섬까지 항해하는데 성공하기도 했어. 이 배는 심지어 2014년에 세계 일주 항해를 떠나 3년 만에 하와이로 무사히 귀환했단다. 폴리네시아인의 경이로운 항해술이 21세기에도 증명된 셈이지.

오늘날엔 폴리네시아 사람들이 태평양을 건너 남아메리카 대륙에 이르렀다고 주장하는 사람들도 있어. 실제로 유럽인들이 도착했을 때 폴리네시아에는 아메리카가 원산지인 고구마가 있었고, 아메리카에는 멜라네시아가 원산지인 코코넛 나무가 있었거든. 언젠가는 폴리네시아와 아메리카 사이의 숨겨진 역사가 밝혀질지도 모를 일이야.

⬆ **폴리네시아인의 카누**
폴리네시아 사람들은 거센 물살에도 카누가 뒤집히지 않도록 이렇게 카누 옆에 균형 장치를 매달았어. 두발자전거 옆에 보조 바퀴를 매다는 것과 비슷한 원리이지.

⬅ **세계 일주에 성공한 호쿨레아호**
미국의 탐험 팀은 2014년에 하와이를 떠나서 폴리네시아 전통 항해술만 이용해 3년 만에 세계 일주에 성공했어.

신비로운 이스터섬과 모아이의 비밀

폴리네시아에서 사람들의 호기심을 가장 많이 자극하는 섬은 바로 폴리네시아 동쪽 끝에 있는 이스터섬이야. 이스터섬은 특히 '모아이'라는 거석상이 수백 개나 있는 섬으로 잘 알려져 있지. 그런데 이 석상이 언제, 무슨 목적으로 세워졌는지 아직도 뚜렷이 밝혀지지 않았거든. 더구나 유럽인이 처음 이스터섬에 도착했을 때 섬에는 이렇게 거대한 석상을 수백 개나 세울 만큼 발달한 문명의 흔적이 보이지 않았어. 불과 수백 명의 원주민이 작은 마을을 이루어 살고 있었을 뿐이었지. 그래서 한때는 숨겨진 고대 문명이나 외계인이 남긴 흔적이 아닐까 생각하는 사람도 있었단다.

▲ **모아이** 큰 것은 높이만 20미터에 무게는 수십 톤에 이른대.

그러나 최근의 연구를 통해 모아이에 얽힌 비밀이 차근차근 밝혀지고 있어. 원래 이스터섬은 수만 명이나 되는 사람들로 북적이는 섬이었대. 모아이는 죽은 왕의 업적을 기념하거나 조상을 숭배하기 위해 세워진 기념물이었지.

이스터섬에는 거대한 얼굴 조각상이 있다?

그런데 섬에 사람들이 너무 많아지자 환경이 파괴되기 시작했어. 사람들은 농사를 짓기 위해 숲을 파괴했고, 뒤이어 사막화가 시작되어 이스터섬은 차츰 사람이 살기 어려운 환경으로 변해갔대. 그러자 사람들은 서로 가진 것을 빼앗기 위해 전쟁을 벌였고, 자신의 힘을 과시하기 위해 더욱 거대한 모아이를 세우기 시작했다는 거야. 이 과정에서 거대한 모아이를 나르기 위해 더 많은 나무를 베었고 환경 파괴도 지속적으로 이루어졌지.

한때 풍요로웠던 이스터섬이 간직한 비밀은 오늘날 우리에게 많은 교훈을 준단다.

◀ **모아이의 눈과 모자**
원래 모아이에는 이렇게 눈이 달리고 모자도 씌워져 있었대. 그런데 전쟁 중에 파괴되어 모자와 눈이 사라졌다고 하는구나.

5교시

되살아난 한족 왕조 명나라

영원할 것만 같았던 원나라도 남송을 멸망시킨 지 90여 년 만에
끊임없는 권력 다툼과 지나친 사치로 서서히 내리막길을 걸었어.
그동안 억눌려 살아온 한족은
쇠약해진 원나라를 몽골 초원으로 내쫓고
새로운 한족 왕조인 명나라를 세웠지.
오늘은 명나라의 건국부터 멸망까지의 과정을 알아볼까?

1351년	1368년	1405~1433년	1449년	1592~1598년	1616년	1644년
홍건적의 난	주원장, 명나라 건국	정화의 해외 원정	토목의 변	임진왜란	누르하치, 후금 건국	이자성 북경 함락, 명나라 멸망

토목보

명나라가 몽골 초원의 오이라트에 참패하고 황제가 납치된 곳이야.

베이징

명나라의 두 번째 수도로, 오늘날 중국의 수도이기도 해.

몽 골

시안

티베트(토번)

청두

우한(한커우)

명나라 최대 곡창 지대였던 창장강 중류 지역의 중심지야. 이곳의 쌀은 모두 우한을 거쳐 전국으로 유통됐지.

베트남

역사의 현장 지금은?

중국의 두 수도 베이징과 난징을 둘러보다

땅이 넓고 수많은 나라가 흥망성쇠를 겪어 온 중국에는 우리나라의 서울처럼 수도 역할을 했던 도시가 많아. 그 중에는 이름부터 수도라는 뜻을 가진 대도시가 둘 있지. 바로 '북쪽의 수도'라는 뜻을 가진 도시 베이징(北京)과 '남쪽의 수도'라는 뜻을 가진 난징(南京)이야. 베이징은 전국 시대 연나라의 수도가 된 이후 중국 역사상 여러 나라의 수도였고, 오늘날에도 중국의 수도 역할을 하지. 난징은 삼국 시대 손권의 오나라가 수도로 삼았던 곳으로 오늘날 창장강 이남의 경제 중심지 중 하나란다.

➡ **중국 경제의 견인차 차오양 구의 중심 업무 지구(CBD)**
차오양 구는 베이징에서 가장 크고 인구가 가장 많은 행정구로 세계적인 금융 회사와 대기업이 들어서 있어.

⬆ **베이징의 새로운 랜드마크 올림픽 스타디움**
2008 베이징 올림픽 이후 베이징의 새로운 상징물이 되었어. 새 둥지를 본뜬 독특한 모양이지.

과거와 현재를 잇는 중국의 수도 베이징

베이징은 전국 시대 연나라의 수도가 된 이후로 요나라, 금나라, 원나라의 수도였어. 명나라 영락제가 1421년에 난징에서 이곳으로 수도를 옮기고 북쪽에 있는 수도란 뜻으로 이름을 베이징(北京)이라고 붙였단다. 그 후로 600년 동안 중국의 수도로서 정치, 문화, 교육의 중심지 역할을 톡톡히 했지.

베이징은 서울 면적의 28배나 되는 크기에 2,200만 명이 사는 대도시야. 1978년 개방 이후 급속한 산업 발전의 대가로 심각한 대기 오염이 발생해 골머리를 앓고 있지. 그래서 최근 중국 정부는 굴뚝 없는 산업인 금융업과 서비스업, 첨단 산업 육성에 공을 들이고 있어.

➔ **베이징 서우두 국제공항** 연 이용객이 1억 명 가까이 되는, 아시아에서 가장 붐비는 국제공항이야.

↑ 중국국가도서관 아시아에서 가장 큰 도서관이야. 소장된 자료가 무려 3,600만 점이 넘는대.

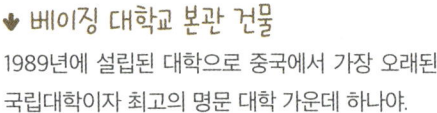

→ 중국국가도서관의 내부 모습

↓ 베이징 대학교 본관 건물

1989년에 설립된 대학으로 중국에서 가장 오래된 국립대학이자 최고의 명문 대학 가운데 하나야.

↑ 베이징의 전통 가옥 지구

베이징의 옛 도심에는 전통 가옥들이 빽빽이 들어서 있어. 이런 좁은 골목길을 후통이라고 부르는데 후통은 중국의 서민들이 모여 살았던 삶의 터전이야.

↑ 자금성

지금은 건물 일부만 남았지만 원래 이곳은 축구장 크기 100배의 거대한 규모였대.

← 톈안먼 광장의 건국 기념일 행사

중국의 중요한 국가 행사는 자금성 남쪽에 있는 톈안먼 광장에서 열려. 또 중국인들은 일출을 보는 대신 톈안먼 광장의 국기 게양식을 보며 새해 첫 아침을 맞아.

↑ 후통의 관광 호텔

2008년 베이징 올림픽 때 후통의 많은 가옥이 호텔이나 게스트하우스로 탈바꿈했어.

↑ 베이징의 간판 요리 베이징 카오야(북경오리)

명, 청나라 때부터 전해 오는 궁중 요리로 구운 오리고기를 밀전병에 싸 먹는단다.

◆ 대표적인 길거리 음식 취두부
취두부는 우리의 떡볶이처럼 흔한 길거리 음식이야. 발효시킨 두부를 튀겨 갖은 양념을 얹어 먹는데, 고약한 냄새로 악명이 자자해.

◆ 겨울에 먹으면 더 맛있는 빙탕후루
산사 열매나 작은 과일을 꼬치로 꿰어 설탕을 바른 전통 간식이야. 탕후루라고도 하는데 우리나라에서도 인기를 끌고 있어.

중국 북부와 남부를 잇던 옛 수도 난징
명나라 첫 번째 수도였던 난징(南京)은 창장강 하류의 비옥한 평야 지대에 위치하고 있어. 난징은 예부터 중국 북부와 남부를 잇는 교통의 요충지였지. 현재 난징은 중국에서 손꼽히는 경제 도시로 자리 잡았단다. 서울의 약 10배 크기에 천만 명의 인구가 모여 사는 대도시야.

◆ 수많은 고가 도로가 교차하는 난징의 풍경
오늘날도 난징은 중국의 주요 고속 도로가 거쳐 가는 교통의 요지로 자리매김하고 있어.

↙ 데이트 명소 푸쯔먀오

푸쯔먀오는 난징에서 가장 큰 공자 사당이야. 아름다운 강과 야시장, 공원을 끼고 있고, 운치 있는 야경으로 유명해.

↓ 공원 내부

이곳에서는 남송 때부터 과거 시험이 치러졌어. 한때 2만 명이 동시에 시험을 볼 수 있었대.

← 난징 대학살 기념관

중국의 주요 대도시인 난징은 1937년 중일전쟁 당시 일본군의 침략으로 민간인 30만 명이 학살당한 비극의 무대가 되기도 했어. 이곳은 그 희생자들을 기리는 공간이란다.

↓ 쑨원의 묘 중산릉

난징은 현대 중국의 아버지라 불리는 쑨원이 세운 중화민국의 수도이기도 했어.

황제가 된 거지 스님, 한족 국가를 부활시키다

"유라시아 대륙을 정복한 거대한 원나라도 시들시들 힘을 잃어갔어. 지난 시간에 강남 지역의 한족이 반란을 일으켰다고 했지? 그 반란이 바로 1350년대 창장강 일대를 중심으로 일어난 '홍건적의 난'이야. 반란군들이 머리에 붉은 수건을 두르고 다녔기 때문에 '홍건적'이란 이름이 붙었지."

"아, 고려 말에 우리나라에 쳐들어왔던 홍건적이에요?"

왕수재가 대뜸 아는 척을 했다.

"맞아. 홍건적은 대부분 원나라 말에 유행한 종교인 백련교의 신도들이었어. 백련교 교주는 자신을 구세주라 칭하며 가난으로 고통받던 사람들을 끌어들여 세를 불렸지. 홍건적은 한때 원나라 수도를 공

> **나선애의 세계사 사전**
>
> **백련교** 중국의 종교 중 하나로, 원나라 말 창장강 남쪽을 중심으로 널리 퍼졌어. 백련교 신자들은 가까운 시일 안에 새로운 구세주가 나타나 현실에서 고통받는 사람들을 구원한다고 믿었다고 해.

격할 정도로 세력이 강했단다."

"그럼 이제 원나라는 어떻게 되는 거예요?"

장하다가 고개를 갸우뚱하며 물었다.

"간신히 홍건적의 반란은 진압했어. 하지만 이미 강남 지역은 원나라의 통제를 벗어난 상태였어. 홍건적 말고도 강남 지역 곳곳에서 농민 반란군이 기승을 부렸기 때문이지. 이때 반란군끼리도 서로 세력 싸움을 벌였는데, 그 가운데서 최종적으로 승리한 사람이 주원장이었어."

"주원장은 어떤 사람인데요?"

"주원장은 백련교의 탁발승이었어. 어려서부터 너무 가난한 탓에 입에 풀칠이라도 하려고 백련교에 들어가 승려가 되었지. 사실 거지나 다름없는 신세였단다. 주원장은 홍건적의 난을 계기로 반란군에 가담했고, 전쟁에서 잇달아 공을 세운 끝에 마침내 반란군 대장이 되었어. 그리고 1356년에는 강남의 중심지인 난징을

↑ **명 태조 홍무제** (재위 1368년~1398년) 주원장은 한때 탁발승 노릇을 할 정도로 가난한 농민 출신이었어. 1368년 명나라 황제 홍무제가 되었지.

곽두기의 국어 사전

탁발승 맡길 탁(托) 바리때 발(鉢) 중 승(僧). 집집마다 다니며 음식을 동냥하는 스님을 가리켜.

← **창장강과 연결된 포양호** 주원장은 이곳에서 벌어진 전투에서 원나라에 결정적인 승리를 거뒀어. 당시 포양호는 내륙에서 창장강을 타고 동쪽 바다로 나갈 수 있는 중요한 물길이었어. 오늘날에는 댐 건설로 바닥이 드러난 곳이 있을 정도로 크기가 많이 줄어들었대.

점령함으로써 반란군 중에서 가장 강력한 세력으로 떠올랐지."

"거지 스님이 반란군 대장이 되다니, 정말 대단하네요."

"주원장은 강남의 지식인과 사대부를 중용하며 그들을 자기편으로 만들기 위해 애썼어. 이들을 활용해 자신이 장악한 지역을 잘 다스린 덕분에 백성들의 지지도 얻어 냈지. 1368년, 충분히 힘을 기른 주원장은 군대를 보내 마침내 원나라의 수도를 점령했어. 놀란 원나라 황실은 수도를 버리고 허겁지겁 북쪽 초원으로 달아났지. 주원장은 새로운 나라 이름을 '명', 연호를 '홍무'라고 정하고, 난징을 수도로 삼았어. 그리고 스스로 황제 자리에 올랐단다."

"드디어 한족 왕조가 부활한 거군요."

왕수재가 턱을 쓰다듬으며 중얼거렸다.

"그래. 홍무제는 명나라가 한족의 나라임을 공식적으로 선포하고 몽골의 흔적을 지우기 위해 애썼어. 우선 몽골식 의상과 풍습, 몽골어 사용을 금지했어. 그리고 몽골식 정치 제도를 버리고 다시 유학을 통치 이념으로 정했지. 또 과거 제도를 복원하고, 인재를 양성하기 위해 수도 난징에 최고 교육 기관인 국자감을 설치하고 각 지방마다 학교를 세워 유학 교육에 힘썼단다. 또 오랜 전쟁으로 피폐해진 농민들의 삶을 보살피면서 동시에 세금 수입을 늘리기 위해 여러 정책을 펼쳤어."

"어떻게 그게 가능하죠? 세금을 많이 거두면 농민들이 힘들고, 세금을 깎아 주면 수입이 줄어들 텐데요?"

"한번 들어 보렴. 먼저 홍무제는 농지를 개간한 사람들에게 땅의 소유권을 인정해 주는 정책으로 농지 개간을 적극적으로 장려했어.

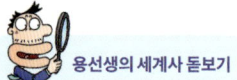

용선생의 세계사 돋보기

명나라 때부터 모든 황제를 '태조', '태종'이란 호칭 대신 '홍무제', '영락제'같이 당시 연호에서 따온 호칭으로 불렀단다. 이전까지는 황제가 때에 따라 연호를 몇 번씩 바꾸었지만, 홍무제 때부터 하나의 연호만 사용하거든.

▼ **명나라 토지 대장 '어린도책'** 명나라 때 토지 소유 현황을 파악하기 위해 제작한 토지 대장이야. 이때 책 맨 앞에 마을 경작지 현황을 간단한 지도로 표시했는데, 마치 물고기 비늘과 같이 생겨서 '어린도책(魚鱗圖冊)'이라고 불렀다고 해.

농사지을 땅을 충분히 확보하기 위해서였지. 그리고 오랫동안 내버려 뒀던 수리 시설들을 손보고 대규모 관개 공사를 벌여 홍수와 가뭄의 피해를 줄였어. 당연히 농업 생산량을 늘리기 위한 조치였지. 세 번째로 홍무제는 대지주가 농민에게서 불법으로 빼앗은 토지를 몰수해 도로 농민들에게 고루 나누어 주고, 소작료도 지주 맘대로 올리지 못하도록 했어."

"그거랑 세금 수입을 늘리는 거랑 무슨 상관이 있어요?"

"세금을 낼 수 있는 백성의 수를 늘리기 위한 조치였어. 최대한 많은 사람이 정착해서 농사를 지어야 더 많은 세금을 거둘 수 있기 때문이지. 예상대로 그동안 땅 없이 떠돌아다니던 유랑민들이 정착해 농사를 짓게 되었어. 홍무제는 마지막으로 전국의 토지와 인구 현황을 꼼꼼히 조사해 토지 대장과 호적을 새로 만들었단다. 모든 사람에게 공평하게 세금을 거두기 위해서였지. 그 덕분에 나라의 곳간이 튼튼해졌고, 백성들의 세금을 깎아 줄 수 있는 여유까지 생겼어. 자, 농

곽두기의 국어 사전

수리 물 수(水) 이용할 리(利). 식수나 농업용수 등 여러 용도로 물을 이용하는 것을 가리켜.

용선생의 세계사 돋보기

가구별로 내야 할 조세와 요역(국가가 큰 공사를 벌일 때 사람들을 데려와 일을 시키는 것)을 기록한 책을 '부역황책'이라고 해. 책 표지가 누런 황색이었기 때문에 '황책'이란 이름이 붙었지.

민들의 세금을 깎아 주면서 동시에 더 많은 세금을 거두는 일석이조의 홍무제식 해법이 어떠니?"

"히야, 정말 기가 막혀요."

"아직 홍무제가 준비한 또 하나의 카드가 남았어. 바로 '이갑제'라고 하는 제도지."

"이갑제? 이갑제는 또 뭐죠?"

"이갑제는 향촌을 다스리기 위한 제도야. 우리나라 농어촌 마을에 있는 이장 제도를 떠올리면 쉽게 이해할 수 있단다. 이갑제는 '이장호'의 '이', '갑수호'의 '갑'을 합친 말이야. 이장호는 향촌의 유지 집안으로 땅도 제법 있고 마을 사람들의 존경을 받는 집안이고, 갑수호는 그냥 평범한 백성 집안을 가리켜. 홍무제는 이렇게 이장호와 갑수호를 정한 뒤 하나의 이장호가 10개의 갑수호를 책임지고 관리하도록 했지. 그런 다음 10개의 이장호와 그 이장호들이 맡은 총 100개의 갑수호를 묶어서 리(里)라는 행정 단위로 삼았어. 이렇게 총 110개 집안으로 구성된 리의 수장을 10개의 이장호들이 돌아가면서 맡도록 했지. 그러니까 이장호는 이장을 맡는 집안이라는 뜻이야."

"그럼 갑수호는요?"

"갑수는 이장을 보조해 주는 사람을 가리켜. 그러니까 갑수호는 갑수를 맡는 집안이란 뜻이지. 10개의 갑수호 중에서 매년 한 집안이 돌아가면서 이 일을 맡았어."

곽두기의 국어 사전

이장 마을 리(理) 어른 장(長). 시·군의 읍·면에 속한 마을을 대표하여 일을 맡아 보는 사람을 말해.

유지 있을 유(有) 뜻 지(志). 마을이나 지역에서 명망 있고 영향력을 가진 사람을 가리켜.

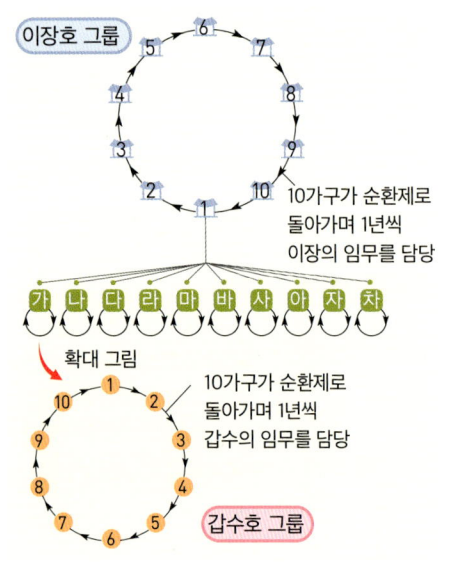

↑ 이갑제

"그런데 조정에서 왜 이런 제도를 만들어요? 그냥 관리를 보내서 다스리면 되잖아요."

"우선 시골 마을까지 일일이 관리를 보낼 만큼 관리의 수가 많지 않았어. 더군다나 향촌 사람들은 나름 자기들끼리 살아가는 데 익숙해서 외부에서 온 관리가 이래라저래라 하는 걸 별로 좋아하지 않았지. 하지만 나라에서는 세금도 거둬야 하고, 대규모 공사나 군대에 필요하면 사람도 동원해야 하잖아. 그래서 굳이 관리를 파견하지 않고 마을 사람들끼리 이런 일들을 알아서 처리할 수 있도록 이갑제를 실시한 거지."

"또 다른 정책도 있었나요?"

"마지막으로 홍무제는 시골 마을 사람들까지도 유학의 가르침에 따라 살아도록 했단다. 홍무제는 백성들이 유학의 가르침에 따라 살면 태평성대가 올 것이라고 생각했어. 그래서 손수 유교의 여섯 가지 핵심 가르침을 정리해 '육유'를 지었고, 이갑제와는 별개로 각 마을마다 '이노인'을 정해 백성에게 유학을 가르치도록 했지. 이노인은 정기적으로 마을을 돌아다니며 큰 소리로 육유를 읊었어. 향촌 사람

나선애의 세계사 사전

이노인 중국에서 노인은 '어르신' 또는 '스승'이라는 뜻으로 쓰여. 그러니까 이노인은 마을 어르신, 또는 마을 스승님이라는 뜻이지.

들에게 뼛속 깊이 공자님의 가르침을 심어 주기 위해서였지."

설명을 마친 용선생이 스크린에 문서를 한 장 띄웠다.

> 첫째, 부모에게 효도하라.
> 둘째, 어른을 공경하라.
> 셋째, 이웃과 화목하게 지내라.
> 넷째, 자식을 올바로 가르쳐라.
> 다섯째, 각자의 생업에 충실해라.
> 여섯째, 법에 어긋나는 짓을 하지 마라.

"저건 교장 선생님께서 귀가 아프도록 하시는 말씀인데……. 근데 뭣 하러 저런 말을 하지?"

"하하, 최종 목표는 결국 황제에 대한 절대적인 충성심을 갖게 하는 거야. 홍무제는 백성들의 충성심을 높여 농촌 사회를 안정시키고 황제의 권력을 강화해 강력한 중앙 집권 체제를 확립하려고 했지. 황제 자리에 오르자마자 법률과 제도를 새롭게 정비한 것도 그 때문이었어."

"어떻게 제도를 뜯어고쳤는데요?"

"먼저 승상 제도를 폐지하고 정책을 집행하는 6부를 황제 바로 밑에 두었어. 신하들의 간섭을 받지 않고 황제의 뜻을 그대로 밀어붙이기 위해서였지. 또 중국의 고질적인 문제였던 외척과 환관의 정치 관여를 철저히 금지했어. 이를 어길 경우에는 가차 없이 처형하거나 유배를 보냈지. 그 덕분에 적어도 명나라 초기에는 외척이나 환관들이

용선생의 세계사 돋보기

홍무제는 황제가 되자마자 나라의 법률을 정리하는 일에 집중했어. 마침내 1397년, 법률을 하나로 정리한 《대명률》을 반포했지. 《대명률》은 명나라는 물론, 조선이나 일본의 법에 큰 영향을 끼쳤단다.

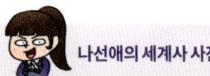

나선애의 세계사 사전

승상 조선 시대 영의정과 비슷한 최고위 관직으로 전국 시대부터 있었어. 승상이 정책을 집행하는 실무 책임자들을 통솔했으므로 때로는 황제를 견제하는 역할을 하기도 했지.

멋대로 권력을 농단하는 일이 없었단다."

"아휴, 속 시원해. 그동안 외척이랑 환관이 늘 골칫거리였잖아요."

용선생의 설명에 허영심이 맞장구쳤다.

"근데 말이야, 홍무제는 명나라를 세우는 데 가장 큰 힘이 되어 준 강남의 지식인과 어려울 때 자기와 함께 싸워 준 부하들을 껄끄럽게 여기고는, 틈만 나면 이들을 숙청하려고 했단다."

"자기를 도와준 사람들을 왜 껄끄럽게 여겨요?"

"나라를 세우는 데 공이 있었으니, 그만큼 큰소리를 칠 수 있을 거 아냐. 황제도 이들을 무시하기는 힘들 테고. 그래서 홍무제는 갖가지 구실을 대며 나라를 세우는 데 누구보다 큰 공을 세웠던 승상 호유용과 여러 공신, 그 가족과 친척, 친지 수만 명을 역적으로 몰아 처형해 버렸어. 또 홍무제는 자신이 한때 탁발승이었다는 것에 심한 열등감을 가지고 있었어. 그래서 이것을 연상시키는 글자를 썼다는 이유만으로 수많은 사람의 목숨을 빼앗았지."

"원, 그런 이유로 사람들을 죽이다니, 홍무제는 정말 잔인한 사람

곽두기의 국어 사전

농단 언덕 농(壟) 끊을 단(斷). 이익이나 권리를 맘대로 독차지하는 것을 가리켜. 어떤 사람이 시장에서 높은 곳에 올라가 사방을 둘러보고 물건을 혼자 사들여 비싸게 팔아서 이익을 남겼다는 이야기에서 나온 말이지.

장하다의 인물 사전

호유용 (?~1380년) 홍무제를 도와 명나라를 세운 사람이야. 나라를 세운 공을 인정받아 승상이 되었지만, 이후 반란을 일으켰단 의심을 받고 사형을 당했지.

글자를 잘못 쓰면 목숨을 잃을 수도 있다고?

홍무제는 자신의 탁발승 시절을 떠올리게 하는 글자들을 엄청나게 싫어했어. 승려의 삭발 머리를 떠올리게 하는 글자인 '빛날 광(光)'과 '대머리 독(禿)', 승려를 가리키는 '승려 승(僧)', 승(僧)과 중국어 발음이 같은 '날 생(生)' 등이 대표적인 글자였지.

어느 날, 항저우의 유생 한 명이 황제를 찬양하는 글을 써서 홍무제에게 올렸어. 그런데 흐뭇하게 글을 읽어 내려가던 홍무제의 눈에 '光', '生' 등의 글자가 보였지. 그 순간 홍무제의 표정이 싸늘하게 변했어. 그리고 글을 쓴 자를 당장 잡아 오라는 불호령이 떨어졌지. 결국 글을 올린 유생은 황제를 욕보였다는 죄를 뒤집어쓰고 목이 달아나고 말았단다.

이군요."

용선생의 말에 장하다가 고개를 절레절레 저었다.

"그래. 그래서 주원장은 한족 왕조를 부활시켰음에도 중국인들에게 마냥 좋은 평가를 받는 황제가 아니란다. 암튼 이렇게 되자 관료들은 언제, 어떤 구실로 죽임을 당할지 몰라 늘 공포에 떨었어. 감히 황제에게 말을 붙일 수도, 황제와 눈을 마주칠 수도 없었지. 관료들은 아침에는 하얗게 질린 얼굴로 가족들과 작별 인사를 하며 출근했고, 저녁에 집에 돌아오면 서로 얼싸안고 살아남았다며 기뻐했대."

"신하들이 감히 권력을 탐내거나 반란을 일으킬 생각은 하지도 못했을 거 같아요."

노트를 정리하던 나선애가 용선생을 바라보며 말했다.

"실제로 그랬지. 홍무제는 숱한 숙청 작업을 거친 끝에 그 어느 때

보다 강력한 권력을 손에 쥐는 데 성공했어. 이렇게 명나라는 한층 강해진 황제의 권력을 밑거름 삼아 막강한 국력을 가지게 됐단다. 특히 세 번째 황제인 영락제 때 명나라의 국력은 절정에 달했어."

> **용선생의 핵심 정리**
>
> 주원장이 1368년 베이징을 점령하고 한족 왕조인 명나라를 건국함. 홍무제 주원장은 농촌 마을을 이갑제로 조직하고, 유학을 통치 이념으로 삼아 농촌 사회를 철저히 통제함. 외척과 환관의 정치 참여를 막고 공신들을 숙청해 황제의 권력을 공고히 함.

영락제의 등장과 정화의 해외 원정

"영락제는 어떤 사람인데요?"

"영락제는 홍무제의 넷째 아들이었어. 원래대로라면 황제가 될 수 없는 사람이었지. 영락제는 홍무제가 살아 있을 때 번왕으로 임명되어 오늘날의 베이징과 그 북쪽 만리장성을 지켰어."

"그런데 어떻게 황제가 됐어요?"

"홍무제가 죽은 뒤 손자인 건문제가 황제 자리에 올랐어. 건문제는 많은 군사를 거느리고 있는 삼촌들이 반란을 일으킬까 봐 몹시 부담스러웠지. 그 가운데서도 가장 부담스러운 삼촌이 바로 명장으로 소문난 영락제였단다. 건문제는 삼촌의 힘을 약화시킬 생각으로 영락제가 가진 군대를 해산시키고 왕 칭호까지 빼앗으려고 했어. 궁지에 몰린 영락제는 결국 먼저 반란을 일으켜 군사를 이끌고 수도 난징으

> **나선애의 세계사 사전**
>
> **번왕** 황제로부터 봉토와 왕의 지위를 받고 그곳을 다스리는 사람을 번왕이라고 해. 홍무제는 자신의 아들들에게 국경 지역의 방어를 맡기며 이들을 번왕으로 임명했지.

➜ **난징의 두꺼운 성벽**
난징은 명나라의 첫 번째 수도로 크고 웅장한 황궁이 있던 곳이었어. 하지만 반란 중에 황궁이 불타는 바람에 잿더미가 되어 버렸지.

⬆ **영락제**
(재위 1402년~ 1424년)
영락제는 조카인 건문제를 밀어내고 황제 자리에 올랐어. 수도를 오늘날 베이징으로 옮기는 한편, 대운하를 수리하고 만리장성을 새로 쌓았을 뿐만 아니라 활발한 대외 원정을 벌였지.

나선애의 세계사 사전

신사 명나라의 지배 계급이야. 신사는 보통 과거에 합격한 사람을 가리키는 말로, 이들은 자신들의 유학 지식과 과거 합격자라는 명망을 활용해 지방에서 지도층으로 활동했지.

로 쳐들어갔지."

"삼촌을 견제하려다가 긁어 부스럼을 만들었군요."

"그런 셈이지. 3년에 걸친 싸움 끝에 영락제는 수도 난징을 함락했어. 건문제는 스스로 황궁에 불을 지르고 종적을 감춰 버렸지."

"조카를 쫓아내고 황제가 된 거네요. 사람들이 좋게 보지 않았겠는데요?"

왕수재가 어깨를 으쓱하며 용선생을 바라보았다.

"그렇단다. 영락제가 베이징으로 수도를 옮긴 것도 이와 관련이 있었어."

"왜 베이징으로 수도를 옮겨요?"

"베이징은 영락제가 번왕 시절 근거지로 삼았던 도시거든. 수도인 난징이 있는 강남 지역의 신사 계층은 영락제를 곱게 보지 않았어. 유학자로서 정통 후계자인 조카를 죽이고 황제 자리를 빼앗은 영락제를 인정할 수 없었던 거지. 게다가 난징은 영락제가 이끄는 반란군과 건문제 사이의 내전으로 황폐해져서 수도로서 제 구실을 하기도 어려웠어. 그래서 영락제는 베이징으로 수도를 옮겼단다."

"그럼 영락제 때부터 베이징이 중국의 수도 역할을 해 온 건가요?"

"그렇단다. 황제가 된 영락제는 맨 먼저 대운하를 대대적으로 손보았어. 강남에서 베이징으로 쌀을 비롯한 물자를 효율적으로 실어 나르기 위해서였지. 또 오랫동안 방치되었던 만리장성을 수리해 외적의 침입에 대비했어. 여기에 또 다른 반란을 예방하기 위해 번왕 제도를 폐지하고, 전국에 관리를 파견해 황제의 권력을 더욱 강화했어. 하지만 영락제의 가장 큰 업적은 뭐니 뭐니 해도 대외 원정이란다."

"대외 원정이라고요?"

"영락제는 뛰어난 장군 출신답게 활발하게 정복 활동을 벌였어. 재위 기간 동안 다섯 차례나 만리장성 너머 몽골을 공격했고, 베트남으로

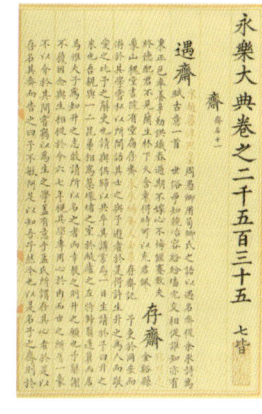

▲ 《영락대전》
영락제가 편찬한 백과사전이야. 유교의 경전은 물론 불교와 도교, 의학과 천문학까지 모든 분야의 책을 한데 모았지. 대규모 편찬 사업으로 유학자인 신사 계층의 불만을 잠재울 목적도 있었어.

◆ 만리장성 우리가 알고 있는 만리장성은 명나라 때 다시 세운 거란다.

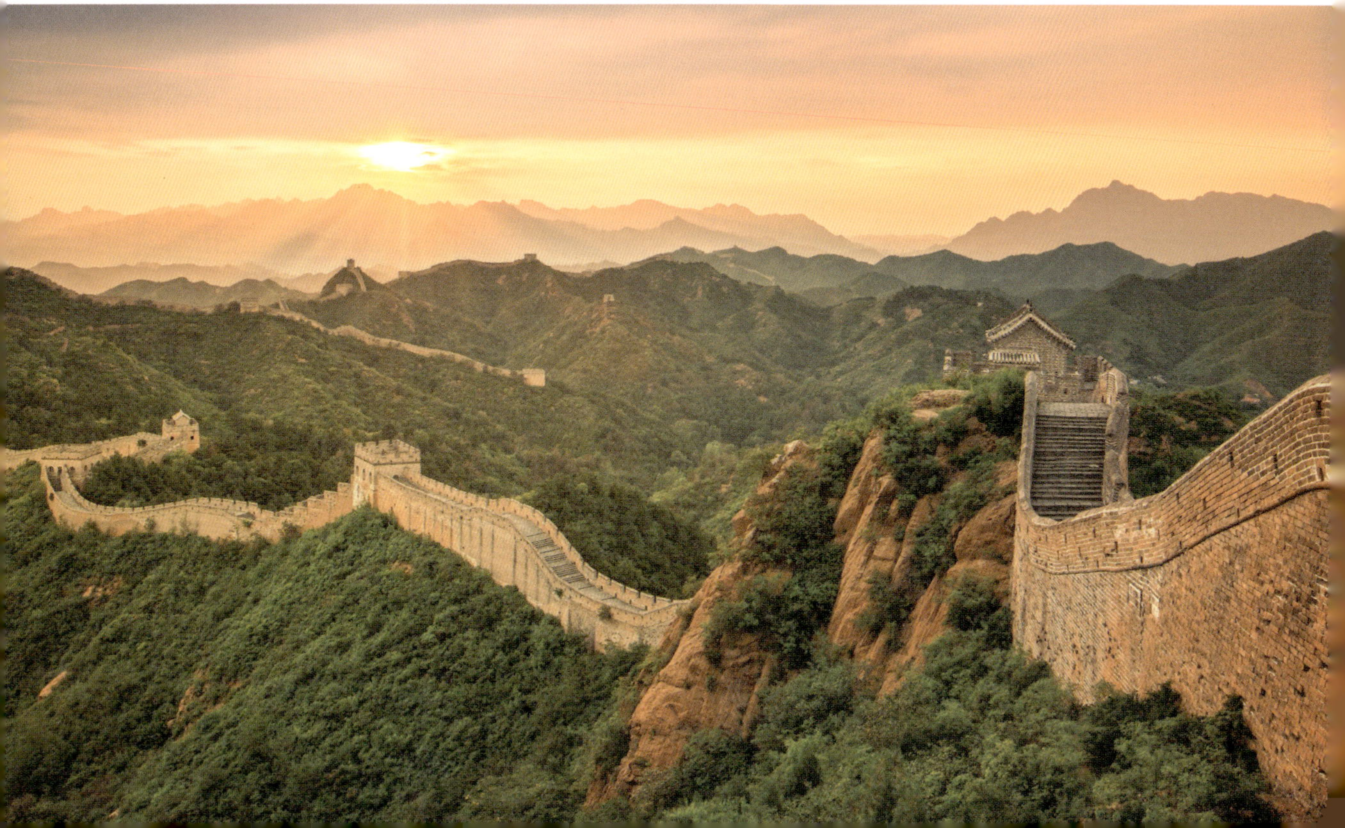

▲ 정화의 원정 함대 재현 모형
정화는 영락제의 명령을 받아 총 일곱 차례에 걸쳐 해외 원정에 나섰어. 이때 원정대는 길이만 120미터가 넘는 대형 선박들이 포함된 62척의 배에 선원이 총 2만 7,800명이나 되는 어마어마한 규모였다고 해.

원정군을 파견했지. 일본의 무로마치 막부와 협력해 왜구 퇴치에도 앞장섰어. 하지만 수많은 원정 중에서도 특히 눈여겨보아야 할 게 바로 환관 정화가 이끈 해외 원정이란다."

"해외 원정을 왜 눈여겨보아야 하는데요?"

나선애의 말에 용선생은 스크린에 사진을 한 장 띄웠다.

"이게 바로 정화의 해외 원정대를 재현한 모형이야."

"우아, 배가 엄청 많네요?"

"그래, 대단하지? 1405년, 정화는 영락제의 명령에 따라 수만 명의 군사와 관리들을 태우고 창장강 하구의 유가항을 출발했어. 정화가 탄 배는 길이 120미터, 너비 50미터가 넘을 정도로 거대했지."

용선생은 또 다른 사진을 한 장 띄웠다.

"이건 또 무슨 사진이죠?"

"이 그림은 정화가 탄 배와 콜럼버스 일행이 대서양을 건널 때 탄 산타마리아호의 크기를 비교한 거야. 밑에 있는 작은 배가 콜럼버스가 탄 배, 위에 있는 큰 배가 정화가 탄 배지."

"우아, 콜럼버스의 배는 정화의 배에 비하면 마치 조각배 같아요."

"실제로 정화의 배는 콜럼버스의 배보다 5배 가까이 컸대. 심지어 콜럼버스의 항해보다 90년이나 앞섰는데 말이지. 정화는 일곱 차례에 걸쳐 이 거대한 함대를 이끌고 베트남과 수마트라섬을 거쳐 인도의 캘리컷과 페르시아만까지 항해한 뒤 무사히 돌아왔단다. 또 아프리카 동해안까지 군사를 별도로 보내기도 했어."

"아프리카까지 갔다 오다니, 어떻게 정화 함대가 그 멀리까지 원정을 할 수 있었어요?"

"그게 다 송나라와 원나라 덕분이었단다."

"네? 그게 무슨 뜻이죠?"

"송나라와 원나라 모두 활발한 해상 무역을 벌였잖니? 그동안 자연히 이슬람 세계와 아프리카로 가는 바닷길을 비롯한 여러 정보가 쌓였지. 거기다 먼바다를 항해하는 데 필요한 나침반, 조선술, 항해술도 개발되었어. 정화의 원정은 이 모든 유산이 있었기에 가능했던 일이란다."

"근데 도대체 그 먼 곳까지 뭣 하러 간 거죠?"

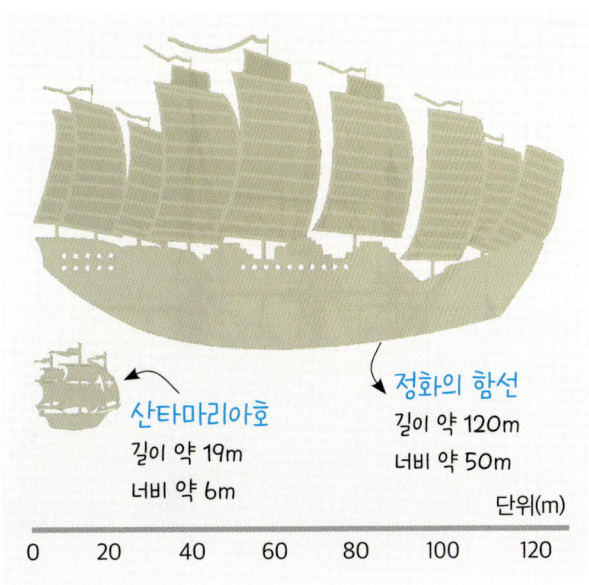

▲ 정화의 함선과 산타마리아호 크기 비교

▼ 정화의 해외 원정

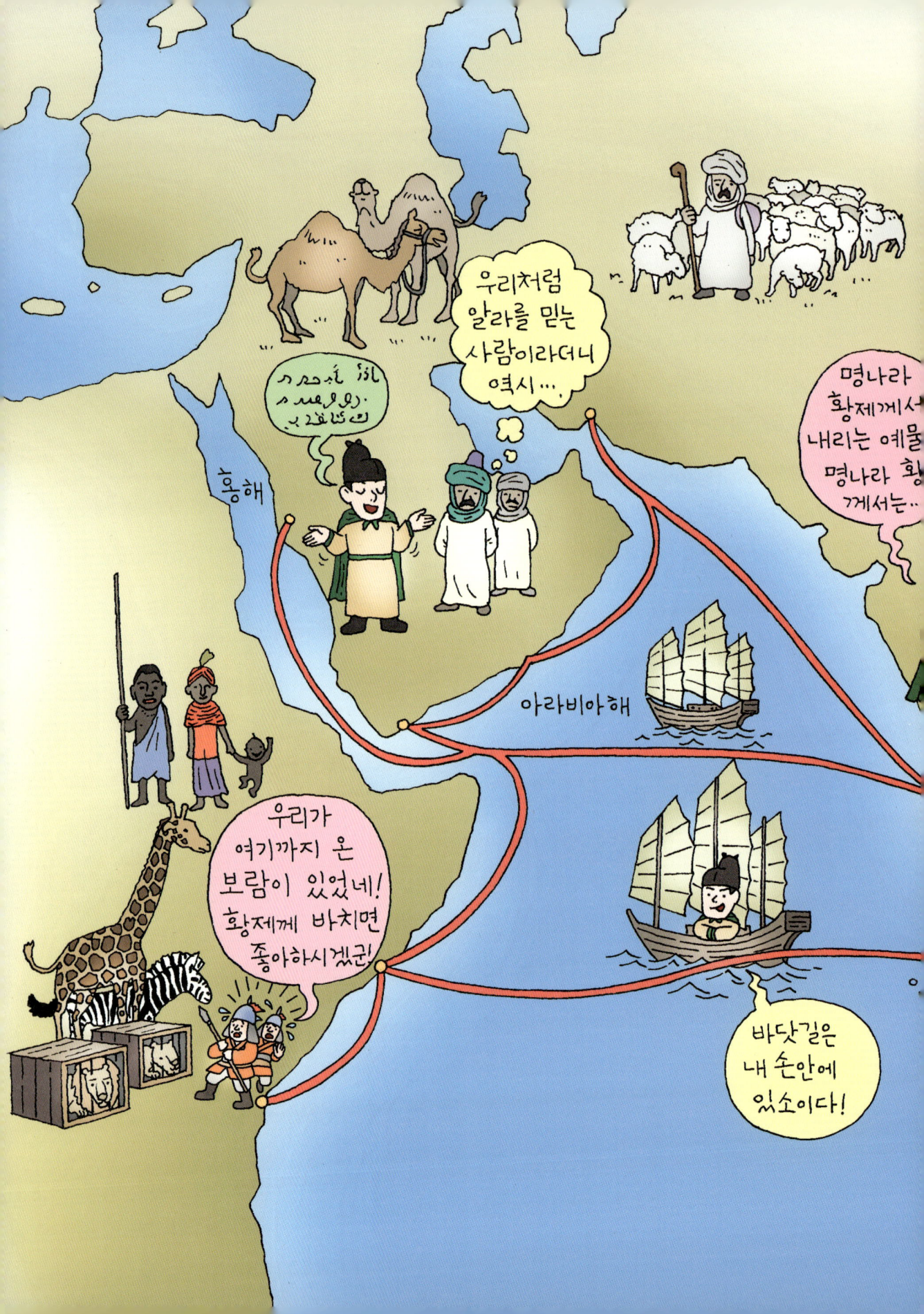

장하다가 이해가 안 된다는 표정으로 물었다.

"여러 가지 목적이 있었어. 첫 번째는 건문제의 행방을 찾는 거였지. 영락제에게 쫓겨난 건문제가 사실은 죽지 않고 해외로 몸을 피했다는 소문이 파다했거든. 두 번째는 다른 나라들이 명나라 황제에게 조공을 바치도록 하는 거였어. 세계 곳곳의 나라들이 명나라를 황제 나라로 떠받들게 해 명나라의 힘을 과시하려던 거였지. 세 번째는 동남아시아 여러 나라와 우호적인 관계를 맺는 거야. 혹시 명나라가 남쪽에서 공격당할 위험을 사전에 없애기 위해서였어."

"아까는 해외 원정이라더니 실상 정복 전쟁이 아니잖아요."

"그래, 원정이라는 이름을 붙였지만 사실 정복 전쟁이라기보다는 외교적 목적이 컸어. 그래서 정화가 탄 거대한 배에는 비단과 도자기 등 다른 나라 왕들이 군침을 흘릴 만한 명나라 특산품들이 가득 실려 있었단다. 정화는 현지 왕에게 이런 선물을 주면서 명나라 황제에게 조공을 바치고 신하가 되라고 권했지. 물론 말을 듣지 않는 경우에는 공격하기도 했지만, 그런 경우는 드물었어."

"신하가 되면 엄청난 선물을 준다, 이건가요?"

"그렇단다. 그래서 사실 정화의 해외 원정에는 엄청난 비용이 들어갔지. 근데 한 30년 후 돌연 정화의 해외 원정이 완전히 중단되었어. 그냥 원정만 중단한 게 아니라 바다로 통하는 문을 꽁꽁 걸어 잠갔지. 심지어 백성들이 바다로 나가 외국과 무역하는 것은 물론이고 큰 배를 만드는 것까지 금지했어. 거기에 바닷길만이 아니라 육로도 틀어막았지. 만리장성에는 최정예 군사를 배치해 외부에서 아무도 들어오지 못하도록 봉쇄해 버렸단다."

"에엣? 왜 갑자기 태도가 변한 거예요?"

> **용선생의 핵심 정리**
>
> 영락제는 수도를 난징에서 자신의 근거지인 베이징으로 옮기고 활발한 대외 원정을 벌임. 정화가 이끄는 함대는 일곱 번 해외 원정에 나서 동남아시아는 물론 인도, 아프리카 동부까지 다녀옴.

북쪽의 몽골과 남쪽의 왜구로 명나라가 골치를 앓다

"명나라가 갑자기 해외 원정을 중단한 건 돈이 너무 많이 들었기 때문이야. 수십 개 나라로부터 조공을 받는 큰 성과를 올렸지만, 한 번 항해에 나설 때마다 거금이 들어갔기 때문에 신하들의 반대가 극심했지."

"하긴, 그 거대한 함대에 엄청난 선물 보따리까지 실었으니 돈이 많이 들긴 했겠어요."

"더 큰 문제는 한동안 잠잠했던 북쪽의 몽골과 남쪽의 왜구가 또다시 침범하기 시작한 거였지."

"외적을 막기 위해 해외 원정을 중단한 거예요?"

"응. 특히 몽골 초원을 새롭게 장악한 오이라트 부족이 큰 위협이었단다. 오이라트 부족은 만리장성 바깥에 살며 명나라와 무역을 했어. 이때 무역은 보통 오이라트가 사절단을 보내 조공을 바치면 명나

> **나선애의 세계사 사전**
>
> **오이라트** 몽골 서북부의 삼림 지역을 근거지로 한 부족으로 1400년대 몽골 동부의 타타르 부족과 치열한 싸움을 벌인 끝에 몽골 초원을 장악했어.

↑ **홉스굴호** 바이칼호 서쪽에 위치한 호수야. 몽골 초원을 장악한 오이라트 부족의 근거지였지.

곽두기의 국어사전

하사품 아래 하(下) 내릴 사(賜) 물건 품(品). 윗사람이 아랫사람에게 주는 물품을 가리키는 말이야.

라가 사절단에게 비단이나 도자기 같은 하사품을 내려 주는 식으로 이뤄졌지. 처음 오이라트의 사절단은 50명 정도였는데, 언젠가부터 그 규모가 1,000명으로 늘어났어. 이에 명나라는 오이라트에 더 이상 무역을 하지 않겠다고 선언했지."

"아니, 왜요?"

"사절단의 규모가 커졌다는 건 그만큼 조공의 크기도 커진다는 뜻이야. 그런데 명나라에 바치는 조공의 크기가 클수록 명나라에서 내려 주는 하사품의 규모도 커졌지. 근데 오이라트가 욕심을 부려 명나라의 허락 없이 사절단을 크게 늘려 보냈으니, 명나라 입장에선 이에 맞는 하사품을 내려 주는 게 부담스러웠던 거야. 게다가 제멋대로인 오이라트가 괘씸하게 보이기도 했지."

용선생의 설명에 아이들이 고개를 끄덕였다.

"사실 오이라트가 이렇게 사절단을 늘린 건 다 비단과 도자기 때문이었어. 이들은 명나라에서 받아 온 비단과 도자기를 내다 팔아 엄청난 이익을 챙겼거든. 그런데 명나라가 무역을 막아 버리니 오이라트

쪽에선 불만이 생길 수밖에. 오이라트는 무역을 재개해 달라고 명나라에 요청했지만, 명나라는 들은 체 만 체 했어. 결국 1449년 오이라트 부족은 2만 명의 몽골 기병을 이끌고 만리장성을 넘어 명나라로 쳐들어왔단다."

"그렇다고 전쟁까지 벌이다니!"

"오이라트 부족이 만리장성을 넘었다는 소식이 전해지자 명나라 황제는 직접 50만 대군을 이끌고 전장으로 향했어. 둘은 곧 만리장성 근처에서 맞붙었지."

"제아무리 몽골 기병이라도 명나라의 50만 대군한테는 상대도 안 될 거 같은데요?"

"근데 말이지…… 이때 엄청난 일이 일어났어. 명나라 군대가 참패를 당하고 황제가 포로로 잡혀간 거야."

"네? 뭐라고요?"

용선생의 설명에 아이들은 깜짝 놀랐다.

"사실 명나라 군대는 말이 50만 대군이지 제대로 훈련이 되지 않은 오합지졸이었어. 바람처럼 초원을 누비며 단련된 몽골 기병의 적수가 못 되었지. 내친김에 오이라트 부족은 베이징과 근처 요새를 공격했어. 하지만 명나라가 방비를 단단히 해 둔 덕분에 더 이상 밀고 들어가기는 힘들었지. 결국 오이라트는 몽골 초원으로 돌아갔단다."

"그나저나 황제가 포로로 잡혀가다니, 에휴."

곽두기가 한숨을 쉬었다.

"그뿐만 아니라 오이라트는 1500년대 중반부터 해마다 만리장성을 넘어 국경 지역을 약탈했어. 명나라는 그때마다 만리장성을 더 높고

▲ 정통제, 천순제
(재위 1435년~1449년, 복위 1457년~1464년) 정통제는 오이라트의 침입을 막고자 50만 대군을 직접 이끌고 싸움을 벌였어. 하지만 토목보에서 크게 패배하고 오이라트의 포로가 되었지. 명나라로 돌아온 이후 1457년에 다시 황제가 되어 연호를 '천순'으로 바꿨기 때문에 천순제라고도 해.

튼튼하게 쌓았지만 몽골 군사를 막아 내기엔 역부족이었지. 결국 견디다 못한 명나라는 오이라트의 요구를 받아들여 다시 무역을 시작했단다."

"그럼 북쪽은 이제 안정된 거예요?"

"그런 셈이지. 하지만 아직 명나라가 해결하지 못한 문제가 남아 있었어."

"아! 남쪽의 왜구 말이죠?"

나선애가 퍼뜩 떠올랐다는 듯 책상을 가볍게 쳤다.

"그래. 왜구들 역시 북쪽의 오이라트 부족처럼 비단과 도자기를 조금이라도 더 많이 가져가고 싶어 했어."

"그럼 오이라트처럼 조공을 바치고 무역을 하면 되잖아요."

"명나라가 황제의 허락 없이는 누구도 오갈 수 없게 바다를 단단히 틀어막았다고 했잖니. 이 해금 정책 때문에 비단과 도자기를 거래하고 싶어도 할 수가 없었던 거야. 게다가 중국 상인들도 돈을 벌 수 없

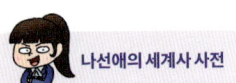 나선애의 세계사 사전

해금 정책 명나라 조정이 내린 무역 통제 정책이야. 명나라 해안을 드나드는 외국 상인의 출입을 엄격히 통제하고, 중국 상인의 해외 진출도 엄격히 금지했지.

➔ 명나라 수군과 왜구의 전투

명나라 때 그려진 작품이야. 왼쪽에 창과 활을 겨누고 있는 사람들이 명나라 수군, 오른쪽에서 긴 창으로 공격하는 사람들이 왜구란다.

으니 매우 갑갑해했지. 결국 상인들은 왜구와 손을 잡고 은밀히 장사에 나섰어. 혹시라도 들통 나면 목숨을 잃어야 했기 때문에 상인들은 무장을 단단히 하고 몰래 무역을 했지."

"진짜 목숨을 걸고 장사를 했네요."

"그렇지. 중국 상인들과 왜구들은 장저우를 거점으로 다른 나라 상인들과 밀무역을 벌이거나 약탈을 일삼았단다. 밀무역 규모가 커지면서 상인들은 점점 더 과감하게 약탈에 나섰지. 해안가를 기습해 마을을 약탈하고 사람들을 납치하기도 했어. 중국 상인들이 하는 짓은 왜구와 다를 게 하나도 없었단다."

"일본은 왜구들 단속 안 해요?"

"이때 일본은 왜구를 통제할 만한 형편이 아니었어. 무로마치 막부가 몰락하고 약 100년간 일본을 쑥대밭으로 만든 전국 시대가 펼쳐졌기 때문이지."

"어휴, 해금 정책 때문에 오히려 해적만 키운 셈이네."

허영심이 고개를 절레절레 흔들었다.

▶ 왕수재의 지리 사전
장저우 오늘날 중국 남부 푸젠성에 위치한 항구 도시야.

◀ **장저우 둥산현**
타이완 해협을 따라 수십 개의 섬이 있는 복잡한 해안이야. 명나라 해군의 눈을 피하기에 안성맞춤이어서 왜구의 근거지 중 하나였어.

"다행히 1560년대 명나라는 본격적으로 왜구 토벌에 나섰어. 그리고 왜구의 수가 어느 정도 줄어들자 1567년 마침내 해금 정책을 완화해 상인들이 장저우에서 정식으로 무역을 할 수 있도록 허락했지."

"으이그, 결국 그렇게 될 일을 쓸데없이 막느라 고생만 했잖아요."

"그렇지? 해금 정책이 풀리자 명나라 해안은 세계 각지에서 상인들이 모여드는 국제 무역의 중심지가 되었어. 동남아시아와 이슬람 상인은 물론 멀리 유럽에서 온 상인도 있었지. 바로 신항로 개척으로 큰 바다를 종횡무진 누비던 에스파냐와 포르투갈 상인들이었어."

용선생의 핵심 정리

1500년대 중반부터 명나라 북쪽에서는 몽골, 남쪽에서는 왜구가 약탈하며 기승을 부림. 정화의 해외 원정 이후 명나라는 철저한 해금 정책을 폈으나, 1567년 해금 정책을 완화해 상인들이 무역을 할 수 있도록 함.

명나라 사회에 변화의 바람이 불다

"아! 포르투갈과 에스파냐 상인들이 아시아로 진출한 것이 이때였구나."

"응, 명나라 중엽은 유럽인의 신항로 개척이 한창이던 때와 맞물려. 에스파냐 상인들은 비단과 도자기, 차를 비롯한 중국 특산물을 구하기 위해 아메리카에서 캐낸 은을 배에 잔뜩 싣고 태평양을 건너왔고, 포르투갈 상인들은 선교사들과 함께 인도양을 거쳐 명나라 해

▲ **마카오** 명나라 때 포르투갈이 처음 이곳에 무역 기지를 건설했고, 이후 중국의 도자기와 비단 등을 거래하는 아시아의 주요 무역항으로 발전했어.

안에 나타났지. 유럽 상인들은 명나라 근처에 자신들의 거점을 마련했어. 포르투갈은 마카오, 에스파냐는 필리핀의 마닐라, 네덜란드는 타이완을 거점으로 삼았지."

"동아시아 가까운 곳에도 유럽의 거점이 있었군요?"

"그렇단다. 이렇게 유럽 상인이 몰려들면서 중국에는 대거 변화의 바람이 부는데……."

"아마 유럽인에게 인기 있는 비단이나 도자기

▲ 유럽의 아시아 진출

되살아난 한족 왕조 명나라 **253**

➜ **명나라 때 징더전에서 생산된 도자기**
징더전에서 생산된 도자기는 명나라 황실에 납품되었을 뿐만 아니라 유럽, 동남아시아 등 해외 여러 나라에도 널리 수출되었어.

 곽두기의 국어 사전
방직 자을 방(紡) 짤 직(織). 목화나 누에의 고치에서 실을 뽑아 면이나 비단을 짜내는 기술을 뜻해.

공장이 많이 생겼겠죠?"

왕수재가 손을 번쩍 들고 대답했다.

"정답이야! 수재 말대로 창장강 하류와 남부 해안 지역을 중심으로 방직 공장과 도자기 공장이 집중적으로 들어섰단다. 쑤저우의 비단, 징더전의 도자기는 명나라의 대표적인 히트 상품이었지. 비단과 도자기 생산이 늘면서 자연스럽게 이 지역의 상업도 크게 발달했어. 공장 주변의 농민들도 벼농사 대신 목화 같은 상품 작물을 재배하거나, 간단한 베틀을 갖추어 면이나 비단을 생산해 높은 수입을 올렸단다.

 왕수재의 지리 사전
징더전 오늘날 장시성 북부에 위치한 도시야. 옛날부터 질 좋은 도자기를 생산하기로 유명한 곳이지.

↑ **호광 지역의 둥팅호** 중국 후난성에 위치한 큰 호수로 주변 농경지의 저수지 역할을 했어.

그 덕분에 창장강 하류와 남부 해안 지역은 명나라에서 최고로 부유한 지역이 되었지."

"그럼 벼농사는 어디서 지어요?"

"강남에 또 다른 곡창 지대가 생겼단다. 바로 '호광 지역'이라고 부르는 곳으로 오늘날의 후베이성과 후난성에 해당하는 곳이지."

설명을 마친 용선생이 지도 한 장을 스크린에 띄웠다.

"이 지역은 날씨가 따뜻하고 창장강과 둥팅호로 흘러드는 크고 작은 물길이 많아 물이 매우 풍부해. 단지 이전까지는 인구가 적고 관개가 제대로 되어 있지 않아 대부분이 주인 없는 황무지로 남아 있었지."

"어떻게 그런 황무지가 곡창 지대가 됐어요?"

"창장강 유역의 가난한 농민들이 이곳에 모여들어 황무지를 개간

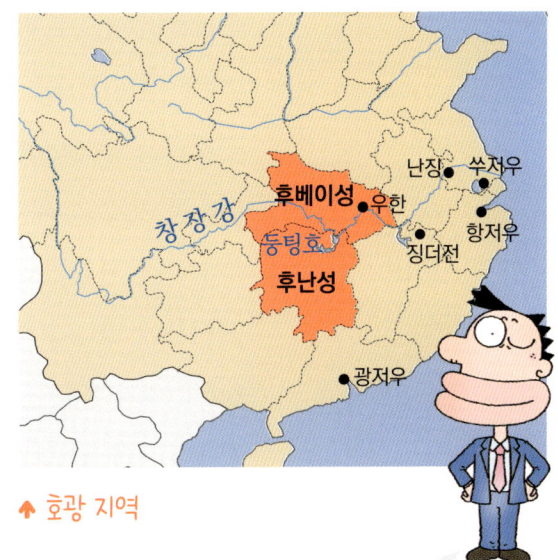

↑ 호광 지역

오늘날 중국의 후베이성, 후난성에 해당하는 곳이야.

◀ 후난성의 계단식 논
호광 지역에 속하는 후난성은 명나라 때부터 중국의 대표적인 곡창 지대였어.

되살아난 한족 왕조 명나라

해 기름진 땅으로 바꾸기 시작했단다. 얼마 지나지 않아 호광 지역은 엄청난 양의 식량을 생산하는 거대한 곡창 지대로 탈바꿈했어. 또 강남 지역을 중심으로 유럽 사람들이 아메리카에서 갖고 온 옥수수와 감자 등 새로운 작물도 빠르게 퍼져 나갔지. 이런 작물은 척박한 땅에서도 잘 자랐기 때문에 식량을 확보하는 데 큰 도움이 되었단다. 그 덕분에 명나라 때는 인구가 폭발적으로 늘어나 역사상 처음으로 중국 인구가 1억 5천만 명을 넘어섰어."

"에이, 1억 5천만 명이 뭐가 많아요? 지금은 중국 인구가 14억 명도 넘는다던데요?"

장하다의 말에 용선생이 고개를 좌우로 저었다.

"물론 지금보다는 훨씬 적지. 하지만 당시 전 세계 인구가 4억 5천만 명밖에 안 됐다는 점을 생각해야지."

"헉! 지구상에 사는 사람 세 명 중에 한 명이 중국인이었단 말이에요?"

▶ 우한(한커우) 호광 지역에서 재배된 쌀은 모두 이곳에 모였다가 전국으로 팔려 나갔어. 오늘날 우한은 베이징, 상하이, 충칭과 더불어 중국을 대표하는 대도시란다.

"그렇단다. 그런데 말이야, 명나라 북부는 호광 지역과 딴판이었어. 점점 기후가 나빠져서 걸핏하면 기근이 들었거든. 또 남부에서도 인구 밀도가 높은 해안의 대도시에서는 식량이 턱없이 부족했지. 여기에 눈치 빠른 상인들이 끼어들었어. 상인들은 호광 지역의 쌀을 사서 식량이 부족한 지역으로 보내 팔고, 또 도시에서 생산된 공산품을 가져다 호광 지역에 팔아 엄청난 수입을 올렸어. 이들은 그렇게 번 돈으로 금융업에도 뛰어들어 돈이 필요한 수공업자나 상인들에게 돈을 빌려주고 이자를 받았지. 심지어 어떤 금융업자들은 전국에 지점을 열고 활발히 영업을 했단다."

"상업에, 공업에, 이제 금융업까지……."

"그 덕에 명나라 경제는 엄청나게 발전했어. 이 당시 전 세계 은의 4분의 3이 명나라로 흘러들어 왔다고 할 정도였지."

"네? 정말이에요?"

"그렇대도. 유럽 상인들이 중국에서 물건을 사 가며 물건값을 은으로 냈거든. 그래서 일본에서 캐낸 은도 결국엔 유럽 상인을 거쳐 명나라로 들어갔고, 에스파냐가 캐 온 아메리카의 은도 대부분 명나라로 흘러들었어. 그런데 명나라는 외국에서 수입할 물건이 딱히 없었어. 필요한 물건은 국내에서 충분히 구할 수 있었거든. 그래서 한번 명나라로 흘러들어 간 은은 다시는 나오지 않았지. 그래서 외국 상인들은 명나라를 '은의 무덤'이라고 불렀대."

"그런데 하필 왜 은이에요?"

"그건 이때는 금이나 은 같은 귀금속이 일종의 국제 화폐로 쓰였기 때문이야. 원래 중국은 은 생산량이 많지 않아서 은을 화폐로 쓰지

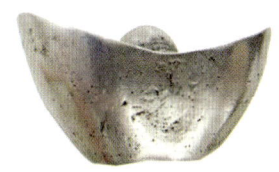

↑ **명나라 화폐로 쓰였던 말굽은** 상업과 무역이 발전하면서 막대한 양의 은이 명나라로 들어오자, 명나라에서는 말굽 모양의 은을 화폐로 사용하게 되었단다.

활짝 피어난 명나라 문화와 예술

명나라 남동부 해안을 중심으로 경제가 발달하면서 사람들의 생활도 차츰 변했단다. 먼저 신분 구분이 흐려졌어. 상공업으로 돈을 번 부유한 상인과 수공업자들은 사대부가 아니지만 사회의 존경을 받을 수 있었지. 거꾸로 지배 계급인 신사 계층에서도 상공업에 투자해 부를 쌓은 사람이 많이 나타났어. 그리고 송나라 때부터 절대적인 위력을 떨친 성리학이 힘을 잃고 양명학이 힘을 얻었어. 양명학은 명나라 유학자 왕수인이 집대성한 학문으로 성리학에 비해 경험과 실천을 강조하는 유학이었지. 양명학은 과거 급제를 위한 시험 과목으로 변해 버린 성리학에 비판적이었을 뿐만 아니라 부를 쌓는 일을 인간의 자연스러운 욕구로 인정해 주었단다. 그래서 상인과 수공업자 등 서민들의 큰 지지를 받았어. 마지막으로 서민들의 취향이 반영된 소설과 연극이 큰 인기를 끌었어. 오늘날에도 널리 읽히는 《서유기》, 《삼국지연의》, 《수호전》 등이 바로 명나라 때 탄생했단다.

↑ 화려하고 섬세한 명나라 도자기들

↑ 양명학을 집대성한 왕수인

← 《삼국지연의》의 한 장면
《삼국지연의》는 명나라 초기에 나관중이 쓴 인기 소설이야. 오늘날 영화, 드라마, 게임의 단골 소재로 쓰이며 여전히 명성을 자랑하지.

않았어. 하지만 명나라 때 외국에서 은이 엄청나게 들어오면서 은을 화폐로 쓰게 됐지. 심지어 세금도 은으로만 거두었어. 그래서 농민들이 세금을 내기 위해선 곡식을 은으로 바꾸어야만 했단다. 이처럼 은에 대한 수요가 늘어나자 명나라에서는 은이 늘 부족했고, 그만큼 은 가격이 치솟았어. 그러자 당연히 명나라 상인들은 외국 상인에게 은으로 물건값을 치르라고 요구했단다."

"그래도 은을 주고 물건을 사는 건 외국 상인에게 손해 아닌가요?"

"그렇지 않아. 중국에서 은의 가치가 워낙 높았기 때문에 같은 양의 은이면 유럽보다 중국에서 더 많은 상품을 살 수 있었거든. 또 중국의 비단이나 도자기는 유럽에서 워낙 인기가 좋았기 때문에 원래 가격보다 몇 배나 더 비싼 값에 팔 수 있었단다. 그래서 외국 상인들은 은을 더 얹어 주더라도 중국 물건을 잔뜩 사 갔지."

"아하, 그래서 너도나도 명나라 해안 근처에 자리를 잡고 장사를 하려고 한 거로군요."

"맞아. 특히 명나라와 가장 밀접한 관계를 맺은 나라는 포르투갈이었어. 그래서 이 무렵에는 포르투갈 상인들과 함께 온 예수회 선교사들의 활약이 두드러졌지."

"예수회 선교사요? 명나라에 가톨릭을 전파하러 온 건가요?"

"그렇지. 선교사들은 베이징에 교회를 짓고 가톨릭을 전파했을 뿐만 아니라 서양의 과학 기술과 수학, 천문학 같은 학문도 전해 줬어. 이때 온 선교사 중에 제일 유명한 사람이 마테오 리치야. 마테오 리치는 《천주실의》라는 책을 써서 유학자들에게 가톨릭 교리를 쉽게 설명하고, <곤여만국전도>란 세계 지도를 제작해 세계가 어떻게 생

> 용선생의 세계사 돋보기
>
> 우리나라에서 가톨릭을 달리 부르는 '천주교'는 바로 마테오 리치가 《천주실의》에서 하느님을 한문으로 적은 '천주(天主)'에서 따온 말이란다. 또한 마테오 리치는 베이징에 세운 교회에 '천주당'이란 이름을 붙였어.

되살아난 한족 왕조 명나라

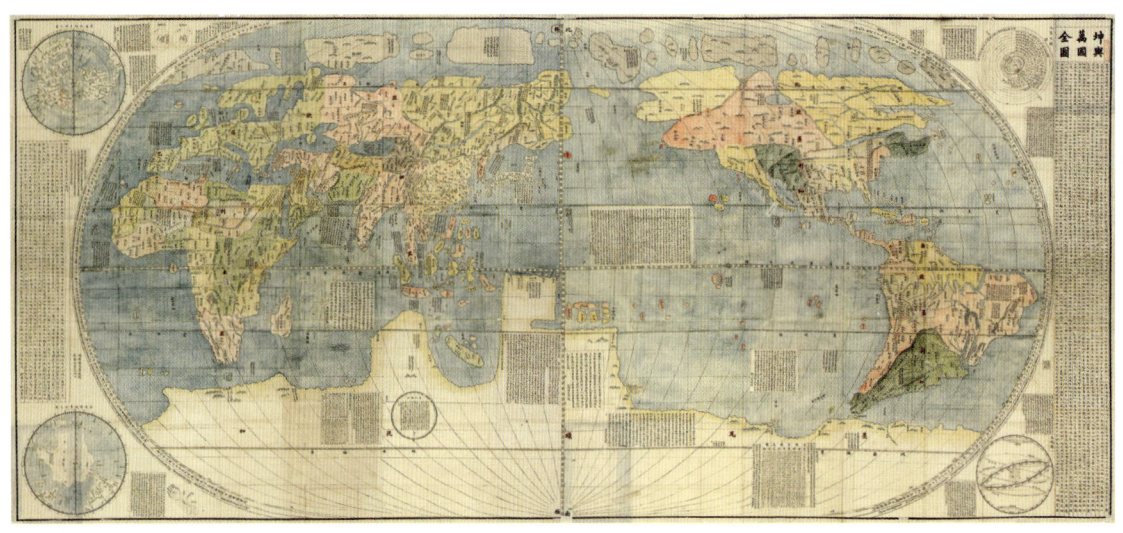

↑ 〈곤여만국전도〉 마테오 리치가 명나라 관료들과 함께 제작한 세계 지도야. 명나라 사람들의 시야를 중국 밖으로 넓혀 줬어.

↑ 마테오 리치 1667년 예수회에서 펴낸 중국백과사전인 《중국도설》에 실린 그림이야. 마테오 리치는 중국 문화를 존중해 이마두라는 한자식 이름을 썼고 중국 옷을 입었어.

겼는지를 중국 사람들에게 알려 줬지."

설명을 마친 용선생이 스크린에 낡은 지도를 한 장 띄웠다.

"우아! 요즘 세계 지도랑 굉장히 비슷한데요?"

지도를 훑어보던 아이들이 감탄한 표정을 지었다.

"그래, 놀랍지? 마테오 리치는 〈곤여만국전도〉를 제작하면서 중국을 지도 한복판에 그렸어. '중국이 세계의 중심'이라는 중국 사람들의 생각을 존중해 준 거지."

"크, 명나라 자존심을 제대로 살려 줬네요."

장하다가 엄지를 척 들어 올렸다.

"선생님 설명을 듣다 보니 명나라는 진짜 살기 좋았던 나라 같아요. 해외 무역으로 은도 엄청나게 벌어들이고

동서양 문명 교류에 큰 공을 세운 마테오 리치

마테오 리치는 이탈리아 출신의 예수회 선교사로, 1582년 포르투갈 상인들과 함께 마카오에 도착했어. 마테오 리치는 명나라 사람들과 교류하면서 중국인의 높은 문화 수준에 감탄했지. 마테오 리치는 섣불리 가톨릭을 전파하려고 나서기보다 먼저 중국을 깊이 이해하려고 노력했어. 그래서 한자와 유학을 공부하고 이름도 '이마두'라는 중국식 이름으로 바꾸었단다. 또 옷도 언제나 중국식으로 입고 다녔다고 해. 마테오 리치는 1587년 난징의 관리들에게 지구의, 해시계, 자명종 같은 서양 과학 기구를 소개하고 천문학과 수학을 가르쳤어. 그리고 1605년에는 명나라 조정으로부터 허락을 받아 베이징에 가톨릭교회를 세우고 선교를 시작했지.

마테오 리치는 유학자들이 이해하기 쉽도록 가톨릭 교리를 해설한 《천주실의》란 책을 썼어. 이 책에서 마테오 리치는 유교에서 말하는 '상제'와 가톨릭에서 말하는 '하느님'이 이름만 다를 뿐 사실은 같은 존재라고 설명했지. 그 덕분에 명나라 사람들은 가톨릭을 거부감 없이 수용할 수 있었단다.

또한 마테오 리치는 유럽의 과학과 기술 지식을 전하는 데도 많은 노력을 기울였어. 유럽의 과학 기술 서적을 중국어로 번역하는가 하면, 중국 최초의 세계 지도인 〈곤여만국전도〉를 제작했지. 이 지도 덕분에 중국인들은 비로소 세계가 어떻게 생겼는지 알게 됐단다. 그뿐 아니라 《천주실의》나 〈곤여만국전도〉는 우리나라에도 전해져 조선의 학자들이 새로운 사상을 받아들이는 계기가 되기도 했어.

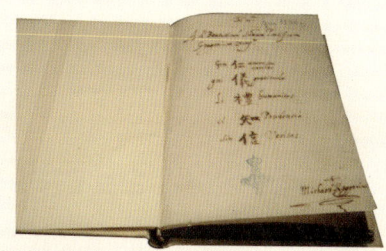

↑ 《천주실의》

곡창 지대에서는 식량이 잔뜩 나오고, 유럽 사람들이 찾아와서 과학 기술을 전해 주고."

허영심이 기대에 찬 눈빛으로 용선생을 바라보았다.

"흠, 그렇다고 대답해 주고 싶지만, 사실 명나라는 언제부턴가 차츰 무너져 갔어. 잇따라 무능한 황제가 즉위하고 환관이 권력을 휘두르며 활개를 쳤거든."

용선생의 핵심 정리

명나라의 해금 정책이 완화되면서 상업과 수공업이 발달함. 활발한 해외 교역으로 막대한 은을 벌어들임. 한편, 예수회 선교사 마테오 리치가 서양의 학문과 문화를 명나라에 전파함.

무능력한 황제가 잇따라 즉위하고 개혁이 실패하다

"어휴, 명나라마저도 환관이 나라를 망가뜨렸다고요?"

장하다가 지겹다는 듯 한숨을 푹 내쉬었다.

"근데 선생님! 아까 홍무제가 외척과 환관이 권력을 잡지 못하게 했다고 말씀하셨잖아요."

"맞아. 홍무제 때는 환관들이 납작 엎드려 있었어. 하지만 영락제가 즉위하면서 서서히 권력을 잡기 시작했단다."

"영락제 시대부터요? 왜요?"

"영락제가 반란을 일으켰을 때 환관들이 은밀하게 영락제를 도왔거든. 영락제는 자신의 편이 되어 준 환관들을 가까이했어. 그래서 몰래 환관들에게 관리들의 일거수일투족을 감시하게 하고 조금이라도 의심스러운 행동을 한 신하는 관직에서 쫓아냈지. 이 과정에서 환관의 힘이 커지기 시작한 거야."

"그럼 영락제도 환관한테 휘둘린 거예요?"

"흐흐, 영락제를 뭐로 보고? 영락제는 호락호락 환관한테 휘둘릴 사람이 아니었어. 하지만 무능한 황제가 잇따라 즉위하면서 상황이 달라졌어. 이들은 영락제처럼 환관을 제대로 통제하지 못했을 뿐만 아니라, 심지어 환관에게 나랏일을 통째로 맡기고 사치와 향락을 즐기는 데에만 몰두하기도 했지."

"또 황제는 노는 데 정신을 팔고 환관이 정치를 주물렀다는 거네요!"

나선애가 한심하다는 표정을 지었다.

"이렇게 되자 유능하고 기개 있는 인재는 조정을 떠나 버렸어. 남은 건 자존심마저 버린 채 환관에게 굽실거리는 간신뿐이었지. 그러니 어디 나라가 제대로 굴러갈 수 있었겠니? 특히 북부 지역 농민들은 탐관오리의 등쌀에 시달리는 데다 걸핏하면 기근까지 드는 바람에 도저히 살 수가 없을 지경이었어. 결국 수많은 사람이 고향을 버리고 떠돌았지. 이때 북쪽에서는 오이라트가 번번이 쳐들어오고 남쪽 해안에서는 왜구가 들끓었단다."

▲ **정덕제** (재위 1505년~1521년) 어릴 때만 해도 학문을 좋아하는 총명한 사람이었대. 하지만 황제가 되고 나서 환관에게 모든 일을 맡기고 자신은 그저 신나게 궁녀를 거느리고 뱃놀이와 사치를 즐겼지.

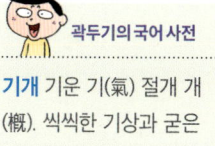

곽두기의 국어사전

기개 기운 기(氣) 절개 개(槪). 씩씩한 기상과 굳은 절개를 가리켜.

되살아난 한족 왕조 명나라

↑ 장거정 (1525년~1582년)
명나라 말 적극적인 개혁 정책을 펼친 명재상이었어.

"황제는 손 놓고 보고만 있었어요?"

"차라리 그랬으면 다행이지. 황제들은 사치와 향락에 쓸 비용을 장만하려고 갖은 명목으로 새로운 세금을 물리고, 각지에 환관을 보내 억지로 세금을 뜯어 오게 했어. 당연히 많은 사람이 강하게 반발했지."

"아이고, 답답하다 답답해!"

"더 답답한 건 말이지, 무려 130년이나 이렇게 무능한 황제가 잇따라 등장한다는 거야. 당연히 명나라는 빠르게 멸망의 구렁텅이로 빠져들었지."

"명나라도 이대로 끝인가요?"

허영심이 실망스러운 목소리로 용선생에게 질문했다.

"다행히 휘청거리는 명나라 앞에 한 가닥 희망이 생겼어. 1572년, 바로 '장거정'이라는 뛰어난 개혁가가 나타난 거야. 원래 황제의 스승이었던 장거정은 재상 자리에 올라 10년 동안 황제를 대신해 나라를 뜯어고쳤단다."

"어떻게 고쳤는데요?"

"장거정은 우선 관료들의 흐트러진 기강부터 바로잡았어. 관료들이 몰래 뇌물이나 접대를 받지 못하도록 각지의 서원을 통해 철저히 감시하고, 부정부패를 저지른 관료는 가차 없이 처벌했지. 그러자 먼 지방에 있던 관료마저 조정의 명령이라면 벌벌 떨며 따랐다고 해."

"그다음은요?"

"관료들의 기강이 바로잡히자 장거정은 나라의 금고를 튼튼히 하는 개혁에 착수했어. 먼저 황실의 지출을 줄이고 전국적으로 토지와

인구를 꼼꼼하게 조사해, 그동안 장부에 기록되지 않은 토지와 인구를 찾아냈지. 이들에게 빠짐없이 세금을 부과해 재정 수입을 늘렸단다. 이때 장거정은 '일조편법'이라는 새로운 세금 제도를 도입했어."

"일조편법이라고요?"

"일조편법은 여러 가지 세금을 하나로 묶어서 거두는 제도야. 이전까지의 명나라 세금 제도는 토지에 매기는 세금, 사람에 매기는 세금 등 내야 하는 세금 종류가 많고 계산도 아주 복잡했어. 그래서 요리조리 세금을 내지 않고 빠져나가거나 중간에서 세금을 가로채도 들키지 않는 경우가 많았지. 장거정은 이렇게 복잡한 세금 제도를 토지세 중심으로 통합해 세금을 좀 더 공평하게 물리고 거두기 쉽게 만들었어."

용선생의 설명에 아이들이 조용히 고개를 끄덕였다.

"그리고 비단, 곡식, 동전 등 여러 형태로 내던 세금을 모두 은으로

◀ 항저우의 만송 서원
서원은 각 지역 신사 계층의 활동 중심지였기 때문에, 서원을 통해 지방 관료들의 활동을 일일이 파악하고 감시할 수 있었어.

내게 했어. 비단이나 곡식처럼 부피가 크거나 변질될 수 있는 물건으로 세금을 내면 운반 비용과 관리 비용이 많이 들고, 상품 가격이 수시로 바뀌었기 때문에 안정적으로 세금을 거둘 수 없었거든. 어차피 해외에서 은이 많이 들어왔기 때문에 세금을 내는 백성들도 은으로 내는 게 더 편했지."

"아하~ 아까 은으로 세금을 내도록 했다는 게 이 말씀이시군요."

노트를 들춰 보던 나선애가 용선생을 바라보았다.

"맞아. 장거정의 재정 개혁은 큰 성과를 거두었어. 어느새 나라의 금고에 앞으로 10년은 걱정하지 않아도 될 만큼 많은 곡식과 돈이 쌓였거든. 장거정의 개혁은 나라 안에 그치지 않았어. 걸핏하면 만리장성을 넘어와 약탈을 일삼던 오이라트와 화해하고, 동북 지역에서 서서히 힘을 키우던 여진을 제압해 국방을 튼튼히 했어. 또 해안 방어를 철저히 하여 왜구의 침략도 막았지."

"와, 오랜만에 나라가 제대로 돌아가는데요?"

"하지만 장거정은 부패한 환관과 관리에게는 완전 눈엣가시였어. 1582년, 개혁 정책을 실시한 지 꼭 10년 만에 장거정이 병으로 세상을 떠나자, 환관들은 과거 아버지의 장례를 제대로 치르지 않은 것을 구실 삼아 장거정을 비난했어. 불효는 효를 중요하게 여기는 유교에서 아주 무거운 죄였거든. 또한 장거정이 앞에서는 개혁을 말하면서 뒤에서는 엄청난 양의 뇌물을 받고 사치를 일삼았다는 소문을 사실인 양 포장했지. 그러곤 죽은 장거정을 엄히 벌해야 한다고 목소리를 높였단다."

↑ **만력제** (재위 1572년~1620년) 열 살의 어린 나이에 황제가 되어 무려 48년이나 재위했어. 처음엔 스승인 장거정을 등용해 나라를 안정시켰지만, 장거정의 사망 이후 무려 30년 동안 나랏일 근처에 한번도 얼씬하지 않았다고 해.

"아니, 이미 죽은 사람한테……."

"환관과 관리들은 황제를 부추겨 장거정 집안의 재산을 몰수하고 가족들을 먼 곳으로 유배 보내 버렸지. 황제는 다시 나랏일을 팽개친 채 사치와 향락에 몰두했고, 권력은 환관에게로 돌아갔단다."

"개혁이 물거품이 되고 말았군요."

"아쉽게도 그렇게 되었어. 관료들은 다시 부정부패를 일삼았고, 환관들은 멋대로 권력을 휘둘렀어. 그 와중에 장거정이 죽은 지 10년 뒤인 1592년, 명나라는 나라의 멸망을 앞당긴 사건에 휘말리게 된단다."

"어, 1592년 사건이라면 혹시…… 임진왜란?"

아이들의 물음에 용선생이 천천히 고개를 끄덕였다.

"응. 도요토미 히데요시는 명나라를 치러 가겠다며 조선에 길을 내

↑ **위충현** (1568년~1627년)
명나라 말 황제 못지않은 권력을 휘두른 환관이야. 매일 사치와 부정부패를 일삼으며 자신을 반대하는 사람은 모조리 죽이는 것도 서슴지 않았지.

달라고 요구했다가 거절당하자 1592년 군사를 이끌고 조선을 침략했지. 당시 조선은 일본군에 맞서 힘껏 싸웠지만 신무기인 조총을 앞세운 일본군의 공격에 속수무책으로 당했어. 조선은 명나라에 구원병을 요청했고, 구원병을 보낼지 말지 한참을 옥신각신하던 명나라 조정은 결국 조선에 4만의 군사를 보냈단다."

"어휴, 겨우 4만 명밖에 안 보냈어요?"

"다른 나라 전쟁에 병사를 보낸다는 것 자체가 큰 일이야. 하지만 명나라는 이 싸움에서 치명타를 입었단다."

"명나라 땅에는 일본군이 발도 못 디뎠는데, 왜요?"

"바로 전쟁 비용 때문이었어. 사실 임진왜란이 일어나기 전에 명나라 재정은 황제의 사치와 관리들의 부정부패로 이미 바닥이 난 상태였거든. 여기에 조선에 파견할 군사들의 무기와 식량을 마련해야 했으니 나라의 살림살이가 더욱 팍팍해질 수밖에 없었지."

"쯧, 나라에 돈이 없으니 또 애꿎은 서민들만 쥐어짜겠네요."

허영심이 코웃음을 쳤다.

"그렇지. 명나라 조정은 전쟁으로 텅 비어 버린 국고를 채운다며 사람들에게 세금을 물렸어. 북부 지역에 대기근이 발생해 가뜩이나 굶주림으로 죽어 가는 마당에 조정에서 세금을 물리니 사람들은 머리끝까지 화가 났지. 결국 백성들은 반란을 일으켰고, 반란에 가담하는 사람은 점점 더 늘어 갔어. 더군다나 명나라 조정은 강력한 세력으로 부쩍 성장한 북방의 여진과 치열한 싸움을 벌이느라 반란군을 제대로 진압하지 못하고 쩔쩔맸단다."

"그동안 반란이 일어나지 않은 게 다행이죠."

▲ 중국 산시성의 이자성 행궁 명나라에 반란을 일으킨 이자성은 산시성을 근거지로 주변 지역을 하나씩 점령해 나갔어.

"이때 두각을 나타낸 반란군 대장이 이자성이었어. 이자성은 명나라 조정이 여진 때문에 정신이 없는 틈을 타 차근차근 세력을 넓혀 나갔지. 그리고 1644년, 시안에서 '대순'이란 나라를 세우고 황제로 즉위했단다. 이자성은 곧장 명나라 수도 베이징으로 쳐들어가 맹렬히 공격을 퍼부었고 결국 베이징을 함락했어. 명나라의 마지막 황제 숭정제는 자금성 뒤편 언덕에서 스스로 목을 매달았단다."

"그럼 이자성이 중국의 새로운 황제가 되나요?"

"황제가 되긴 했지만 얼마 가지 못했어. 왜냐하면 베이징에 들어간

이자성의 군대가 닥치는 대로 살인과 약탈을 벌이는 바람에 민심을 얻는 데 실패하고 쫓겨났거든.”

"명나라도 멸망하고, 이자성도 얼마 못 갔다고 하셨는데 그럼 중국은 어떻게 되는 거예요?"

"흐흐, 멸망 직전까지 명나라가 치열하게 싸움을 벌이던 상대가 있었지. 바로 여진이야. 여진은 이내 중국을 정복하고 중국 역사상 가장 거대한 제국을 건설하게 된단다. 그건 다음 시간에 공부하자. 자, 오늘은 여기까지!"

용선생의 핵심 정리

영락제 이후 무능한 황제와 환관 때문에 명나라가 큰 위기에 빠짐. 1500년대 후반, 장거정이 세금 제도를 고치며 개혁 정책을 펼쳤지만 실패로 끝남. 결국 명나라는 이자성이 이끄는 농민 반란군에 수도가 함락당하며 1644년 멸망함.

나선애의 **정리노트**

1. 한족의 나라 명나라의 탄생
- 농민들의 반란으로 원나라 멸망
  → 주원장이 명나라를 세우고 난징을 도읍으로 삼음.
- 홍무제의 강력한 중앙 집권 체제: 농촌 사회를 이갑제로 조직, 유학을 통치 이념으로 삼음, 환관과 외척의 정치 참여 억제, 승상제 폐지

2. 영락제 즉위와 정화의 해외 원정
- 영락제 즉위 후 베이징으로 수도 이전
- 《영락대전》 편찬, 남북을 잇는 대운하 정비, 만리장성 수리
- 활발한 대외 원정: 환관 정화의 해외 원정 함대
  → 동남아시아, 인도, 아프리카 동부까지 진출

3. 상업과 수공업으로 전성기를 맞이한 명나라
- 해금 정책으로 몽골의 침입과 왜구 약탈 → 해금 정책 완화
- 무역 확대와 유럽과의 활발한 교역
  → 창장강 하류와 남부 해안 지역을 중심으로 상업과 수공업 발달, 상인 계급 성장
  → 전 세계의 막대한 양의 은이 중국으로 유입, 양명학 발달, 서민 문학과 예술 발전
- 새로운 곡창 지대 호광 지역 → 인구 증가
- 포르투갈 선교사 마테오 리치 → 서양 학문과 문화 유입, 세계 지도 〈곤여만국전도〉 제작

4. 명나라의 멸망
- 무능한 황제의 연이은 즉위와 환관의 전횡으로 명나라 쇠퇴
- 장거정의 개혁 정책: 일조편법, 오이라트와 여진을 제압하며 국방 정비
  → 장거정의 사망으로 개혁이 물거품이 됨.
- 이자성의 농민 반란군 봉기 → 1644년 명나라 멸망

세계사 퀴즈 달인을 찾아라!

1 다음 중 서로 관련 있는 것들을 바르게 연결해 보자.

① 이갑제 ·

② 일조편법 ·

③ 육유 ·

· ㉠ 농촌 사회의 안정을 위해 홍무제가 만든 여섯 가지 유교 규범

· ㉡ 복잡한 세금을 토지세를 중심으로 통합하여 은으로 납부하는 세금 제도

· ㉢ 110개 가구를 1개의 리로 묶고 그중 부유한 10개 가구가 매년 돌아가며 이장을 맡아 마을을 관리하는 제도

2 영락제에 대한 설명으로 옳지 않은 것은? (　　)

① 수도를 난징에서 베이징으로 옮겼다.
② 만리장성을 수리해 외적의 침입에 대비했다.
③ 원나라에 대한 반발로 활발했던 해상 무역을 금지했다.
④ 모든 분야의 책을 한데 모은 백과사전인 《영락대전》을 편찬했다.

 정답은 355쪽에서 확인하세요!

3~4 지도를 보고 물음에 답해 보자.

○○의 해외 원정길

3 ○○에 들어갈 알맞은 인물의 이름을 써 보자.

( )

4 지도에 나타난 해외 원정에 대해 바르게 설명한 친구는? ( )

 ① 콜럼버스의 항해보다 약 100년 정도 늦은 해외 원정이었대.

 ② 명나라가 영토를 넓히기 위해 정복 전쟁을 벌였던 원정이야.

 ③ 먼 길을 이동하기 위해 재빠르게 이동할 수 있는 가장 작은 배를 이용했지.

 ④ 무사히 항해를 마칠 수 있었던 건 송나라와 원나라 때부터 발전한 항해술 덕분이야.

5 다음 보기 중에서 원인과 결과가 가장 알맞게 연결된 것은? ( )

① 이자성의 농민 반란 → 원나라 멸망
② 명나라 상인 계급의 성장 → 불교의 성장
③ 몽골과 왜구의 잦은 약탈 → 서민 문학 발전
④ 유럽과 중국의 무역 확대 → 막대한 은이 중국으로 유입

6 빈칸에 공통으로 들어갈 알맞은 이름을 써 보자.

○○○ ○○는 이탈리아 사람으로, 중국에 온 예수회 선교사이다. ○○○ ○○는 서양의 학문과 문화를 명나라에 전파했으며, 세계 지도 <곤여만국전도>를 제작하여 세계가 어떻게 생겼는지를 중국 사람들에게 알려주었다.

( )

용선생 세계사 카페

황제의 공간 자금성

자금성은 명나라 영락제가 베이징으로 수도를 옮기기 위해 1406년에 짓기 시작한 황궁이야. 현존하는 세계 최대의 궁궐로, 총 980채의 건물에 방이 무려 9,000개 가까이 된대. 수십만 명을 동원하여 14년 만에 완공했지. 명나라와 청나라 두 왕조에 걸쳐 약 500년 동안 24명의 황제가 자금성에서 나라를 다스렸어. 현재는 '고궁박물원'이라는 이름으로 사람들에게 개방하는데, 중국에서도 손꼽히는 관광지란다. 자금성은 1987년 유네스코 세계유산으로 등재되었어.

왜 자금성이란 이름이 붙었을까?

자금성의 '자'는 '자미원'에서 따온 글자로, 자미원은 밤하늘의 '북극성'을 의미해. 중국인들은 온 우주가 자미원을 중심으로 움직인다고 생각했기 때문에 황제의 거처에 '자' 자를 붙였지. 또 자금성의 '금'은 궁궐의 출입을 '금한다'는 뜻으로 붙인 글자야. 자금성은 황제의 거처이므로 함부로 드나들 수 없는 신성한 공간이라는 의미를 담은 거지.

↓ **해자** 자금성 성벽 주변에는 외부의 침입을 막는 해자가 깊게 파여 있어.

자금성은 어떻게 지었을까?

난징의 궁궐은 삼촌인 영락제가 이끄는 반란군에 밀린 건문제가 불을 질러 잿더미가 되었어. 황제가 된 영락제는 이참에 자신의 근거지인 베이징으로 수도를 옮기기로 했지. 영락제는 베이징에 지상에서 가장 웅장하면서도 화려한 궁궐을 짓기로 마음먹고 물자와 노동력을 아낌없이 쏟아부었어. 14년에 걸친 공사 기간 동안 10만 명의 장인과 100만 명의 인부를 동원했지. 건축에 들어간 재료도 엄청났어. 기둥으로 쓰려고 베어 낸 나무가 수십만 그루나 되었고, 황금색 벽돌 1억 장과 유리 기와 2억 장이 쓰였어. 계단과 난간은 베이징에서 50킬로미터 떨어진 채석장에서 통째로 옮겨 온 백옥으로 장식했지.

↑ 명나라 때 그린 자금성

잦은 화재에 시달렸던 자금성

영락제는 수많은 환관과 궁녀를 거느리고 의기양양하게 새로 지은 황궁으로 입성했어. 하지만 장장 14년에 걸쳐 지은 황궁은 완공된 지 반년도 채 지나지 않아서 잿더미가 되고 말았어. 강한 벼락을 맞고 건물들이 모두 불타 버린 거야. 영락제는 자금성을 복구하기 위해 무진 애를 썼지만, 복구가 미처 끝나기도 전에 세상을 떠났어. 자금성은 영락제가 세상을 떠난 지 19년이 지나서야 겨우 본래의 모습을 되찾았지. 하지만 120년 뒤, 또다시 큰 불이 일어나 주요 건물들이 불타 버렸어. 다행히 이번엔 1년 만에 복구가 끝났지만, 자금성의 수난은 여기서 끝나지 않았지. 명나라 말 또다시 큰 화재가 발생해 자금성이 지어진 이래로 가장 많은 건물들이 불타 없어졌거든.

중국 황제들이 살던 궁궐 자금성 둘러보기!

자금성 안에는 어떤 건물들이 있을까?

옛 황성의 정문인 천안문을 기준으로 자금성은 크게 외조와 내정, 두 부분으로 나뉘어 배치되어 있어. 외조는 황제가 나랏일을 돌보던 곳이고, 내정은 황제가 잠을 자고 휴식을 취하는 곳을 가리켜. 특히 외조의 태화전, 중화전, 보화전을 묶어 '자금성 3대전'이라고 해. 황제의 침실이었던 건청궁과 황후의 침실인 곤녕궁은 내정의 대표적인 건물이란다.

중화전(오른쪽)과 보화전(왼쪽)
태화전 뒤에는 차례대로 중화전과 보화전이 있어. 중화전은 황제가 태화전에서 행사를 치르기 전에 휴식을 취하던 곳이고, 보화전은 황제가 옷을 갈아입는 곳이었대.

태화전
태화전은 자금성의 정전으로, 가장 중요한 건물이야. 황제의 즉위식과 결혼, 조회 등 국가의 중요한 일은 모두 태화전에서 열렸어.

자금성의 정문, 오문
오문은 자금성의 정문이자 남문이야. 오문에는 모두 다섯 개의 문이 있는데, 가운데에 위치한 거대한 문은 오로지 황제만 다닐 수 있었단다. 관료들은 동쪽 문으로, 황실 사람들은 서쪽 문으로 출입했다고 해.

교태전
건청궁 뒤쪽에 있는 건물이야. 황후의 생일을 축하하는 공간으로 사용되었어.

곤녕궁
교태전 뒤에 위치해 있어. 명나라 때는 황후의 침실로 쓰였지.

건청궁
1420년 영락제 때 지은 건물로 명나라 시대에는 황제의 침실로 쓰였어.

천안문
천안문은 자금성 바깥에 쌓은 황성 내성의 남문이야. 자금성 관광이 천안문에서 시작되기 때문에 자칫 천안문이 자금성의 정문인 것 같지만, 사실은 더 안쪽에 위치한 오문이 자금성의 정문이란다.

> 6교시

전쟁과 혼란에 휩싸인 일본 전국 시대

1400년대 중반, 일본은 극심한 혼란에 휩싸였어.
막부의 쇼군은 허수아비가 되어 갔고,
부하가 주군을 배신하는 하극상이 만연했지.
오늘은 일본 역사상 가장 혼란이 극심했던
전국 시대에 대해 알아보자.

1467년~1477년	1549년	1573년	1590년	1592년~1598년	1600년	1603년
오닌의 난	선교사 하비에르가 일본에 도착해 선교 시작	오다 노부나가가 무로마치 막부를 멸망시킴	도요토미 히데요시가 전국 시대 통일	임진왜란	세키가하라 전투	에도 막부 성립

이와미

전국 시대에 대규모 은광이 발견된 곳. 한때 세계 은 생산의 약 3분의 1을 차지하기도 했어.

교토

무로마치 막부의 근거지. 대대로 천황이 머무는 일본의 중심지였지만 오닌의 난으로 폐허가 됐어.

조선

한양

부산

동해

이와미

히라도 가라쓰

나가사키

규슈

시코쿠

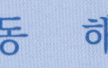

교토

오사카 세키가하라

아이치

오사카

도요토미 히데요시가 근거지로 삼았던 곳으로, 에도 시대 상업이 번성했던 곳이야.

역사의 현장 지금은?

상인의 도시 오사카, 일본 제2의 도시로 우뚝 서다

흔히 '상인의 도시'라고 하는 오사카는 도쿄에 이어 일본 제2의 도시야. 약 900만 명의 인구가 서울의 3분의 1 정도 되는 좁은 면적에 바글바글 모여 살지. 오사카는 일본의 옛 수도였던 교토에서 바다로 나가는 관문이니 만큼 지리적·군사적으로도 중요했고, 에도 시대에는 일본의 상업 중심지였단다. 지금은 일본 4대 공업 단지 중 하나인 한신 공업 지대가 자리 잡고 있는 세계적인 공업 도시이기도 해. 서울보다 위도가 낮고 바다를 끼고 있어서 여름은 매우 무덥고 겨울은 비교적 따뜻한 편이야.

➜ 오사카의 명물 우메다 스카이 빌딩
두 개의 타워를 사이에 두고 170미터 높이에 떠 있는 공중 정원 전망대에서 시내를 360도로 내려다 볼 수 있어. 자동차 회사인 마쓰다 등 일본 대기업 사무실이 모여 있지.

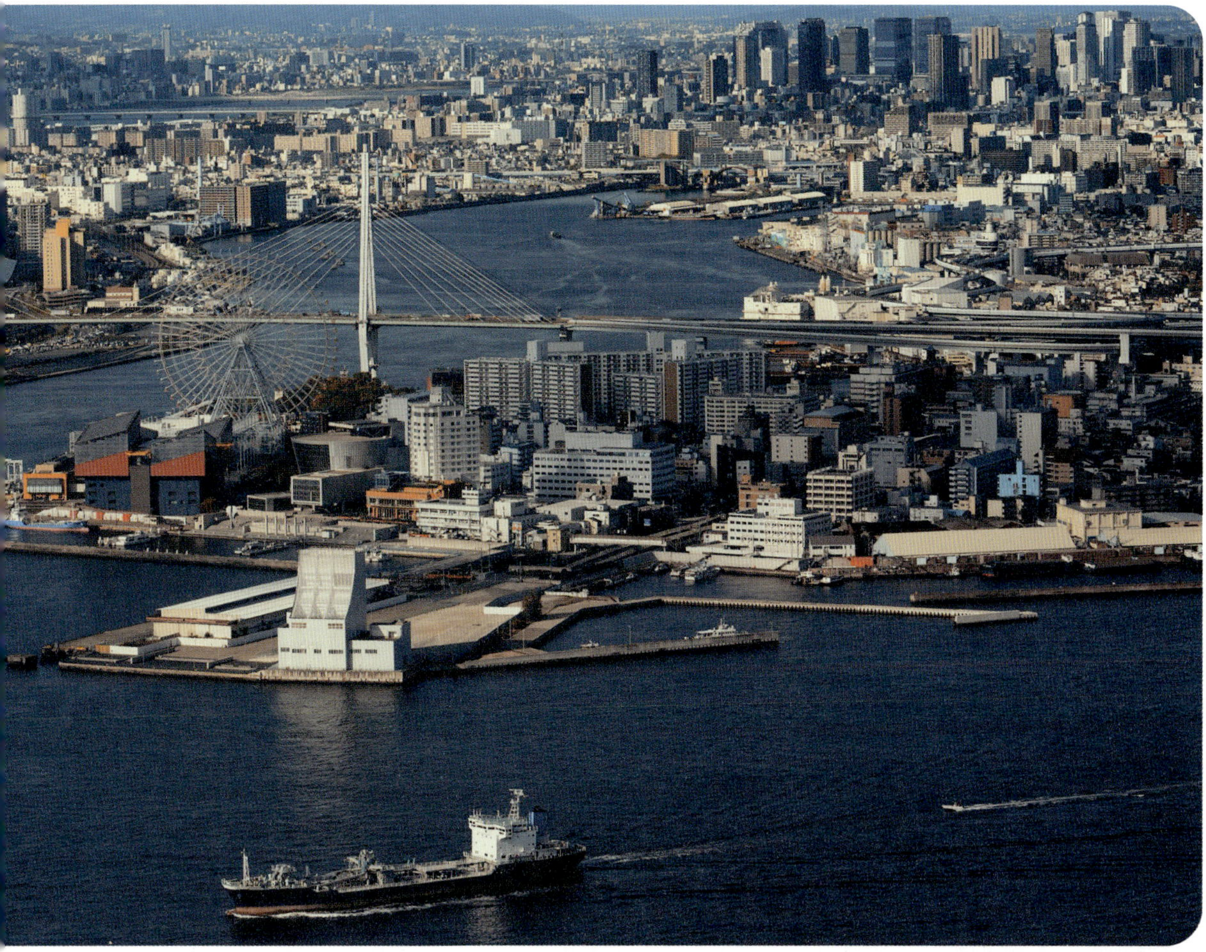

↑ 항구 도시 오사카 전경

활력이 넘치는 경제 중심지

오사카는 자동차, 철강 등 중화학 공업이 발달한 도시야. 또 섬유업과 제약업 분야는 일본에서 최고로 꼽혀. 상공업이 발달한 도시 특유의 활력이 넘치는 탓인지, 오사카 사람들은 억양이 세고 말이 빠르기로 유명하대.

← 다케다 약품 공업의 오사카 본사
240여 년의 역사를 가진 다케다 약품 공업은 오사카에서 시작된 일본 최대 제약 회사야. 오늘날 글로벌 제약 기업으로 성장했지.

관광객을 사로잡는 매력 만점의 도시

오사카는 요도강의 물길이 여러 갈래로 갈라지는 삼각주 위에 세워진 '물의 도시'야. 상업이 크게 발달한 것도 도시 곳곳을 흐르는 운하 덕분이지. 이 밖에도 도요토미 히데요시의 성이었던 오사카성, 유명한 테마파크인 유니버설 스튜디오가 오사카에 자리 잡고 있단다.

◆ 오사카 시내를 흐르는 요도강 운하
오늘날 오사카 시내를 흐르는 요도강에는 관광객들을 태운 유람선이 주로 오고 간단다.

◆ 오사카성 천수각과 내부 모습
오사카성은 도요토미 히데요시가 일본을 통일한 후 지은 성이야. 외관은 5층, 내부는 9층으로 이루어져 있어. 지금은 오사카성의 역사와 도요토미 히데요시의 생애를 보여 주는 다양한 물품들을 전시하고 있단다. 천수각 전망대에 오르면 도요토미 히데요시처럼 오사카 시내를 한눈에 내려다볼 수 있어.

◆ 유니버설 스튜디오 재팬
오사카에는 세계적으로 유명한 미국의 영화 테마파크인 유니버설 스튜디오도 있어. 2001년에 개장한 '오사카의 유니버설 스튜디오 재팬'은 세계에서 세 번째이자, 해외에는 최초로 만들어진 유니버설 스튜디오 테마파크야.

천하의 부엌 오사카

오사카의 별명은 '천하의 부엌'이야. 일본의 모든 산물이 항구와 운하를 통해 오사카로 모여들었기 때문에 오사카에서 구할 수 없는 식재료는 일본 어디에서도 구할 수 없다고 해서 붙인 별명이지.

↑ 회전 초밥의 고향
일본에서 오사카 상인은 장사 수완이 뛰어난 것으로 유명해. 종업원이 직접 손님의 시중을 들 필요가 없는 회전 초밥도 인건비를 아끼려던 한 오사카 상인의 상술에서 탄생했단다.

↑ 구로몬 전통 시장
각종 식재료가 넘쳐 나는 오사카의 옛 모습을 잘 보여 주는 200년 역사를 지닌 전통 시장이야.

➡ 오사카의 서민 음식 다코야키
밀가루 반죽에 문어와 야채를 넣고 구운 다코야키는 1935년에 오사카에서 탄생한 음식이야. 오사카 사람이라면 누구나 집에 다코야키를 굽는 팬을 갖추고 있다고 할 만큼 오사카 최고의 인기 음식이지.

전국 시대의 막이 오르다

"오늘은 일본 역사에서 가장 혼란스러웠던 시기를 알아보자."
"일본 역사에서 가장 혼란한 때라고요?"
"응. 무로마치 막부가 세워진 지 약 100년 정도 지났을 무렵의 일이었어. 쇼군인 요시마사의 후계자 문제로 전국의 영주들이 요시마사의 동생을 지지하는 쪽과 아들을 지지하는 쪽으로 나뉘어 다투다 급기야 전쟁을 벌였지. 이걸 이른바 '오닌의 난'이라고 불러. 주된 전장이었던 교토는 병사들의 약탈과 방화로 만신창이가 됐단다."
"아이고, 결국 후계자 문제 때문이었군요."
용선생의 설명에 아이들이 고개를 절레절레 저었다.

↑ **아시카가 요시마사** 무로마치 막부의 8대 쇼군이야. 요시마사의 후계자 문제는 일본을 혼돈에 빠트린 '오닌의 난'의 씨앗이 되었어.

"오닌의 난은 10년 동안 계속됐지만 뚜렷한 승자 없이 흐지부지 끝났어. 하지만 문제는 그다음이었어. 그동안 영주들을 제대로 통제하지 못했던 쇼군의 권위가 땅에 떨어진 거야. 이제 전국의 영주들은 막부의 눈치도 보지 않고 제멋대로 행동하기 시작했어."

"쇼군은 있으나 마나네요."

"그렇지. 그런데 쇼군뿐만 아니라 영주들에게도 큰일이 일어났어. 기나긴 전쟁으로 오랫동안 영지를 비워 둔 탓에 부하들이 주군을 배신하고 땅을 차지한 일이 곳곳에서 벌어진 거야. 심지어 장사를 하던 상인이 무사가 되어 주군을 쫓아내고 스스로 영주가 되는 경우도 있었지."

"배신이 판을 쳤군요!"

"맞아. 영주들은 쇼군을 배신하고 부하들은 자신의 주군인 영주를 배신하는 '하극상'이 숱하게 일어났어. 어제까지 부하였던 이가 오늘은 적인 시대가 되었지. 영주들은 더 많은 땅을 차지하기 위해 매일같이 전쟁을 벌였어. 마치 고대 중국의 전국 시대가 재연되는 듯했지. 그래서 이 시대를 일본의 '전국 시대'라고 부른단다. 그리고 이 전국 시대에 독자적으로 강력한 무력을 가졌던 영주들을 '전국 다이묘'라고 해."

"다이묘가 뭐예요?"

"다이묘는 무로마치 막부 때 넓은 땅과 세력을 갖춘 영주들을 가리키던 말이야. 원래 막부에 속한 다이묘들은 쇼

▲ **아시가루가 도시를 약탈하는 모습** 오닌의 난 때 영주들은 가벼운 무장을 한 아시가루를 주력으로 삼았어. 낮은 신분 출신인 이들은 약탈과 방화를 일삼아 교토 일대를 쑥대밭으로 만들었지.

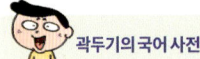

곽두기의 국어사전

하극상 아래 하(下) 이길 극(剋) 위 상(上). 아랫사람이 윗사람을 짓밟고 올라간다는 뜻이야.

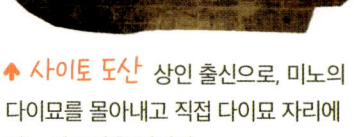

▲ **사이토 도산** 상인 출신으로, 미노의 다이묘를 몰아내고 직접 다이묘 자리에 앉는 하극상을 벌였어.

▲ 전국 시대 에치젠의 마을 거리 전국 시대 초기 다이묘가 다스리던 마을 일부를 복원한 거야. 당시 다이묘가 다스리던 영지는 크지 않았어.

군으로부터 받은 영지만을 다스렸어. 또 다이묘 밑에 있는 무사들도 다이묘로부터 받은 영지만을 다스렸지. 하지만 전국 시대 들어 혼란이 심해지며 상황이 뒤집혔어. 중앙의 통제가 느슨해지자 다이묘들은 독자적으로 힘을 길러 무력으로 주변의 땅을 차지했지. 이런 식으로 넓은 영지와 독자적인 군사를 거느린 다이묘를 그 이전에 다이묘와 구분해서 '전국 다이묘'라고 하는 거야. 전국 시대의 다이묘라는 뜻이지. 전국 다이묘들은 춘추 전국 시대 중국의 제후들과 마찬가지로 부국강병 정책을 폈어. 영지의 인구와 토지를 철저히 조사해 장부를 만들고, 이를 바탕으로 세금을 걷고 군사를 동원했어. 또 상업을 장려하고 농지를 개간하는 한편, 광산 개발에도 적극 나섰지."

"혼란기가 오히려 발전의 계기가 된 거네요?"

"그런 셈이지. 그 덕분에 전체적으로 일본은 이 시기에 농업 생산량이 늘고 시장도 커졌어. 상인들은 해외에 진출해 활발히 활동했지. 그중 일부는 우리나라와 중국에서 왜구로 활동하기도 했고. 하지만 1400년대에 접어들면서 자연환경이 나빠졌어. 가뭄이 잦아지고 추운 날이 길어져 걸핏하면 흉년이 들었지. 자연히 농민들의 삶은 이전보다 훨씬 고달파졌단다."

"에구, 좀 살 만하게 그냥 두는 법이 없어."

"그러게 말이다. 근데 상황이 이런데도 영주들은 아랑곳하지 않고 이전과 똑같이 세금을 거둬 갔어. 농민들은 가뜩이나 먹고살 식량도

부족한데 세금으로 바칠 곡식을 마련하기 위해 비싼 이자를 물고 쌀을 빌려야 했지. 하지만 연이은 흉년으로 농민들은 빚을 갚지 못해 땅을 빼앗겼고, 세금을 내지 못했다는 이유로 영주에게 처벌을 받았단다."

"너무해요! 일부러 안 낸 것도 아닌데!"

"견디다 못한 농민들은 마을 사람끼리 조직을 만들고 단체 행동에 나섰어. 농민들은 영주나 쇼군을 찾아가 세금을 깎아 달라, 눈덩이처럼 불어난 빚을 탕감해 달라고 요구했단다. 영주나 쇼군이 요구를 받아들이지 않으면 무기를 들고 일어나기도 했지. 심지어 영주를 몰아내고 자기들끼리 나라를 세운 경우도 있었어. 이런 농민들의 단체 행동을 '잇키'라고 해. 영주들에 대한 농민들의 조직적 저항이라는 점에서 잇키 역시 일종의 하극상이라고 볼 수 있지."

"에휴, 위도 하극상, 아래도 하극상이면 나라가 완전 난장판이었겠는데요?"

왕수재가 어깨를 으쓱거렸다.

"그런데 말이지, 이 와중에도 꾸준히 경제 발전이 이루어졌단다. 바로 폭발적으로 생산된 은 덕분이었지."

곽두기의 국어 사전

탕감 씻어 버릴 탕(蕩) 덜 감(減). 빚이나 세금 등 내야 할 것을 없애 준다는 뜻이야.

용선생의 핵심 정리

오닌의 난 이후 무로마치 막부의 권위가 바닥으로 떨어지며 하극상이 난무하는 전국 시대가 시작됨. 영주들은 각자 부국강병을 통해 혼란한 시대에서 살아남으려고 했는데, 이때 강력한 세력으로 성장한 영주를 전국 다이묘라고 함.

전쟁과 혼란에 휩싸인 일본 전국 시대

은 채굴로 무역이 활발해지다

"은이라고요?"

아이들의 눈이 휘둥그레졌다.

"아까 영주들이 부국강병 정책 중 하나로 광산을 개발했다고 했지? 이때 일본 전역에서 은광을 많이 개발했는데, 특히 일본 서부에 위치한 이와미 은광에서 은이 어마어마하게 쏟아져 나왔어. 유럽 상인들은 일본에서 은이 잔뜩 난다는 소문을 듣고 앞다퉈 일본과 무역을 하기 위해 몰려들었지. 유럽에서 인기 높은 중국 물건을 사려면 중국에서 화폐처럼 쓰이는 은이 반드시 필요했거든. 유럽 상인들은 교역을 통해 일본에서 은을 구하려고 갖은 노력을 기울였어. 이때 유럽의 다양한 문물이 일본에 소개됐단다."

"어떤 문물들이 일본에 소개됐나요?"

"가장 대표적인 게 크리스트교야. 특히 당시 아시아 진출에 앞장섰던 포르투갈은 크리스트교 선교에 가장 열성적이었어. 늘 상인과 함께 선교사를 보내 무역 거점을 중심으로 크리스트교를 퍼트렸지. 유럽의 문물을 받아들여 힘

↑ 이와미 은광 입구 이와미 은광은 한때 세계 은 생산의 3분의 1을 차지할 만큼 큰 광산이었어.

← 일본에서 쓰인 은화
전국 시대부터 일본에서는 은 생산량이 엄청나게 늘어 은이 화폐로 널리 쓰였어.

을 기르고자 했던 전국 다이묘들은 앞다퉈 선교사들이 편하게 활동할 수 있도록 해 줬단다."

"크리스트교 말고 또 뭐가 있어요?"

"조총! 조총이 일본에 전해진 것도 이때였어."

"임진왜란 때 일본군이 썼다는 조총 말인가요?"

"그렇단다. 조총이 일본에 처음 전해진 건 사실 임진왜란이 일어나기 한참 전이었어. 전국 다이묘들이 부국강병 정책의 일환으로 포르투갈 상인에게 은을 주고 화약 등을 사들였거든. 그런 뒤 병사를 길러 조총으로 무장한 조총 부대를 만들었단다."

"조총이 그렇게 위력이 뛰어났어요?"

"사실 아직 조총의 위력이 다른 무기보다 월등히 뛰어나다고 할 수

▲ **조총** 일본 남서쪽 다네가시마섬에 표류한 포르투갈인이 조총을 전해 준 이후 조총은 일본 군대의 주요 무기로 쓰였단다.

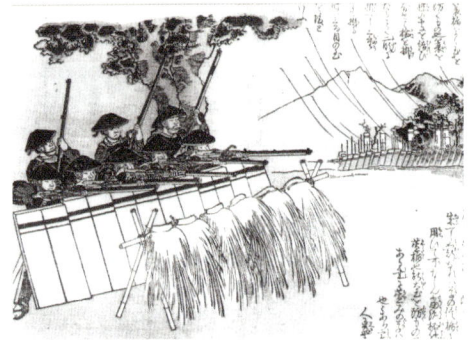

▲ **일본 전국 시대 조총 부대**

는 없었어. 하지만 조총은 한 가지 결정적인 장점을 가지고 있었지."

"어떤 장점인데요?"

"흐흐, 그건 창, 칼, 활 등의 전통 무기들에 비해 훨씬 짧은 시간에 사용법을 익힐 수 있다는 거야. 화약에 불을 붙이고 방아쇠만 당길 줄 알면 됐기 때문에 농사만 짓던 농민도 금세 사용법을 익힐 수 있었어. 영주 입장에서는 농민들을 병사로 써먹을 수 있는 길이 열린 셈이지. 실제로 조총이 도입되면서 일본에서는 본격적으로 평범한 농민들이 전쟁터에 동원되기 시작한단다. 이렇게 농민들까지 동원되면서 전쟁의 양상은 한층 더 치열해졌지."

"휴, 힘없는 백성들만 끌려다니게 생겼군요."

용선생의 설명에 아이들이 한숨을 내쉬었다.

"전국 시대가 100년 가까이 지속되면서 전쟁과

▼ **일본에 도착한 포르투갈 상인들** (1600년 무렵) 포르투갈 상인은 화약, 중국산 비단, 약품 등을 가져와 일본 은과 바꿔 갔어.

합종연횡에 의해 일본은 몇몇 강력한 다이묘 아래로 통합됐어. 그중 가장 강력한 다이묘가 바로 오다 노부나가였지."

곽두기의 국어 사전

합종연횡 합할 합(合) 좇을 종(從) 잇닿을 연(連) 가로 횡(橫). 중국 전국 시대에 여섯 나라의 외교 전술에서 나온 말로 약자끼리 서로 손을 잡고 강자에게 맞서거나, 약자들이 강자에게 복종하여 평화를 찾는 외교 방식을 가리켜.

용선생의 핵심 정리

이와미 은광에서 막대한 은이 채굴되며 전국 시대 무역이 활기를 띠게 됨. 유럽 상인들이 일본의 은을 사 가는 대신, 일본에 크리스트교, 조총 등 다양한 서양 문물을 전해 줌.

전국 시대 일본에 전해진 유럽의 물품들은?

너희들 '빵'이라는 말이 어디서 왔는지 아니? 바로 포르투갈어에서 온 단어야. 전국 시대 때 포르투갈 상인이 일본에 빵을 전해 줬거든. 특히 포르투갈 사람들은 팡-드-카스텔라라는 빵을 즐겨 먹었어. '카스티야 지방의 빵'이라는 뜻이지. 이것이 나가사키를 드나들던 포르투갈 상인을 통해 일본에 퍼졌는데, 일본인들은 비슷하게 생긴 음식을 간단히 '카스텔라'라고 불렀대. 나가사키는 지금도 카스텔라로 유명하단다.

일본식 튀김 요리인 '덴푸라' 역시 유럽에서 전해진 음식이란다. 원래 덴푸라는 크리스트교에서 고기를 먹지 않는 기간을 의미하는 템포라(Tempora)에서 나온 말이야. 나가사키에 온 포르투갈인들이 템포라에 고기 대신 콩꼬투리를 튀겨 먹는 걸 보고 따라 한 게 덴푸라의 시초지. 하지만 일본식 덴푸라는 콩꼬투리 대신 어패류와 채소를 주로 이용한다는 점에서 창조적 모방이라고 할 수 있지.

↑ 포르투갈의 팡-드-카스텔라

'담배'도 포르투갈어 '타바코'에서 온 말이야. 1601년 포르투갈 출신의 선교사가 나가사키 영주에게 담배 씨앗을 선물한 뒤 나가사키를 중심으로 담배 피우기가 유행하면서 타바코라는 이름이 함께 퍼졌지. 우리나라에는 임진왜란 이후 '담바고'란 이름으로 전해졌고 후대에 담배로 바뀌었어.

↑ 일본의 덴푸라 정식

왕수재의 지리 사전

오와리 오늘날 일본 아이치현 서부 지역을 가리키던 말이야. 아이치현의 중심지인 나고야 시가 오와리에 속했지.

▼ **오다 노부나가**
(1534년~1582년) 오늘날 아이치현의 영주로 전국 시대 통일의 기반을 닦은 인물이야.

전국 시대의 두 주인공, 오다 노부나가와 도요토미 히데요시

"오다 노부나가? 그 사람이 누군데요?"

"도쿄와 교토의 중간쯤에 있는 오와리를 근거지로 한 다이묘였어. 노부나가는 지략이 굉장히 뛰어나서 전국 시대를 끝내고 일본을 통일할 뻔했지. 그런데 노부나가도 사실 하극상으로 다이묘가 되었어. 원래 노부나가의 집안은 작은 영주 가문에 지나지 않았는데, 혼란기를 틈타 주군을 몰아내고 오와리를 차지했거든."

"아까 말한 하극상이 바로 이런 거군요."

용선생이 나선애의 말에 고개를 끄덕였다.

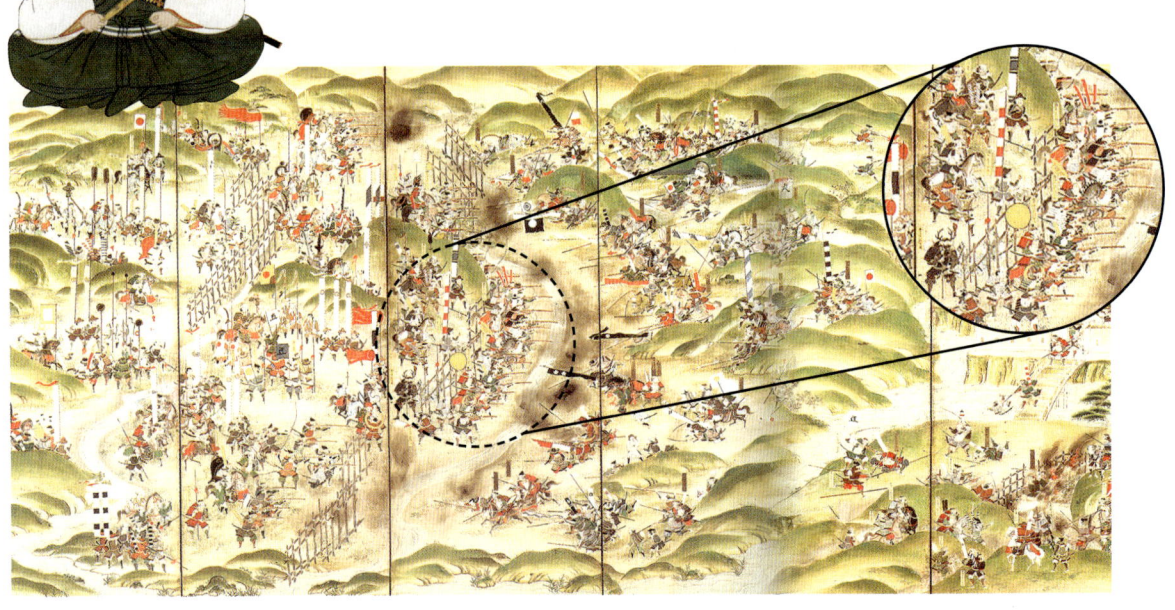

▲ **나가시노 전투** 오다 노부나가는 나가시노 전투에서 다케다 가문의 기병대를 상대로 큰 승리를 거두었어. 그림 중심에 목책을 쳐 기병의 돌격을 막고 적을 향해 총을 겨누고 있는 병사들이 보이지? 오다 노부나가는 이처럼 총을 이용한 전술을 적극적으로 개발했단다.

294

"그렇단다. 노부나가가 세력을 키우는 과정에서 가장 결정적인 역할을 한 것은 조총이었어. 노부나가는 보잘것없는 평민들로 조총 부대를 만들어 다른 유력 다이묘의 정예 기병을 격파하면서 순식간에 전국 시대 최대 세력으로 떠올랐지."

"역시 총이 세긴 센가 봐요."

장하다가 당연하다는 듯 콧김을 내뿜었다.

"흠, 글쎄. 지금이야 당연히 그렇지만 당시에는 꼭 그렇지는 않았어. 조총은 사용법을 익히긴 쉬웠지만, 명중률은 턱없이 낮았거든. 또 총을 한 번 쏠 때마다 일일이 총알을 장전하고 화약에 불을 붙여야 했기 때문에 총을 쏘기까지 시간도 오래 걸렸어. 더군다나 비라도 내리면 심지가 젖어 아예 불을 붙일 수 없는 완전 무용지물로 변했지. 오다 노부나가의 조총 부대가 위력을 발휘할 수 있었던 것은 노부나가가 이런 문제점을 해결했기 때문이야."

곽두기의 국어 사전

무용지물 없을 무(無) 쓸 용(用) 갈 지(之) 물건 물(物). 아무 소용이 없는 물건이나 사람을 가리키는 말이야.

◀ 오다 노부나가의 세력 확장

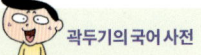

곽두기의 국어 사전

장전 넣을 장(裝) 메울 전(塡). 총이나 대포에 탄약을 채우는 걸 뜻해.

"어떻게 해결했는데요?"

"조총 부대의 구성을 새로 짰단다. 핵심은 조총 부대를 여러 열로 배치한 거였어. 그래서 맨 앞 열에서 총을 쏜 병사들은 얼른 뒤로 돌아가 새로 총알을 장전하고, 미리 총알을 장전하고 있던 뒤 열의 병사들이 총을 쏘도록 했지. 이렇게 하면 병사들은 총알을 장전하는 시간을 벌 수 있고, 연속 사격이 가능했지."

"그래도 조총 부대 하나로 전국 시대를 통일했다는 게 이해가 안 되는데요?"

왕수재가 고개를 갸우뚱했다.

"오다 노부나가는 군사력만 앞세운 지도자가 아니었어. 군사력을 기르기 위해선 경제적 기반이 중요하다는 걸 잘 알고 있었거든. 그래서 외국과의 교역에도 앞장섰고, 막대한 세금을 얻기 위해 당시 일본 경제의 중심지라고 할 수 있는 오사카 일대와 천황이 사는 교토

▲ 1500년대 말 일본 선교사들이 사용하던 기도서

◀ 나가사키현 하비에르 기념 성당
나가사키에는 일본에 처음으로 크리스트교를 전파한 예수회 선교사 기념 성당이 있어.

를 장악했지. 여기에 노부나가는 통행세를 면제해 상인들이 더 자유롭게 오갈 수 있도록 해 주었어."

"어? 그러면 세금 수입이 줄어들지 않나요?"

"우선은 그렇지만 통행세가 면제되자 상인들이 앞다퉈 노부나가의 영지로 몰려들었고, 결과적으로 세금을 더 많이 거둘 수 있었단다."

"오호, 노부나가가 머리를 잘 썼네요."

나선애가 고개를 끄덕였다.

"또 한 가지, 노부나가는 폭넓게 인재를 발탁했어. 자신에게 도움이 된다면 평민 출신은 물론 다른 영주의 부하까지도 가리지 않고 발탁해서 썼거든. 마지막으로 오다 노부나가는 자신의 영지를 드나드는 상인과 선교사들이 자유롭게 교역과 선교 활동을 할 수 있도록 보장해 주었어. 이런 개방적인 태도 덕분에 외국과의 교

▲ 1600년대 일본에 온 포르투갈 상인
포르투갈 상인과 뒤를 따르는 흑인 노예를 묘사한 그림이야. 당시 이렇게 일본 거리에서 외국인들을 보는 건 드문 일이 아니었어.

역이 늘어나고 상업이 발달했지. 그런 점이 노부나가가 전국 시대 최고의 세력으로 부상하는 데 경제적으로 큰 힘이 되었단다."

"선생님, 그럼 오다 노부나가가 일본을 통일하는 거예요?"

"불행히도 노부나가는 일본을 통일하는 데 실패했어."

"아니, 왜요?"

"오다 노부나가가 1582년에 세상을 떠났거든. 부하 장수의 반란 때문이었어. 이때 오다 노부나가는 몇 안 되는 수행원만 이끌고 교토에 있는 혼노지라는 절에 머물고 있었는데, 이른 새벽에 1만 명이 넘는 반란군이 혼노지를 기습적으로 둘러싼 채 맹공을 퍼부었지. 노부나가는 반란군과 맞서 싸우다가 큰 부상을 입고 자살로 생을 마감하고 말았어."

"갑자기 반란이 왜 일어난 건가요?"

"그게 아직까지도 미스터리로 남아 있어. 오다 노부나가는 물론이고, 심지어 반란에 참여한 병사들도 혼노지를 습격하기 직전까지 자기들이 반란에 참여할 거라고는 상상도 하지 못했다는구나. 그만큼 갑작스러운 일이었던 거야. 어떻게 보자면 한 치 앞을 알 수 없이 혼

▼ **혼노지의 변** 오다 노부나가는 부하 장수의 반란으로 혼노지에서 목숨을 잃었어. 그림 맨 오른쪽에서 반란군의 습격을 지켜보는 사람이 오다 노부나가란다.

↑ **도요토미 히데요시를 신으로 모시는 호코쿠 신사** 일본에서 도요토미 히데요시는 '출세의 신'으로 통해. 그래서 승진을 바라는 직장인이나 중요한 시험을 앞둔 수험생들은 히데요시를 모시는 신사에 가서 소원을 빌기도 한대.

↑ **도요토미 히데요시** (1537년~1598년) 평민 출신으로 전국 시대를 끝내고 일본을 통일했어. 우리나라에선 임진왜란을 일으킨 장본인으로 잘 알려져 있지.

란스러웠던 전국 시대를 잘 보여 준 사건이라고 할 수 있겠지."

"저런…… 그럼 이제 일본은 어떻게 되는 건가요?"

"노부나가의 심복이었던 도요토미 히데요시가 오다 노부나가의 뒤를 이어 일본을 통일했단다."

"앗! 임진왜란을 일으킨 도요토미 히데요시가 노부나가의 부하였어요?"

"그래. 하지만 사실 알고 보면 도요토미 히데요시에게도 대단한 점이 있단다."

"임진왜란을 일으킨 나쁜 사람인데, 뭐가 대단해요?"

장하다가 못마땅한 표정을 지었다.

"우리 입장에서는 그렇지. 하지만 도요토미 히데요시는 아버지가 누군지도 모르는 평민 출신 졸병이었지만, 쟁쟁한 다이묘들을 누르

곽두기의 국어 사전

심복 마음 심(心) 배 복(腹). 마음 놓고 부리거나 일을 맡길 수 있는 사람이나 부하를 가리키는 말이야.

고 일본을 통일한 인물이거든."

"히야, 평민 출신이 어떻게……."

"히데요시는 주군인 노부나가의 눈에 들기 위해 정말 용감히 싸웠어. 아무 데도 기댈 곳이 없는 히데요시 입장에서는 열심히 싸우는 것만이 출세할 수 있는 유일한 방법이었거든. 그렇게 전장에서 몸을 사리지 않고 싸운 덕에 히데요시는 노부나가의 인정을 받아 한 계단 한 계단 승진해 마침내 노부나가의 심복이 되었지. 그러던 차에 노부나가가 부하에게 살해당했다는 소식을 듣자 히데요시는 즉각 군대를 이끌고 노부나가가 살해된 교토로 향했어."

"노부나가의 원수를 갚으려고요?"

"그렇단다. 히데요시는 노부나가를 죽인 배신자들을 처단한 뒤 기세를 몰아 노부나가의 군대를 장악했지. 그러고는 '이제 내가 주군을 대신해 일본을 통일하겠다!'라고 선언했어. 히데요시는 자신의 군대와 새로 손에 넣은 군사력을 바탕으로 1590년 마침내 일본을 통일했지. 평민 출신의 일개 졸병이었던 히데요시가 일본 최고의 권력자가 된 거야."

"그렇게 보면 대단하긴 하네요. 암튼 이렇게 일본을 통일한 뒤 조선으로 쳐들어갈 준비를 한 거죠?"

"흐흐, 급하긴. 일본 통일에 성공한 도요토미 히데요시는 맨 먼저 토지 조사부터 실시했어. 오랜 전쟁으로 땅이 황폐해지거나 땅 주인이 애매해져 세금을 제대로 거두기가 어려웠기 때문이지. 히데요시는 땅 주인이 누구인지, 누가 그 땅에서 농사를 짓는지, 어떤 작물이 얼마나 생산되는지를 꼼꼼히 조사해 장부에 기록했어. 철저한 토지

조사 덕분에 영주들이나 무사들도 히데요시한테 꼼짝 못 하게 되었단다."

"그런다고 히데요시한테 꼼짝 못 해요?"

"땅주인인 영주들이 세금을 덜 내려고 거짓말을 할 수 없게 되었고, 하급 무사들이 중간에서 세금을 가로챌 수도 없게 되었기 때문이지. 또 히데요시는 충성을 바치는 부하에게는 쌀 생산량이 많은 땅을 주고, 그렇지 않은 부하에게는 쌀 생산량이 적은 땅을 주거나 아예 땅을 몰수하며 부하들을 확실히 통제했어. 토지 조사를 통해 확보한 토지 대장을 무기 삼아 밑바닥 농민부터 영주, 무사들까지 일본을 확실히 장악한 거야."

아이들이 알겠다는 듯 고개를 끄덕이자 용선생이 설명을 이어 갔다.

↑ 칼을 차고 갑옷을 입은 무사
도요토미 히데요시의 명령으로 이처럼 무장을 하는 것은 이제 무사의 특권이 되었어.

"그다음에 도요토미는 무사, 농민, 상인, 수공업자를 철저히 구분하는 엄격한 신분 제도를 실시했어."

"신분 제도라니요?"

"하극상이 일어나는 걸 막기 위해서야. 도요토미 히데요시는 하극상이 일본을 혼란에 빠뜨렸다고 생각했거든. 그래서 무사들은 농촌에서 살지 못하게 하고, 영주가 사는 성 근처로 가서 살도록 했단다."

"그건 왜요?"

"무사들이 농민들과 함께 살다 보니 신분이 뒤섞이는 일이 잦았고, 누구나 무기를 쉽게 갖게 되어 곧잘 반란이 일어났거든. 그런 일을 막기 위해 무사와 농민을 완전히 떨어뜨린 거야. 같은 이유로 히데요시는 농민들이 맘대로 무기를 가지지 못하게 하고 오로지 농사를 짓도록 했지. 이제 칼을 차는 건 무사의 특권이 되었단다."

"그럼 성에는 영주와 무사들만 살아요?"

"아니, 성 주변에 모여 살아가는 계층이 하나 더 있었어. 바로 상공업자들이야. 이들은 성에 사는 영주와 그 근처에 사는 무사에게 필요한 물건을 공급해야 했으니 성 주변에서 살 수 있었단다."

"신분에 따라서 생활하는 곳도 달라지게 됐네요."

"응. 이렇게 해서 일본 사회가 차츰 안정을 찾자 도요토미는 눈길을 밖으로 돌렸어. 바로 너희들이 알고 있는 대로 임진왜란을 일으킨 거야."

용선생의 핵심 정리

오다 노부나가는 조총 부대의 효율적인 운영과 뛰어난 전술, 활발한 교역, 인재를 가리지 않는 개방적인 태도 등을 바탕으로 전국 시대 강력한 전국 다이묘로 부상함. 노부나가의 뒤를 이은 도요토미 히데요시는 1590년 일본을 통일함.

도요토미 히데요시, 임진왜란을 일으키다

"도요토미 히데요시는 임진왜란을 왜 일으킨 거예요?"
"뭐니 뭐니 해도 땅 욕심 때문이지. 바다에 갇힌 좁은 일본 땅을 벗어나 무궁무진한 중국 땅을 갖고 싶어서야."
"근데 중국으로 바로 쳐들어가지 않고 왜 조선에 쳐들어온 거죠?"
"명나라를 정복할 수 있도록 길을 빌려 달라는 일본의 요청을 조선이 거부했거든. 명나라와 친하게 지내던 조선이 이런 요구를 들어줄 리가 없었지. 이때 히데요시는 일본을 통일한 직후여서 자신감이 넘치는 상태였어. 그래서 조선은 물론 명나라까지도 정복해 역사에 큰 이름을 남길 수 있을 거라고 생각했지."
"엄청나게 자신감이 넘치는 사람이었나 봐요."
장하다가 혀를 끌끌 찼다.
"흐흐, 물론 히데요시가 자신감 하나만 가지고 임진왜란을 일으킨 건 아니었어. 영주들의 관심을 딴 데로 돌리기 위한 목적도 있었지. 일본 통일에 공을 세운 부하들은 전쟁이라면 이골이 난 베테랑인 데

용선생의 세계사 돋보기
일본은 '일본이 명을 정복해야 하니 조선이 길을 빌려 달라'며 조선의 협조를 요청했어. 도요토미 히데요시는 조선을 통과해 명나라를 정복하고, 저 멀리 인도까지 차지할 생각이었다고 해.

허영심의 상식 사전
베테랑 어떤 분야에 오랫동안 종사하여 기술이 뛰어나거나 노련한 사람들을 가리켜.

↓ 〈조선정벌대평정도〉 가운데 앉아 있는 사람이 히데요시야. 당시 일본인은 제멋대로 우리나라에 쳐들어와 놓고 '정벌'이라고 했어. 사실 '침략'이라고 해야 맞는데 말이야.

다 잘 훈련된 군사를 거느리고 있어서 가만히 놔두면 언제 반란을 일으킬지 몰랐거든. 그래서 이들을 일본 바깥으로 내보내기 위해 임진왜란을 일으킨 거야. 여기서 승리하면 히데요시는 더 넓은 땅을 차지할 수 있고, 진다고 해도 부하들의 힘을 약화시킬 테니 손해 볼 게 없었지. 부하들 역시 전쟁에서 승리하면 땅을 받을 수 있으니 은근히 전쟁을 기대하기도 했고."

"그렇다면 결국 임진왜란은 일본 무사들의 땅 욕심 때문에 시작된 전쟁이라고 할 수도 있겠네요."

나선애가 고개를 끄덕이며 말했다.

"그렇단다. 여기에 또 한 가지 이유가 있었어. 바로 일본 상인들의 강력한 요구였지."

"상인들이 전쟁을 하자고 했다고요?"

용선생의 설명에 곽두기가 놀란 표정을 지었다.

"그렇단다. 상인들은 중국과의 활발한 교역을 바랐지만 명나라의 해금 정책 때문에 중국 상품을 구하기가 너무나 어려웠어. 상인들은

▼ **규슈섬의 히젠 나고야성** 히젠 나고야성은 한반도와 가까운 규슈섬 북부에 있었어. 임진왜란 당시 도요토미 히데요시가 이곳에서 일본군을 지휘했지. 오늘날 히젠 나고야성은 에도 막부의 명령으로 해체되어 일부 성벽을 제외하고 터만 남아 있어.

히데요시한테 명나라의 콧대를 납작하게 만들어 해금 정책을 풀어 달라고 요청했단다. 히데요시 역시 교역이 늘면 상인에게 더 많은 세금을 거둘 수 있으니 흔쾌히 동의했지."

"결국은 땅과 돈이 원인인 셈이네요."

"그렇지. 1592년 마침내 약 16만 명의 일본군이 부산 앞바다로 몰려왔어. 부산에 상륙한 일본군은 조총 부대를 앞세워 파죽지세로 한양까지 진격했지. 놀란 선조 임금은 전쟁이 시작된 지 겨우 보름 만에 도성을 버리고 황급히 피난길에 올랐어. 선조는 급히 명나라에 도움을 요청하고 북쪽의 의주까지 도망갔단다."

"어휴, 백성은 나 몰라라 하고 왕이 도망부터 치다니, 쯧쯧."

나선애가 혀를 찼다.

"왕은 달아났지만 조선의 많은 선비와 평민들은 목숨을 걸고 싸웠어. 곳곳에서 의병을 조직해 일본군에 맞섰지. 승려들 역시 나라가

곽두기의 국어 사전

파죽지세 깨뜨릴 파(破) 대나무 죽(竹) 갈 지(之) 기세 세(勢). 대나무를 쪼개는 기세라는 뜻으로 세력이 강해서 적을 거침없이 물리치고 쳐들어가는 모양을 가리켜.

전쟁과 혼란에 휩싸인 일본 전국 시대 **305**

위기에 빠졌는데 가만있을 수 없다며 승병을 조직했어. 이들은 산길에 매복해 있다가 일본군을 기습하고는 재빨리 도망가는 게릴라 전술로 일본군을 괴롭혔지. 그리고 의주로 피신한 선조 임금 대신 세자인 광해군이 전국을 돌며 의병들을 독려했어."

"선생님! 이순신 장군님도 빼놓으면 안 되죠!"

"물론이지. 이순신 장군이 아니었다면 정말 큰일 날 뻔했어. 이순신 장군은 일본 수군과의 해전을 잇달아 승리로 이끌며 일본군의 보급품 공급을 철저히 막았단다. 그 바람에 조선에 건너온 일본군은 식량과 무기, 지원군의 공급이 막혀 오도 가도 못 하고 곤욕을 치러야 했지. 그러던 중에 마침내 명나라의 지원군이 당도해 조선군과 힘을 합쳐 일본군을 남쪽으로 밀어내기 시작했어."

용선생은 잠시 목을 축이고 설명을 이어 갔다.

"조선과 명나라 연합군과 일본군의 전투는 7년이나 이어졌단다. 그러다 1598년, 갑자기 도요토미 히데요시가 병으로 죽었어. 히데요시의 사망 소식이 전해지자 일본군은 본국으로 급히 후퇴했지. 결국 조선과 명나라는 간신히 일본군을 물리쳤단다."

"맞아요. 한국사에서도 그렇게 배웠죠."

"하지만 단순히 어느 쪽이 이기고 진 것보다, 임진왜란에 대해 우리가 알아야 할 더 중요한 사실이 있어. 바로 임진왜란이 동아시아 역사에 엄청난 영향을 끼쳤다는 거야."

"우리나라가 큰 영향을 받은 건 알겠는데, 다른 나라들은 어떤 영향을 받았죠?"

↓ 이순신 장군 동상
이순신 장군은 일본 수군을 수차례 격파하는 큰 공을 세웠어. 이 공을 인정받아 '충무(忠武)'라는 시호를 받았지.

↑ **평양성 전투** 평양은 60일 만에 일본군에게 점령당했어. 하지만 조선과 명나라 연합군은 평양성 전투에서 승리를 거두며 평양성을 되찾고 일본군에게 큰 타격을 입혔지.

"일단 전쟁의 무대가 된 조선은 쑥대밭이 되었어. 수많은 사람이 전쟁으로 목숨을 잃었고, 수만 명의 포로가 일본으로 끌려갔지. 겨우 살아남은 사람들도 당장 먹을 식량이 없어 굶어 죽는 사람이 수두룩했단다. 명나라 역시 치명타를 입었어. 이때 명나라는 무능한 황제가 연달아 즉위하고 환관이 득세하며 쇠퇴기로 접어들었는데, 조선에 군사를 보내느라 엄청난 군사비를 써서 나라가 거의 쓰러질 지경이었어. 그 틈을 타서 이자성이라는 사람이 반란을 일으켰고, 만주의 여진이 순식간에 세력을 키워 명나라를 위협했지."

 **용선생의 핵심 정리**

1592년, 도요토미 히데요시는 대외 영토 확장, 내부의 반란 가능성 차단, 교역 확대 등 여러 가지 목적으로 임진왜란을 일으킴. 하지만 조선과 명나라 연합군의 격렬한 저항, 히데요시의 사망으로 전쟁은 실패로 돌아감.

도쿠가와 이에야스가 에도 막부를 세우다

곽두기의 국어 사전

일촉즉발 한 일(一) 닿을 촉(觸) 곧 즉(卽) 펼 발(發). 한 번만 닿아도 바로 폭발한다는 뜻으로, 당장이라도 큰일이 일어날 것 같은 아슬아슬한 상황을 말해.

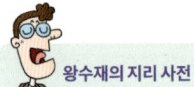

왕수재의 지리 사전

세키가하라 일본 중앙에 자리 잡은 곳으로, 예로부터 동부와 서부의 경계인 곳이었어.

"그럼 일본은 어떻게 됐어요?"

"도요토미 히데요시가 갑자기 죽자 일본은 당장 전쟁의 소용돌이가 몰아칠 것 같은 일촉즉발의 상황에 빠졌어. 엎친 데 덮친 격으로 히데요시의 후계자는 이제 겨우 여섯 살짜리 어린애인 도요토미 히데요리였지."

"여섯 살짜리 어린애가 후계자라고요?"

"히데요시는 죽기 직전에 부하들에게 어린 아들 히데요리를 잘 도와달라고 간곡히 부탁했어. 하지만 히데요시의 부하들은 히데요리를 몰아내려는 동군과 히데요리를 지키려는 서군으로 나뉘어 격렬하게 대립했지. 두 세력은 세키가하라란 곳에서 크게 한바탕 싸웠는데, 이 싸

➜ 세키가하라 전투

움이 바로 일본 역사상 최대의 전쟁으로 손꼽히는 '세키가하라 전투'야."

"그래서 누가 이겼어요?"

"동군이 이겼어. 그리고 동군을 이끈 총대장 도쿠가와 이에야스가 권력을 잡았지."

"엥? 그 사람이 누군데요?"

"도쿠가와 이에야스는 원래 오늘날의 도쿄를 중심으로 일본 동부에 근거지를 둔 다이묘였어. 몰락한 영주의 아들로 태어나 어렸

↑ **세키가하라 전투가 벌어진 세키가하라 지역**
세키가하라는 일본의 동과 서를 잇는 교통의 요충지였기 때문에 동군과 서군은 이곳에서 맞부딪힐 수밖에 없었어.

전쟁과 혼란에 휩싸인 일본 전국 시대

▲ **세키가하라 전투** 세키가하라 전투에서 동군과 서군으로 나누어진 여러 영주들이 제각기 가문을 상징하는 색색의 기를 들고 있어. 오른쪽 구석에 있는 파란 깃발이 도쿠가와 가문의 기란다.

을 때부터 이곳저곳에서 인질 생활을 하며 고난을 겪었고, 오다 노부나가와 도요토미 히데요시의 세력이 막강했을 때에도 자신의 근거지에서 조용히 때를 기다리며 세력을 키운 인물이지. 도쿠가와 이에야스는 세키가하라 전투에서 승리하며 결국 일본의 세 번째 막부인 '에도 막부'를 세웠단다."

"근데 에도 막부가 뭐예요?"

"에도는 오늘날 일본 수도인 도쿄의 옛 이름이란다. 도쿠가와 이에야스가 막부를 세운 곳이 에도였기 때문에 에도 막부라고 부르지."

"오, 그럼 이제 도쿠가와 이에야스가 일

▲ **에도 도쿄 박물관** 에도 막부 시대부터 1964년 도쿄 올림픽까지 에도와 도쿄의 역사를 다룬 박물관이야. 일본의 전통 가옥 모습을 본떠 만들었어.

↑ **오사카 전투** 도쿠가와 이에야스의 군대가 오사카를 공격하고 있어. 왼쪽에 보이는 높은 건물이 오사카성과 오사카성 천수각이야.

본의 1인자가 된 거네요?"

"하지만 거슬리는 게 하나 있었어. 여전히 도요토미 히데요리를 따르는 다이묘들이 이에야스에게 반기를 들며 똘똘 뭉쳐 오사카에 진을 치고 있었거든. 이에야스는 도요토미 가문의 세력을 꺾어 놓지 않으면 에도 막부에 큰 위협이 될 거라고 생각했어. 그래서 호시탐탐 공격할 구실을 찾았지."

"공격할 구실이라고요?"

"응. 이에야스는 도요토미 세력이 조금이라도 이상한 낌새를 보이면 반란으로 몰아 처단할 속셈이었어. 근데 때마침 아주 좋은 구실이 생겼어. 도요토미 히데요리가 자신을 저주하고자 교토에 절을 짓고 있다는 소식이 들려온 거야. 이에야스는 그걸 핑계로 군대를 이끌고 히데요리가 있는

↑ **도쿠가와 이에야스** (1543년~1616년) 1603년 천황에게 쇼군으로 인정받고 에도에 막부를 세웠어.

오사카성을 공격했단다. 1615년, 오사카성에서 벌어진 양쪽의 싸움은 결국 이에야스의 승리로 끝이 났어. 싸움에서 패배한 히데요리는 스스로 목숨을 끊었지. 이제 일본에는 더 이상 도쿠가와 이에야스와 에도 막부에 위협이 될 세력이 없었단다."

"그럼 일본에도 평화가 찾아오나요?"

"맞아. 오랜 혼란과 전쟁의 연속 끝에 드디어 일본에도 평화가 찾아온 거지. 그 평화의 시대가 어떤 모습이었는지는 다음에 자세하게 이야기해 줄게. 오늘은 여기까지!"

용선생의 핵심 정리

도요토미 히데요시가 세상을 떠나자 영주들이 두 편으로 갈라져 권력 싸움을 벌임. 도쿠가와 이에야스는 세키가하라 전투에서 승리를 거두고 1603년 에도에 막부를 세움. 이로써 전국 시대의 혼란이 끝남.

나선애의 정리노트

1. ## 일본의 전국 시대
   - 후계자 문제로 흔들리는 무로마치 막부: 오닌의 난과 잦은 하극상
     → 혼란한 전국 시대 시작, 강력한 세력을 가진 영주인 전국 다이묘 등장
     → 가혹한 세금에 맞선 농민들의 단체 저항인 잇키 발생
   - 전국 다이묘들의 부국강병 정책: 은 채굴과 조총 부대 육성
     → 이와미 은광: 엄청난 양의 은 채굴, 은을 얻기 위해 유럽 상인들이 몰려들며 활발한 교역이 이루어짐.

2. ## 일본을 통일한 도요토미 히데요시
   - 오다 노부나가: 조총 부대 정비, 상업과 무역 육성, 개방적인 인재 등용
     → 전국 시대 1인자로 부상했으나 부하에게 배신당해 목숨을 잃음.
   - 도요토미 히데요시가 전국 다이묘를 제압 → 일본 통일

3. ## 동아시아의 역사를 바꿔 놓은 임진왜란
   - 도요토미 히데요시가 임진왜란을 일으킨 이유: 대외 영토 확장, 영주들의 관심을 외부로 돌려 반란 가능성 차단, 명나라와의 교역 확대
   - 이순신 장군의 활약, 명나라의 원조, 도요토미 히데요시의 갑작스러운 사망
     → 일본의 패배로 7년 만에 임진왜란 종결
     → 임진왜란으로 조선은 쑥대밭이 되고 명나라는 나라가 크게 휘청거림.
     이 틈을 타 여진이 성장함.

4. ## 도쿠가와 이에야스의 에도 막부
   - 도요토미 히데요시 사후 영주들의 권력 쟁탈전이 벌어짐.
   - 도쿠가와 이에야스가 세키가하라 전투, 오사카 전투에서 승리하며 전국 시대 혼란이 막을 내림. → 에도 막부 성립

세계사 퀴즈 달인을 찾아라!

1 빈칸에 공통으로 들어갈 알맞은 말을 써 보자.

오닌의 난 이후 쇼군의 힘이 약해지자, 영주들은 쇼군을 배신하고 부하들은 자신의 주군인 영주를 배신하는 하극상이 숱하게 일어났다. 영주들은 더 많은 땅을 차지하기 위해 매일같이 전쟁을 벌였는데, 마치 고대 중국의 ○○ 시대가 재연되는 듯해서 이 시대를 ○○ 시대라 부른다.

(   )

2 다음 중 서로 관련 있는 것들을 바르게 연결해 보자.

① 오다 노부나가   • • ㉠ 일본을 통일하고 임진왜란을 일으킴.

② 도요토미 히데요시 • • ㉡ 에도 막부를 세우고 전국 시대의 혼란을 끝냄.

③ 도쿠가와 이에야스 • • ㉢ 전국 시대 1인자로 부상했으나 부하에게 배신당해 사망함.

3 도요토미 히데요시에 대해 바르게 설명한 친구는? ( )

 ① 귀족 가문의 후계자로 태어났어.

 ② 신분 제도를 없애고 모두가 평등한 사회를 만들었어.

 ③ 전국적인 토지 조사를 통해 지방 영주의 세력을 약화시켰어.

 ④ 나라를 안정시키기 위해 지방 호족들에게 힘을 골고루 나누어 주었어.

4 빈칸에 들어갈 알맞은 말을 순서대로 써 보자.

전국 시대에 광산 개발로 막대한 (①)이 생산되자 유럽 상인이 대거 일본으로 진출했다. 이 무렵 (②)과 같은 서양식 무기도 일본에 전해지면서, 농민들까지 전쟁터에 동원되어 전쟁이 한층 더 치열해졌다.

(① , ②)

5 임진왜란에 대한 설명으로 옳지 않은 것은? ( )

① 전쟁은 7년이나 지속되다 일본이 후퇴하며 막을 내렸다.
② 일본 내부의 반란 가능성을 차단하기 위한 목적이 있었다.
③ 대외 영토 확장, 명나라와의 교역 확대라는 목적도 있었다.
④ 전쟁 후 조선을 도왔던 명나라는 부강해지고 여진은 쇠퇴했다.

6 다음 설명이 나타내는 전투의 이름으로 알맞은 것은? ( )

일본 최대의 전투 중 하나로 도요토미 히데요시가 죽은 뒤 히데요시의 아들을 지지한 서군과 이에 반대한 동군이 치열하게 싸운 전쟁이야. 동군이 승리한 뒤 동군의 지도자가 세력을 잡고, 에도 막부를 열었어.

① 오사카 전투　　② 평양성 전투
③ 혼노지의 변　　④ 세키가하라 전투

정답은 355쪽에서 확인하세요!

용선생 세계사 카페

무사들의 근거지, 성(城)

전국 시대 초기 지방 실력자들은 성이라기보다 저택에 가까운 건물에서 살았어. 하지만 전쟁이 잦아지자 영주들은 저마다 자기 땅을 지키기 위해 튼튼한 성을 쌓고 적의 공격에 대비했어. 어떤 영주들은 험한 산꼭대기에 요새처럼 성을 쌓아 놓고 평소에는 평지의 관청에서 일을 하다가 적이 쳐들어오면 산성으로 올라가 영지를 방어했지.

전쟁이 일상화되자 영주들은 평지의 관청과 험한 산 위의 성을 오가느니 평지에 단단한 성을 쌓는 게 훨씬 효율적이라고 생각했어. 그래서 성을 쌓는 위치가 산꼭대기에서 산중턱, 산기슭으로 차차 내려왔어. 전국 시대 말기가 되면 아예 관청 기능과 요새 기능을 합쳐 평지에 있는 야트막한 언덕에 평지성을 쌓았지.

▲ 전국 다이묘가 살던 저택
전국 시대 초기의 성은 성벽이 낮고 천수각도 없는 게 특징이야.

넓은 평지에 성을 쌓으면서 많은 군사와 가신을 수용하기 위해 성의 규모도 어마어마하게 커졌어. 또, 대포에 맞아도 끄떡없을 만큼 크고 두꺼운 돌로 성벽을 쌓았지. 그래서 지금 일본에 남아 있는 대부분의 커다란 성은 평지에 쌓은 성이란다. 대표적인 성이 바로 오사카성과 에도 시대에 만들어진 히메지성이야.

➡ 히메지성
일본 중부의 히메지성은 오사카성과 더불어 일본을 대표하는 성 중 하나야. 불을 이용한 공격에 대비하기 위해 타지 않는 흰색 석고를 건물에 칠해서 '백로성(白鷺城)' 이라는 별명이 붙었지.

천수각

평지성은 전쟁 때만이 아니라 평상시에도 영주가 머물면서 일을 볼 수 있도록 성안에 관청과 영주 일족 일부가 사는 집을 두었어. 자연히 영주의 성을 중심으로 인구가 많아졌고, 성에 필요한 물품의 양과 종류도 많아졌지. 그래서 성 주변에는 상인과 장인들이 사는 마을과 영주의 관청에서 일하는 하급 무사들이 사는 마을도 생겨났어. 이런 식으로 성은 차츰 지역의 정치와 경제 중심지가 되어 갔단다.

일본 성의 상징은 천수각(天守閣)이야. 천수각은 성에서 가장 높은 곳에 있는 망루 같은 곳이지. 전쟁이 일어나면 총지휘관이 천수각 위에서 성안의 군사들을 지휘했어. 처음 천수각을 세운 사람은 오다 노부나가였어. 그 뒤 일본에서는 성을 건설할 때 반드시 천수각을 지었지.

임진왜란 때 일본군은 한반도 남부 지방에 거점 역할을 할 일본식 성을 쌓았어. 이 성들을 '왜성'이라고 불러. 현재 일본에는 옛 성이 대부분 훼손되어 남아 있는 것이 별로 없대. 그래서 전통적인 일본 성을 연구하는 학자들은 우리나라에 와서 왜성을 연구하곤 해. 하지만 많은 왜성이 조선을 침략했던 일본군이 쌓은 성이라는 이유로 방치되어 있단다.

오사카성 천수각이 일본의 성을 대표한다고?

↑ **오사카성**
도요토미 히데요시가 지은 오사카성이야. 두꺼운 성벽과 깊은 해자를 가진 거대한 평지성이지.

↑ **일본군이 울산에 지은 서생포왜성**
우리나라에 있는 왜성 중 비교적 보존이 잘 되어 있지만, 많이 훼손된 상태란다.

➔ **왜성 현황**
일본군이 상륙한 부산을 중심으로 꽤 많은 왜성이 남아 있어.

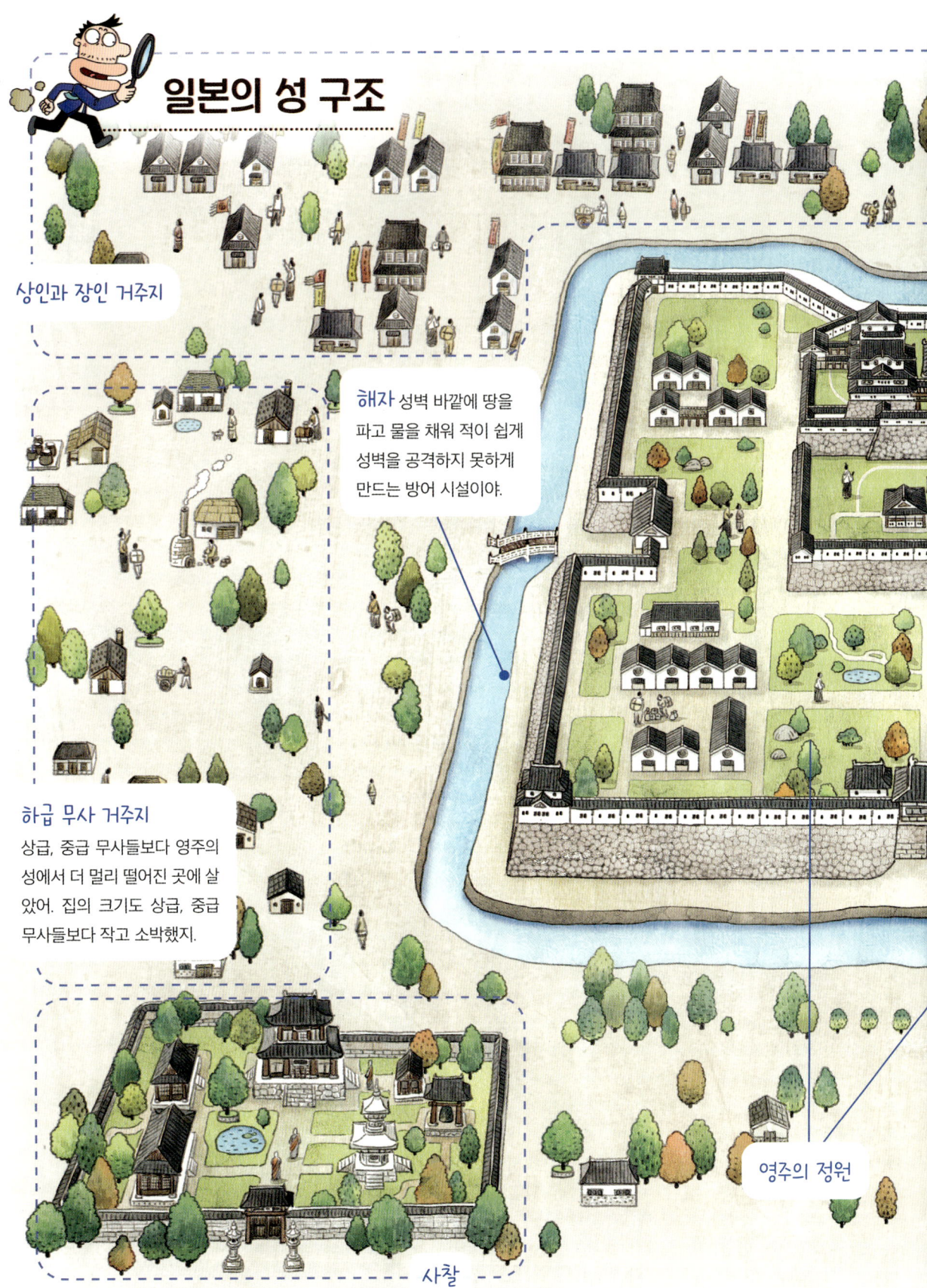

일본의 성 구조

상인과 장인 거주지

해자 성벽 바깥에 땅을 파고 물을 채워 적이 쉽게 성벽을 공격하지 못하게 만드는 방어 시설이야.

하급 무사 거주지
상급, 중급 무사들보다 영주의 성에서 더 멀리 떨어진 곳에 살았어. 집의 크기도 상급, 중급 무사들보다 작고 소박했지.

사찰

영주의 정원

보충 수업

바닷길 집중 탐구

고대 문명이 꽃을 피웠던 옛날에도 무역상들은 배가 닿을 수만 있다면 기꺼이 바닷길을 이용했어. 배 한 척만 있어도 낙타 수십 마리분의 짐을 옮길 수 있기 때문이지. 하지만 바닷길을 이용하는 데는 많은 한계와 위험이 도사리고 있었어. 배 크기가 너무 작아서 높은 파도를 견디기 어려웠고, 바람과 해류를 이용할 줄 몰라 오로지 사람의 힘으로 노를 저어야 했거든. 먼바다로 나가거나 캄캄한 밤이 되면 방향을 알 수가 없었고, 암초에 걸리거나 폭풍우를 만나면 귀중한 재산과 함께 물귀신이 되곤 했지.

시간이 흘러 사람들은 차츰 크고 튼튼한 배를 만들 수 있게 되었고, 바람과 해류를 이용하는 법을 익혔어. 나침반을 발명하고 지도를 제작해 망망대해나 캄캄한 밤중에도 목적지를 향해 항해할 수 있게 되었지. 이런 기술의 발전을 발판으로 마침내 거대한 범선이 대서양과 태평양을 누비게 되었어. 하지만 여전히 한계는 있었지. 해류 때문에 먼 길을 빙 돌아가야 했고, 계절풍을 이용하기 위해 항구에서 몇 달씩 기다려야 했거든. 하지만 증기선의 발명은 이마저도 극복하게 해 주었어. 그 결과 오늘날에는 웬만한 폭풍우에도 끄떡없는 거대한 상선이 컨테이너를 가득 싣고 해류와 바람을 거슬러 오대양을 누빈단다.

이번 시간에는 인류 역사에 큰 영향을 미친 바닷길을 네 구역으로 나누어 살펴볼 거야. 첫 번째는 동지중해에서 출발해 유럽 문명을 탄생시킨 지중해 바닷길, 두 번째는 바이킹과 북유럽 상인들이 활약했던 북해와 발트해 바닷길, 세 번째는 고대 문명이 꽃을 피우던 때부터 활발히 교역이 이루어졌던 인도양 바닷길, 네 번째는 신항로 개척으로 새로 만들어진 대서양 바닷길이야. 이 바닷길들을 살펴보면서 상인들이 어떻게 해상 교역 범위를 넓혔는지 함께 생각해 보자.

먼바다를 항해하는 화물선.
오늘날 국제 무역의 90퍼센트 이상이 바다를 통해 이루어져.

지중해
유럽 문명과 함께한 바닷길

↑ **갤리선** 지중해 바닷길을 오가던 배야. 역풍이 불 때는 노를 저어서 이동했어.

지중해는 바다로 흘러드는 강물에 비해 바다에서 증발하는 수분의 양이 훨씬 많아. 그렇다 보니 대서양보다 해수면이 낮아서, 자연히 지중해 서쪽 끝인 지브롤터 해협을 통해 대서양 바닷물이 흘러든단다. 이렇게 들어온 물은 북아프리카 해안선을 끼고 지중해를 시계 반대 방향으로 돌지.

무엇보다도 지중해에는 1년 내내 북서풍이 불어. 북서풍은 지중해 항로에 큰 영향을 미쳤어. 지중해를 항해하는 배들은 서쪽에서 동쪽으로, 북쪽에서 남쪽으로 항해했거든. 또 바람의 방향이 비교적 일정하고 폭풍이 불지 않는 봄에서 초가을까지 주로 활동한 뒤 바람이 거칠어지는 겨울에는 쉬었지.

← 지브롤터 해협
지중해와 대서양을 연결하는 해협. 좁은 곳은 너비가 13킬로미터밖에 되지 않아 대서양으로부터 물살이 거세게 흘러 들어와.

↑ 그리스 올리브 농장 풍경

　지중해에서 가장 일찍부터 바닷길을 이용한 교역이 활발했던 곳은 동지중해 연안이었어. 아나톨리아반도의 해안 도시와 페니키아, 이집트, 그리스의 상인들이 동지중해를 무대로 활발히 활동했지. 예를 들면 그리스 상인들은 올리브 수확이 끝난 3월에 배에 올리브를 싣고 항해에 나서 이집트로 향했어. 순풍을 타면 일주일이면 이집트에 도착했지. 이집트에서 올리브와 포도, 도자기를 팔고 황금과 상아를 사들인 그리스 상인들은 해류를 따라 시계 반대 방향으로 항해해 동지중해 연안의 여러 무역 도시를 거쳤어. 거

↑ 알렉산드리아 이집트의 최대 항구 도시로 동지중해 교역 중심지였어.

↑ 로도스섬에 정박한 크루즈 로도스섬은 동지중해에서 에게해로 건너가는 길목에 있는 섬이야. 오늘날엔 바다를 통해 그리스와 튀르키예를 오가는 길목으로 각광받지.

바닷길 집중 탐구　325

↑ 비단

↑ 상아

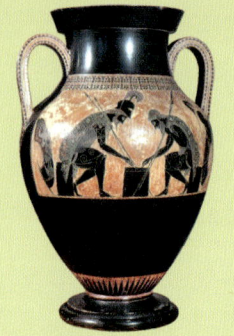

↑ 그리스 아테네의 도자기

기에서는 비단길을 따라 중국에서 온 비단, 인도와 동남아시아에서 온 향신료, 이 지역 특산물인 목재와 유리 공예품을 구할 수 있었지. 그리스 상인들은 아나톨리아반도 남부의 해안선을 따라 서쪽으로 방향을 틀어 그리스로 돌아왔고, 때로는 더 북쪽의 흑해까지 올라가기도 했어.

고대 페니키아 상인들은 지중해 교역권을 서쪽 끝인 이베리아반도까지 확장했고, 로마 제국을 거치면서 지중해 전체가 하나의 교역권이 되었어. 서지중해에서도 배들은 역시 북서풍을 이용해 해류를 따라 시계 반대 방향으로 항해했어. 이때 제국의 중심 로마에서 지중해 서쪽 끝인 지브롤터 해협까지는 빠른 배로 일주일, 동쪽 끝인 동지중해 연안까지는 이 주일이 걸렸대. 하지만 상인들은 여러 항구를 거치며 다양한 물건을 거래했고, 때로는 폭풍우를 피해 오랫동안 항구에 발이 묶여 있기도 했기 때문에 실제 항해 기간은 보통 그보다 몇 배 더 길 때가 많았어.

↓ **사군토** 에스파냐 동부 발렌시아 인근 도시로 지중해와 아주 가까워. 올리브와 포도주가 유명해서 예로부터 그리스, 페니키아와 교역이 활발한 곳이었어.

페니키아 상인이 아프리카 서해안까지 가서 교역을 했다는 기록이 있지만, 중세 초기까지도 지중해의 배들이 지중해를 벗어나는 경우는 거의 없었어. 대서양에서 불어오는 강풍과 거센 해류에 막혔기 때문이지. 지중해의 배들은 대개 사각형 모양의 가로돛을 이용했는데, 가로돛은 바람에 따라 돛의 방향을 돌릴 수 없었기 때문에 역풍이 불 때는 항해하기가 어려웠거든. 하지만 불규칙한 바람에 맞춰 돛을 움직일 수 있는 삼각형 모양의 세로돛이 개발되면서 차츰 지중해를 벗어날 수 있게 되었단다.

↑ 페니키아 유리병
페니키아 상인의 주요 상품이었어.

역풍에 맞서서 배를 어떻게 움직일까?

돛을 이용해 바람의 힘으로 항해할 때에는 앞에서 부는 역풍이 늘 문제였어. 바람이 앞에서 불면 배가 나아가는 것은 고사하고 방향조차 제대로 잡기 힘들었거든. 그래서 발명된 게 흔히 삼각돛이라고 부르는 세로돛이야. 세로돛을 쓰면 역풍이 불 때에도 배가 앞으로 나아갈 수 있지. 다만 순풍이 불 때에는 가로돛을 쓰는 배보다 속도가 느리지만 말이야.

세로돛은 가로돛과 달리 좌우로 돛을 움직일 수 있어서 어느 방향에서 부는 바람이라도 이용할 수 있어. 역풍이 불면 세로돛을 단 배는 돛을 바람이 부는 방향과 나란히 놔. 이렇게 하면 돛의 앞면을 스치는 공기가 뒷면을 지나는 공기보다 빠르게 흘러서 기압 차이로 돛과 배가 앞으로 나아가는 힘을 받지. 비행기 날개가 받는 양력과 같은 원리야.

세로돛을 단 배는 이 원리를 이용해서 역풍이 불 때에도 앞으로 나아갈 수 있단다.

북해와 발트해
거친 폭풍우가 몰아치는 바이킹의 고향

북유럽의 바다는 거칠기로 악명 높아. 폭풍우가 불어닥치면 거센 파도에 집이 무너지고 해안선 모양이 바뀔 정도였지. 하지만 일찍부터 이 거친 바다를 무대로 활동하던 사람들이 있었단다. 바로 바다를 누비던 전사이자 상인이었던 중세 초기의 바이킹이었어. 바이킹은 항해술이 뛰어나 바람과 해류를 이용해 험한 바다를 건너다녔지. 영국에서는 3일, 네덜란

↑ **드라카르**
바이킹이 약탈과 탐험을 떠날 때 이용한 선박이야.

↑ **바이킹 배의 뱃머리 조각**
적을 위협하고 거센 바다를 무사히 항해하기를 바라는 마음에서 배 앞에 용머리를 달았어.

드에서는 6일이면 북해를 건너 북쪽 먼 곳에 있는 노르웨이까지 갈 수 있었대.

바이킹은 크게 두 종류의 배를 타고 다녔어. 약탈과 탐험에 나설 때는 폭이 좁고 갑판이 없는 긴 배인 드라카르를 이용했어. 이 배는 가볍고 기동성이 뛰어나서 노를 저어 물길을 거슬러 올라갈 수 있었고, 육지에서는 둘러메고 이동할 수 있었지. 반면 무역을 하거나 짐을 나를 때에는 비교적 폭이 넓고 깊은 큰 배를 이용했단다. 이 배를 크노르라고 하는데, 크노르는 훗날 중세 유럽에서 널리 쓰였어.

700년 무렵 바이킹의 활동이 활발해지면서 북유럽의 프리슬란트 지역이 무역의 중심지로 떠오르게 돼. 프리슬란트는 라인강과 엘베강 같은 큰 강과 가까워서 유럽 내륙 지역과의 교통이 편리하고, 북쪽의 스칸디나비아반도와 발트해 연안에서 찾아오는 바이킹이 쉽게 들를 수 있는 교통의 요충지였지. 프리슬란트에서는 유럽 각 지역의 특산물뿐 아니라 멀리 아시아에서 온 향신료와 같은 특산물도 거래되었어. 특히 플랑드르 지방에서 양모로 짠 망토가 인기 상품이었대.

↑ **바이킹 나침반 유물** 아메리카 탐험에 사용했다는 바이킹 나침반이야.

프리슬란트 오늘날 네덜란드 북부에서 독일 북부까지 이어지는 북유럽의 해안 지방을 가리켜.

↑ **거친 파도가 몰아치는 북해**

↑ **크노르** 바이킹의 무역용 함선이야. 주로 돛을 이용해 움직였는데, 많게는 24톤까지 짐을 실을 수 있었어.

복원된 바이킹 마을 ➜
바이킹들은 해안 가까운 곳에 이런 통나무집을 짓고 고기잡이를 하며 부족 단위로 모여 살았어.

⬇ **청어** 크리스트교 신자들은 금육 기간과 금요일에 고기 대신 생선을 먹어야 했어. 그래서 값싸고 맛 좋은 청어를 찾는 사람이 많았어. 북유럽의 상인들은 소금에 절인 청어를 배에 싣고 가 곳곳의 시장에 내다 팔았지.

1000년 무렵이면 북유럽 깊숙한 곳까지 크리스트교가 퍼지고 사회가 평화로워지면서 북유럽의 바닷길은 더욱 활기를 띠었어. 특히 발트해 한가운데 위치한 고틀란드섬의 상인들이 중계 무역으로 크게 활약했단다. 고틀란드의 상인들은 청어와 호박 등 북해와 발트해 고유의 특산물뿐 아니라, 지중해와 흑해를 거쳐 온 비단, 향신료와 같은 아시아의 특산물도 취급했어. 유럽 내륙에서 가져온 곡식과 포도주, 소금과 같은 생필품도 중요한 무역품이었지.

1200년대 말, 독일 지역의 도시 상인을 중심으로 한자 동맹이 결성되며 한자 동맹 상인이 북유럽 일대의 교역을 주름잡게 돼. 이 무렵 발트해 연안과 러시아 일대에 큰 도시가 생겨나고 상업이 활성화되면서 한자 동맹 상인의 세력은 더욱 커졌어. 한자 동맹에 참여한 도시 중에서도 함부르크와 뤼베크의 세력

🔺 **고틀란드섬의 중심지 비스뷔** 발트해 한가운데 자리 잡은 고틀란드섬은 중계 무역의 요충지로 늘 상인들로 붐볐어.

➡ **한자 코그** 한자 동맹의 상인들이 즐겨 사용한 배야. 바이킹의 상선인 크노르를 개량해 짐을 많이 실을 수 있도록 크기를 키웠고, 해적의 침입과 파도를 막기 위해 뱃머리, 배꼬리, 뱃전을 더 높였어.

이 가장 컸는데, 함부르크 상인은 주로 북해와 서유럽에서 활동했고 뤼베크 상인은 발트해에서 활동했단다.

　한자 동맹의 상인들은 북유럽 곳곳의 주요 도시에 규모가 큰 상점을 세우고 무역 활동을 했어. 이들은 해적의 약탈을 피하기 위해 반드시 두세 척의 배로 함께 움직였고, 배에는 수십 명의 군인을 태웠지. 하지만 1500년대 이후 덴마크나 영국, 네덜란드 등 강력한 해양 국가들이 속속 등장하면서 한자 동맹의 전성기는 서서히 기울어 갔단다.

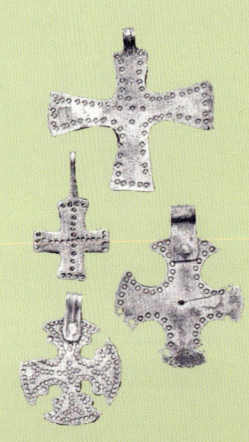

🔺 **비르카의 은 십자가**
북해 지역에서 크리스트교를 받아들이며 북유럽 교역은 더욱 활발해졌어.

⬇ **노르웨이 베르겐의 독일 한자 상인 거리** 베르겐은 한자 동맹에 참여한 도시 중 하나로 중세 스칸디나비아반도에서 가장 번창한 항구 도시였어. 이처럼 스칸디나비아반도 곳곳에 한자 동맹에 참여한 도시들이 있었지.

인도양
진귀한 향신료가 오가는 바닷길

↑ **다우** 인도양 일대에서 전통적으로 쓰이던 함선이야.

인도양은 앞서 소개한 지중해나 북해와는 비교할 수 없을 만큼 큰 바다이면서도 지중해 못지않은, 또는 그보다 교역의 역사가 오래된 바다야.

인도양 항로에서 가장 중요한 요소는 계절에 따라 바뀌는 계절풍이었어. 여름에는 인도양에서 인도와 동남아시아 방향으로 남서 계절풍이 불고, 겨울에는 반대 방향으로 북동 계절풍이 분단다. 이 계절풍을 잘 이용하면 먼 거리도 쉽게 항해할 수 있었어. 실제로 현재 동아프리카 마다가스카르섬의 원주민은 거의 6,000킬로미터나 떨어진 동남아시아에서 배를 타고 이주해 온 사람들이래. 계절풍의 힘을 실감하게 해 주는 이야기지. 인도양의 상인 역시 오래전부터 계절풍을 이용해 먼 거리를 오가며 교역을 했단다.

인도양 바닷길은 고대 메소포타미아 문명과 인더스 문명이 서로 교류할 때에도 이용됐어. 두 문명의 상인은 거의 2,000킬로미터를 항해해 서로의 특산물을 교환했지. 메소포타미아 상인은 곡물, 인더스 상인은 목재를 팔았대. 물론 진주와 청금석 같은 귀한 보석 역시 중요한 교역품이었지. 이때 바레인 부근에 있었던 딜문과 인더스강 하류의 로탈은 중요한 무역항으로 번성했어.

이집트를 정복한 로마인이 홍해를 거쳐 인도로 향하는 뱃길을 개척하면서 인도양 무역은 새로운 변화를 맞게 돼. 인도양과 지중해가 이어지는 계기가 되었기 때문이지. 이집트에서 배를 타고 홍해를 빠져나온 로마 상선은 인도양에 남서 계절풍이 부는 여름을 기다렸다가 순풍을 타고 인도 남서부 해안으로 향했어. 이곳을 케랄라 지방이라고 하지. 상인들은 케랄라에서 인도의 여러 특산물을 사들이면서 겨울이 되어 북동 계절풍이 불기를 기다렸다가 홍해를 거쳐 이집트로 돌아왔단다. 배에 실려 온 인도의 물건들은 육로를 통해 지

↑ **딜문** 유적 바레인 부근에 있는 딜문은 페르시아만의 주요 무역항이었어.

↑ **아덴** 아라비아반도 남단에 위치한 항구 도시. 홍해와 인도양을 오가는 길목에 위치해서 무역의 중심지였지.

❖ 케랄라 지방의 크리스트교 신자들
인도 사람은 대부분 힌두교 신자지만, 외국과의 교류가 잦았던 남서부 케랄라 지방만은 유독 크리스트교와 이슬람교 신자가 많아. 특히 크리스트교 신자는 인구의 19퍼센트를 차지할 정도란다.

중해로 운반되었고, 거기서 다시 로마를 비롯한 유럽 각지로 흩어졌지. 그래서 인도의 케랄라 지방은 인도에서도 외국 상인의 활동이 가장 왕성한 무역의 중심지였대.

인도로 향한 로마 상인이 주로 수입해 온 건 인도산 향신료, 그중에서도 후추였어. 로마인은 후추를 엄청나게 좋아해서 만드는 음식마다 후추를 넣어 먹었거든. 로마인들이 후추를 사려고 어찌나 많은 금화를 썼는지, "후추 때문에 로마의 금이 다 인도로 빠져나간다."라며 한탄하는 사람도 있었단다.

❖ 정향
정향나무의 꽃봉오리를 꽃이 피기 전에 따서 잘 말리면 값비싼 향신료인 정향이 돼.

중세로 접어들며 이슬람 세력이 팽창하고 아랍 상인들의 활동이 활발해지자 인도양 바닷길은 더욱 많은 상인으로 붐볐어. 특히 고기 냄새를 없애 주고 맛을 더해 주는 정향과 육두구 등 진귀한 향신료가 생산되는 동남아시아로 향하는 배들이 늘어났고, 중국에 송나라가 들어선 이후로는 인도와 중국 사이의 해상 무역도 매우 활발해졌어. 말라카 해협을 장악한 스리위자야 왕국과 말라카 왕국이 중계 무역으로 번성을 누린 것이 바로

이때였어.

　말라카 해협을 통과한 배들은 크게 두 방향으로 갈라졌어. 하나는 북쪽의 중국, 다른 하나는 동쪽에 있는 말루쿠 제도였지. 말루쿠 제도는 동남아시아에서도 정향을 비롯한 값비싼 향신료가 가장 많이 나서 '향신료 제도'라는 별명을 가진 곳이야. 나중에 동남아시아에 찾아온 유럽 상인들은 말루쿠 제도에서 나는 향신료를 독점하기 위해 치열한 경쟁을 벌인단다.

　중국 남해안까지는 다시 계절풍을 이용해 항해했어. 여름에는 남풍을 타고 남중국해를 가로질러 중국 방향으로 이동했고, 중국에 머물다가 겨울 계절풍이 불면 동남아시아 방향으로 돌아왔지. 그리고 타이완에서 일본까지 흐르는 해류를 타면 우리나라나 일본까지도 쉽게 갈 수 있었단다. 실제로 1500년대 이후 포르투갈과 네덜란드 상인들은 일본까지 왕래하며 무역 활동을 펼쳤어.

↑ **트르나테** 말루쿠 제도의 중심지인 트르나테섬이야. 정향의 원산지로 유럽 상인들의 발걸음이 잦은 곳이었어.

↑ **데지마** 일본 나가사키에 건설된 인공 섬이야. 포르투갈과 네덜란드의 상인들은 이곳에서 일본과 교역을 했지.

대서양
무역풍과 편서풍을 이용한 대서양 횡단법

↑ **콜럼버스의 항해에 쓰인 산타마리아호**
콜럼버스 함대에는 이런 선박 3척이 있었어.

마지막으로 살펴볼 바다는 유럽과 아메리카 대륙 사이에 놓인 대서양이야. 항해술과 항해 도구의 발달에도 불구하고 대서양은 항해하기에 매우 어려운 바다였어. 왜냐하면 중간에 정박해서 쉴 수 있는 항구가 거의 없어서 선원들이 오랜 기간 비좁은 배 안에서만 생활해야 했기 때문이지.

그나마 대서양 항해를 도와주는 것은 바람이었어. 지구상에는 일 년 내내 일정한 방향으로 부는 바람이 있어. 위도 30도를 기준으로 그 아래에서는 일 년 내내 동풍이 불고, 위도 30도보다 위에서는 일 년 내내 서풍이 불거든. 이 바람을 각각 무역풍, 편서풍이라고 해. 무역풍과 편서풍을 잘 이용하면 6~7주 만에 대서양을 건널 수 있단다.

↓ **위도에 따라 다르게 부는 바람**

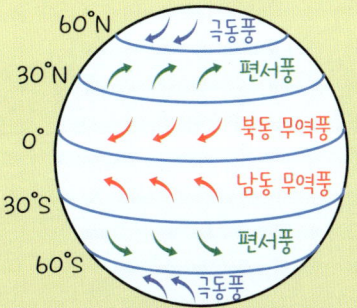

↑ **사분의** 별의 고도를 재서 배의 위치를 알 수 있었어.

　포르투갈의 선원들은 무역풍과 편서풍을 이용해 아프리카를 돌아 인도로 가는 길을 찾아 나섰어. 포르투갈의 선원들은 주로 북동 무역풍을 이용해 해안을 따라 남쪽으로 내려갔단다. 근데 적도를 통과한 뒤로는 바람이 바뀌어 거센 남동풍이 불기 때문에 해안을 따라가기가 어려워. 그래서 포르투갈 선원들은 무역풍을 옆바람으로 맞으며 남쪽 먼바다로 내려간 뒤, 동쪽으로 방향을 꺾어 희망봉으로 항해하는 항로를 개척했지. 나중에도 유럽에서 인도로 항해할 때에는 이 항로를 주로 이용했어.

↑ **아스트롤라베** 별의 고도를 재서 배가 가는 방향을 알 수 있었어.

↑ **바스쿠 다가마**
인도 항해에 최초로 성공한 포르투갈 사람이야.

↓ **카보베르데** 원래 포르투갈이 아프리카 항해를 위한 전초 기지로 활용하던 곳이야. 포르투갈 선원들이 도착했을 당시에는 무인도였어. 훗날 아프리카에서 끌려온 노예와 포르투갈 지배자들이 살았지.

▶ **카리브해 지도**
1575년 유럽에서 그려진 카리브해 지도. 콜럼버스가 아메리카 항해에 성공한 지 100년도 채 지나지 않았는데, 이미 상당히 자세한 탐험이 이뤄졌다는 걸 알 수 있어.

콜럼버스는 아메리카로 향하는 네 번의 항해에서 무역풍과 편서풍의 원리를 좀 더 적극적으로 이용하는 항로를 개척했어. 아메리카로 갈 때에는 남쪽으로 돌아서 무역풍을 타고, 유럽으로 돌아올 때에는 북쪽으로 돌아서 편서풍을 타는 항로였지. 이후 에스파냐의 다른 항해자들도 비슷한 항로를 따라 아메리카와 유럽을 오갔단다.

에스파냐의 항해자들이 어떤 경로를 따라갔는지 살펴볼까? 우선 북동 무역풍을 따라 남쪽으로 충분히 내려가. 보통은 아프리카 대륙 북서쪽에 있는 카나리아 제도에서 한 번 멈추지. 여기서 물과 식량을 두둑이 실은 뒤 적도 부근에서 서쪽으로 흐르는 해류와 무역풍을 적절히 이용하면 카리브해까지는 큰 어려움 없이 도착할 수 있었단다. 중간에 항로를 더 남쪽으로 돌리면 오늘날 브라질 해안으로도 갈 수 있었어.

아메리카에서 돌아오는 길은 멕시코에서 유럽으로 흐르는 해류와

◀ **보스턴** 미국에서 역사가 오래된 도시 중 하나로 대서양 항로의 주요 항구 도시였어.

편서풍을 이용해야 해. 이를 위해서 먼저 북아메리카 해안을 따라 북위 30도까지 올라가야 했지. 거기서 편서풍을 타고 이베리아반도로 돌아왔어. 이렇게 대서양 북부를 거대한 타원으로 한 바퀴 도는 항로를 개척한 거야.

이 항로는 영국과 네덜란드 같은 나라도 쉽게 이용했어. 편서풍을 타고 유럽으로 돌아오는 길에 항로를 조금만 더 북쪽으로 돌리면 곧바로 북해로 진입하거든. 그래서 이 항로는 유럽과 아프리카, 아메리카 사이를 삼각형을 그리며 오가는 무역로로 발전해 숱한 물자와 사람을 실어 날랐단다. 대서양은 유럽의 경제와 산업 발달에 가장 큰 공을 세운 바다라고 해도 지나친 말이 아닐 거야.

▶ **대서양을 오가는 화물선** 대서양에는 오늘날도 많은 배와 숱한 물자가 오간단다. 1900년대 중반까지는 인도양과 태평양보다 월등히 많은 무역량을 자랑했지.

한눈에 보는 세계사-한국사 연표

세계사

기원전 2500년 무렵	반투 사람들이 남아프리카에 퍼져 나감
기원전 2000년 무렵	동남아시아로 사람들이 이주함
기원전 550년 무렵	악숨 왕국이 건설됨
100년 무렵	푸난이 전성기를 누림
300년 무렵	가나 왕국이 건설됨
600년 무렵	아랍인이 동아프리카 항로 개척을 시작함
610년	무함마드가 이슬람교를 퍼뜨리기 시작함
650년	스리위자야 왕국 건국
802년	크메르인, 앙코르 왕국 건국
849년	버마인, 파간 왕국 건국
1206년	칭기즈 칸이 몽골 초원을 통일
1258년	몽골 제국, 바그다드를 함락
1288년	쩐 흥 다오가 바익 당 전투에서 승리해 원나라를 물리침
1300년 무렵	마자파힛 왕국 건국
1324년	말리의 무사왕이 메카 순례를 떠남
1350년 무렵	아유타야 왕국 건국
1351년	홍건적의 난
1368년	주원장이 명나라를 건국함
1400년 무렵	포르투갈, 아프리카 항로 개척을 시작함
1405년~1433년	정화의 해외 원정
1453년	오스만 제국, 콘스탄티노폴리스를 함락/백년 전쟁 종전
1467년~1477년	일본에서 오닌의 난이 일어남
1492년	콜럼버스, 아메리카에 도착
1509년	포르투갈, 디우 해전에서 승리
1511년	포르투갈, 말라카 함락
1521년	아스테카 제국 멸망
1522년	마젤란 함대, 세계 일주에 성공
1533년	잉카 제국 멸망
1545년	포토시 은광이 발견됨
1549년	에스파냐 선교사 하비에르가 일본에 도착
1568년	네덜란드 독립 전쟁 시작
1571년	에스파냐, 레판토 해전에서 승리
1588년	칼레 해전에서 에스파냐 무적함대가 패배함
1590년	도요토미 히데요시가 전국 시대 통일
1592~1598년	임진왜란
1600년	세키가하라 전투에서 도쿠가와 이에야스 승리
1603년	에도 막부 성립
1616년	누르하치, 후금을 세움
1644년	이자성 북경 함락, 명나라 멸망
1648년	네덜란드, 에스파냐를 물리치고 독립

청동 북

정화의 해외 원정

카하마르카 전투

펠리페 2세

한국사

기원전 2333년	고조선 건국
기원전 2000년 무렵	청동기 시대 시작
기원전 500년 무렵	고조선과 한반도에서 철기 사용
기원전 108년	한나라의 공격으로 고조선 멸망

비파형 동검

404년	광개토 대왕이 후연과의 전쟁에서 승리해 요동 일대를 차지함
612년	을지문덕이 살수에서 수나라 군대를 크게 무찌름
676년	신라가 삼국을 통일함
698년	대조영이 발해를 건국함
828년	장보고가 청해진을 세움
936년	고려가 후삼국을 통일함
1019년	강감찬이 귀주에서 거란군을 물리침
1232년	몽골이 고려에 쳐들어오자 강화도로 천도
1259년	고려와 몽골이 강화를 맺음

발해 용머리 석상

1270년	원종이 개경으로 돌아가기로 결정하면서 삼별초가 항쟁을 시작
1274년	고려·몽골 연합군이 일본 정벌 시도
1356년	공민왕이 쌍성총관부 회복
1359년	홍건적이 고려로 쳐들어옴
1366년	신돈이 전민변정도감 설치
1388년	이성계가 위화도에서 요동 정벌군을 이끌고 개성으로 회군(위화도 회군)
1392년	조선 건국
1416년	최윤덕이 북방에 4군 설치
1419년	이종무가 쓰시마섬을 정벌
1420년	집현전 설치
1434년	김종서가 북방에 6진 설치
1441년	측우기 완성
1446년	훈민정음 반포

'고려국조'가 새겨진 청동 거울

1453년	수양 대군이 계유정난을 일으킴
1485년	성종이 《경국대전》 시행
1506년	연산군 폐위, 중종 즉위함
1510년	삼포에서 왜인들이 난을 일으킴
1519년	기묘사화
1543년	백운동 서원(소수 서원)이 세워짐
1545년	을사사화
1555년	왜구가 전라남도 강진, 진도 일대로 침입해 약탈(을묘왜변)
1592년	임진왜란
1598년	이순신이 노량 해협에서 승리
1623년	인조반정
1636년	병자호란
1637년	인조가 삼전도에서 청나라에 항복

《경국대전》

《성학십도》

찾아보기

ㄱ
가나 108, 127, 130~132, 136
갈레온 95
갤리 324
건문제 239~241, 246, 275
고아 63, 76
고틀란드섬 330~331
그리스 84, 102, 325~326

ㄴ
나가사키 291, 293, 297, 335
나가시노 전투 294
나이저강 108, 114~116, 127, 129, 131, 133
난징 223~225, 228~229, 231~232, 239~241, 261, 275
노예 무역 109, 143~144, 146~150, 154~155

ㄷ
다우 70, 332
도미니카 공화국 13, 18~21, 56
도요토미 히데요시 267, 280~281, 284, 299~306, 308, 310, 317
도쿠가와 이에야스 281, 309~312
동남아시아 62~64, 71~72, 76, 80, 142, 150, 163~166, 168, 170, 172~182, 184~185, 187, 189~199, 202~208, 216~217, 246, 252, 254, 326, 332~335

드라카르 328~329
디우 해전 75~76

ㄹ
라스카사스 48~49, 51
라틴 아메리카 51~52, 56~57, 59
람캄행 대왕 201
레판토 해전 84~85

ㅁ
마자파힛 189~190, 205, 207
마추픽추 13, 42
마카오 76~77, 223, 253, 261
마테오 리치 259~261
만력제 264
만리장성 239~241, 246~247, 249, 266
말라카 (*왕국) 76, 204~207, 335
말라카 해협 162, 184, 189, 203~205, 208, 335
말레이시아 64~66, 164, 166, 172~173, 204
말레이인 65, 176~177, 182, 217
말루쿠 제도 80, 163, 335
말리 108, 110, 114~117, 127, 130~133, 136
메콩강 165, 174, 181, 196, 198, 200
명나라 103, 142, 222~223, 225, 227~228, 231~233, 236~237, 239~241, 246~262, 264~265,

267~269, 274~276, 303~307
목테수마 황제 29~31
몬인 196, 198~200, 203
무사 (*말리의 왕) 108, 132~133
무역풍 217, 337~338
미얀마 164~165, 168~169, 199~200, 203

ㅂ
바마코 114~115
바이킹 328~331
바익 당 전투 195, 214~215
반투어 125
방콕 166, 198, 201
버마인 162, 199~201, 203
베네치아 73~74, 77, 93, 102, 115
베라크루스 12, 30, 32
베르베르인 127~130
베이징 222, 224~227, 239~241, 249, 259, 261, 268~269, 274~275
베트남 163~165, 173~174, 177~178, 180~183, 185~186, 191~195, 200~201, 203, 212~215, 241~242
보로부두르 187~188

ㅅ
사바나 114, 121~122, 124~125
사이렌드라 163, 186~188, 196
사하라 사막 114, 116,

120~121, 124~130, 132
산토도밍고 19
세키가하라 전투 308~310
송가이 130, 133, 136
수코타이 200~201
스리위자야 163, 183~186, 188~189, 335
스와힐리 문명 141
신항로 개척 48, 56, 80, 94, 155, 173, 252

ㅇ
아디스아바바 111
아바나 12, 15, 27
아비시니아고원 113, 137~138, 158
아스테카 제국 12, 26~29, 31~34, 40, 43, 45, 48, 51, 57, 82
아시가루 287
아시엔다 51
아시카가 요시마사 286
아유타야 162, 200~201
아이티 13, 18~21, 56, 58
아타왈파 황제 12, 36~37
아폰소 데 알부케르케 75
악숨 109, 137~138, 140, 158~159
앙코르 163, 170~171, 188, 195~198, 200~201, 203
앙코르 와트 171, 195~198
양곤 168
양명학 258
에르난 코르테스 12, 27~34, 36, 44
에자나왕 138, 158~159
에티오피아 110~113, 137,

139~140, 158~159
영락제 225, 232, 239~242, 246, 262~263, 274~275, 277
오닌의 난 280, 286~287
오다 노부나가 293~300, 310, 317
오만 145
오사카 280, 282~285, 296, 311
오세아니아 216
오스만 제국 63, 74, 84~85, 89
오이라트 부족 222, 247~250, 263, 266
우한 222, 256
은동고 154~157
은징가 154~157
이갑제 234~235
이노인 235
이스터섬 217~219
이스파니올라섬 13, 18~22, 24~26
이슬람교 65, 67, 70~71, 109, 112, 132, 138~139, 144, 146, 169, 203~207
이와미 은광 290
이자성 268~269, 307
이집트 73~74, 132, 137~138, 158, 325, 333
인도네시아 64~65, 67~69, 163, 173, 175, 178~179, 184, 186, 189~190, 206~207
인클로저 운동 97
일조편법 264
임진왜란 267~268, 280,

291, 293, 299, 302~304, 306, 317
잉카 제국 13, 33, 35~36, 38~40, 42~43, 48, 82~83

ㅈ

자금성 227, 269, 274~277
자메이카 17, 21, 56, 59
자와섬 67~68, 163, 172, 186~189, 196, 206
자카르타 67, 207
잔지바르 109, 141, 144~146
장거정 264~267
장저우 223, 251~252
전국 다이묘 287~288, 291, 316
전국 시대 224~225, 251, 280~281, 287~288, 290, 292~299, 316
정덕제 263
정통제 249
정화 142, 223, 242~243, 246
젠네 108, 115, 132~133
조총 267, 291~292, 295~296, 305
지브롤터 해전 92
짐바브웨 109, 142~143
짜오프라야강 198, 200~201
쩐 흥 다오 194~195, 212~215

ㅊ

참파 180~183, 191, 194, 201, 213
《천주실의》 259, 261

ㅋ

카를 5세 49, 91, 93, 105
카리브해 13~15, 20~22, 56, 58, 338
카하마르카 12, 36~37
캄보디아 164~165, 170~171, 173, 200, 203
케랄라 333~334
콜럼버스 13, 19~25, 43, 48, 242, 336~338
콩고 147~148, 154~155
콩고 분지 108, 122, 148, 154
쿠바 12~13, 15~17, 21, 27~28, 30, 58
쿠알라룸푸르 65~66
크노르 329, 331
크메르인 196~198
크리스트교 37, 44~45, 63, 74, 85, 112, 137~139, 144, 148, 155, 158, 290~291, 293, 297, 330~331, 334
킬와 109, 142
킹스턴 17

ㅌ

타이 164~167, 170, 173, 198~199, 201, 203
타이인 162, 199~201, 203
테노츠티틀란 28~31, 33
토목보 222, 249
톤레삽호 196~197
팀북투 108, 115, 133, 136

ㅍ

파간 162, 168, 199
파나마 34~35

팔렘방 163, 184~185
페니키아 325~327
펠리페 2세 81~82, 89~91, 103~105
편서풍 337~339
포르토프랭스 18
포토시 62, 83, 85~86, 103
폴리네시아 176~177, 216~218
푸난 180~183, 186, 191
푸에르토리코 21
프놈펜 170, 200
프란시스코 피사로 12, 33~40, 44
프리슬란트 329
플랑드르 62, 89~92, 97, 329

ㅎ

하노이 163, 191~192, 195, 212
한자 동맹 330~331
해금 정책 250~252, 304~305
호광 지역 254~257
호르무즈섬 63, 72~73, 76
홍강 177, 191~192, 194
홍무제 231~239, 262
화승총 25

참고문헌

국내 도서

2022 개정 교육과정에 따른 중학교, 고등학교 사회교과군 교과서.
21세기연구회 저/전경아 역, 《지도로 보는 세계민족의 역사》, 이다미디어, 2012.
E.H. 곰브리치 저/백승길, 이종숭 역, 《서양미술사》, 2012.
R.K. 나라얀 편저/김석희 역, 《라마야나》, 아시아, 2012.
R.K. 나라얀 편저/김석희 역, 《마하바라타》, 아시아, 2014.
가와쓰 요시오 저/임대희 역, 《중국의 역사》, 혜안, 2004.
강선주 등저, 《마주보는 세계사 교실》, 1~8권, 웅진주니어, 2011.
강희숙, 공수진, 박미선, 이동규, 정기문 저, 《세계사 뛰어넘기 1》, 열다, 2012.
강창훈, 남종국, 윤은주, 이옥순, 이은정, 최재인 저, 《세계사 뛰어넘기 2》, 열다, 2012.
거지엔슝 편/정근희 외역, 《천추흥망》1~8권, 따뜻한손, 2010.
고려대 중국학연구소 저, 《중국지리의 즐거움》, 차이나하우스, 2012.
고처, 캔디스&월트, 린다 저/황보영조 역, 《세계사 특강》, 삼천리, 2010.
교육공동체 나다 저, 《피터 히스토리아》1~2권, 북인더갭, 2011.
권동희 저, 《지리이야기》, 한울, 2005.
금현진 등저, 《용선생의 시끌벅적 한국사》1~10권, 사회평론, 2016.
기노 쓰라유키 외 편/구정호 역, 《고킨와카슈(상/하)》, 소명출판, 2010.
기노 쓰라유키 외 편/최충희 역, 《고금와카집》, 지만지, 2011.
기쿠치 요시오 저/이경덕 역,《결코 사라지지 않는 로마, 신성 로마 제국》, 다른세상, 2010.
김경묵 저, 《이야기 러시아사》, 청아, 2012.
김기협 저, 《냉전 이후》, 서해문집, 2016.
김대륜, 김윤태, 안효상, 이은정, 최재인 글, 《세계사 뛰어넘기 3》, 열다, 2013.
김대호 저, 《장건, 실크로드를 개척하다》, 아카넷주니어, 2012.
김덕진 저, 《세상을 바꾼 기후》, 다른, 2013.
김명호 저, 《중국인 이야기 1~5권》, 한길사, 2016.
김상훈 저, 《통세계사 1, 2》, 다산에듀, 2015.
김성환 저, 《교실 밖 세계사여행》, 사계절, 2010.
김수행 저, 《세계대공황》, 돌베개, 2011.
김영한, 임지현 편저, 《서양의 지적 운동》, 1~2권, 지식산업사, 1994/1998.
김영호 저, 《세계사 연표사전》, 문예마당, 2012.
김원중 저, 《대항해 시대의 마지막 승자는 누구인가?》, 민음인, 2011.
김종현 저, 《영국 산업혁명의 재조명》, 서울대학교출판문화원, 2013.
김진섭 편, 《한 권으로 읽는 인도사》, 지경사, 2007.
김진호 저, 《근대 유럽의 역사: 종교개혁부터 신자유주의까지》, 한양대학교출판부, 2016.
김창성 저, 《세계사 산책》, 솔, 2003
김태권 저, 《르네상스 미술이야기》, 한겨레출판, 2012.

김현수 저, 《이야기 영국사》, 청아출판사, 2006.
김형진 저, 《이야기 인도사》, 청아출판사, 2013.
김호동 역, 《마르코 폴로의 동방견문록》, 사계절, 2005.
김호동 저, 《아틀라스 중앙유라시아사》, 사계절, 2016.
김호동 저, 《황하에서 천산까지》, 사계절, 2011.
남경태 저, 《종횡무진 동양사》, 그린비, 2013.
남경태 저, 《종횡무진 서양사(상/하)》, 그린비, 2013.
남문희 저, 《전쟁의 역사 1, 2, 3》, 휴머니스트, 2011.
남종국 저, 《지중해 교역은 유럽을 어떻게 바꾸었을까?》, 민음인, 2011.
노명식 저, 《프랑스 혁명에서 파리 코뮌까지 1789~1871》, 책과함께, 2011.
누노메 조후 등저/임대희 역, 《중국의 역사: 수당오대》, 혜안, 2001.
닐 포크너 저/이윤정 역, 《좌파 세계사》, 엑스오북스, 2016.
데라다 다카노부 저/서인범, 송정수 공역, 《중국의 역사: 대명제국》, 혜안, 2006.
데이비드 O. 모건 저/권용철 역, 《몽골족의 역사》, 모노그래프, 2012.
데이비드 아불라피아 저/이순호 역, 《위대한 바다: 지중해 2만년의 문명사》, 책과함께, 2013.
데이비드 프리스틀랜드 저, 이유영 역, 《왜 상인이 지배하는가》, 원더박스, 2016.
도널드 쿼터트 저/이은정 역, 《오스만 제국사》, 사계절, 2008.
두보, 이백 등저/최병국 편, 《두보와 이백 시선》, 한솜미디어, 2015.
라시드 앗 딘 저/김호동 역, 《부족지: 몽골 제국이 남긴 최초의 세계사》, 사계절, 2002,
라시드 앗 딘 저/김호동 역, 《칭기스칸기》, 사계절, 2003.
라시드 앗 딘 저/김호동 역, 《칸의 후예들》, 사계절, 2005.
라이프사이언스 저, 노경아 역, 《지도로 읽는다 세계5대 종교 역사도감》, 이다미디어, 2016.
라인하르트 쉬메켈 저/한국 게르만어 학회 역, 《인도유럽인, 세상을 바꾼 쿠르간 유목민》, 푸른역사 2013.
러셀 쇼토 저, 허형은 역, 《세상에서 가장 자유로운 도시, 암스테르담》, 책세상, 2016.
러셀 프리드먼 저/강미경 역, 《1차 세계대전: 모든 전쟁을 끝내기 위한 전쟁》, 두레아이들, 2013.
로버트 M. 카멕 편저/강정원 역, 《메소아메리카의 유산》, 그린비, 2014.
로버트 템플 저/과학세대 역, 《그림으로 보는 중국의 과학과 문명》, 까치, 2009.
로스 킹 저/신영화 역, 《미켈란젤로와 교황의 천장》, 다다북스, 2007.
로스 킹 저/이희재 역, 《브루넬레스키의 돔》, 세미콜론, 2007.
로저 크롤리 저/이순호 역, 《바다의 제국들》, 책과함께, 2010.
루츠 판다이크 저/안인희 역, 《처음 읽는 아프리카의 역사》, 웅진씽크빅, 2014.
류시화, 《백만 광년의 고독 속에서 한 줄의 시를 읽다》, 연금술사, 2014.

르네 그루세 저/김호동, 유원수, 정재훈 공역, 《유라시아 유목제국사》, 사계절, 1998.
르몽드 디폴로마티크 기획/권지현 등 역, 《르몽드 세계사 1, 2, 3》, 휴머니스트 2008/2010/2013.
리처드 번스타인 저/정동현 역, 《뉴욕타임스 기자의 대당서역기》, 꿈꾸는돌, 2003.
린 화이트 주니어 저/강일휴 역, 《중세의 기술과 사회변화: 등자와 쟁기가 바꾼 유럽 역사》, 지식의 풍경, 2005.
마르크 블로크 저/한정숙 역, 《봉건사회 1, 2》, 한길사, 1986.
마리우스 B. 잰슨 저/김우영 등역, 《현대일본을 찾아서》, 이산, 2010.
마이클 우드 저/김승욱 역, 《인도 이야기》, 웅진지식하우스, 2009.
마이클 파이 저/김지선 역, 《북유럽세계사 1, 2》, 소와당, 2016.
마크 마조워 저/이순호 역, 《발칸의 역사》, 을유문화사, 2014.
마틴 버넬 저/오흥식 역, 《블랙 아테나 1》, 소나무, 2006.
마틴 자크 저/안세민 역, 《중국이 세계를 지배하면》, 부키, 2010.
마틴 키친 편저/유정희 역, 《사진과 그림으로 보는 케임브리지 독일사》, 시공아크로총서, 2001.
매리 하이듀즈 저/박장식, 김동역 역, 《동남아의 역사와 문화》, 솔과학, 2012.
모방푸 저, 전경아 역, 《지도로 읽는다! 중국도감》, 이다미디어, 2016.
문수인 저, 《아세안 영웅들 – 우리가 몰랐던 세계사 속 작은 거인》, 매일경제신문사, 2015.
문을식 저, 《인도의 사상과 문화》, 도서출판 여래, 2007.
미르치아 엘리아데 저/이용주 등 역, 《세계종교사상사 1, 2, 3》, 이학사, 2005.
미셸 파루티 저/ 권은미 역, 《모차르트: 신의 사랑을 받은 악동》, 시공디스커버리총서 011, 시공사, 1999.
미야자키 마사카쓰 저/노은주 역, 《지도로 보는 세계사》, 이다미디어, 2005.
미야자키 이치사다 저, 조병한 역, 《중국통사》, 서커스, 2016.
미조구치 유조 저/정태섭, 김용천 역, 《중국의 공과 사》, 신서원, 2006.
박금표 저, 《인도사 108장면》, 민족사, 2007.
박노자 저, 《거꾸로 보는 고대사》, 한겨레, 2010.
박노자 저, 《러시아는 우리에게 무엇인가》, 신인문사, 2011.
박래식 저, 《이야기 독일사》, 청아출판사, 2006.
박노자 저, 《러시아 혁명사 강의》, 나무연필, 2017.
박수철 저, 《오다 도요토미 정권의 사사지배와 천황》, 서울대학교출판문화원, 2012.
박용진 저, 《중세 유럽은 암흑시대였는가?》, 민음인, 2011.
박윤덕 등저, 《서양사강좌》, 아카넷, 2016.
박종현 저, 《희랍사상의 이해》, 종로서적, 1990.
박지향 저, 《클래식영국사》, 김영사, 2012.
박찬영, 엄정훈 등저, 《세계지리를 보다 1, 2, 3》, 리베르스쿨, 2012.
박한제, 김형종, 김병준, 이근명, 이준갑 공저, 《아틀라스 중국사》, 사계절, 2015.
배병우 등저, 《신들의 정원, 앙코르와트》, 글씨미디어, 2004.
배영수 편, 《서양사 강의》, 한울아카데미, 2000.
배재호 저, 《세계의 석굴》, 사회평론, 2015.
버나드 루이스 편/김호동 역, 《이슬람 1400년》, 까치, 2001.
베른트 슈퇴버 저/최승완 역, 《냉전이란 무엇인가》, 역사비평사, 2008.
베빈 알렉산더 저/김형배 역, 《위대한 장군들은 어떻게 승리하였는가》, 홍익출판사, 2000.
벤자민 킨, 키스 헤인즈 공저/김원중, 이성훈 공역, 《라틴아메리카의 역사 상/하》, 그린비, 2014.
볼프람 폰 에센바흐 저/허창운 역, 《파르치팔》, 한길사, 2009.
브라이언 타이어니, 시드니 페인터 공저/이연규 역, 《서양 중세사》, 집문당, 2012.
브라이언 페이건 저/이희준 역, 《세계 선사 문화의 이해》, 사회평론아카데미, 2015.
브라이언 페이건 저/최파일 역, 《인류의 대항해》, 미지북스, 2012.
브라이언 페이건, 크리스토퍼 스카레 등저/이청규 역, 《고대 문명의 이해》, 사회평론아카데미, 2015.
비토리오 주디치 저/남경태 역, 《20세기 세계 역사》, 사계절, 2005.
사마천 저/김원중 역 《사기 본기》, 민음사, 2015.
사마천 저/김원중 역 《사기 서》, 민음사, 2015.
사마천 저/김원중 역 《사기 세가》, 민음사, 2015.
사마천 저/김원중 역 《사기 열전 1, 2》, 민음사, 2015.
사와다 아시오 저/김숙경 역, 《흉노: 지금은 사라진 고대 유목국가 이야기》, 아이필드, 2007.
새뮤얼 노아 크레이머 저/박성식 역, 《역사는 수메르에서 시작되었다》, 가람기획, 2000.
새뮤얼 헌팅턴 저/강문구, 이재영 역, 《제3의 물결: 20세기 후반의 민주화》, 인간사랑, 2011.
서영교 저, 《고대 동아시아 세계대전》, 글항아리, 2015.
서울대학교 독일학연구소 저, 《독일이야기 1, 2》, 거름, 2003.
서진영 저, 《21세기 중국정치》, 폴리테이아, 2008.
서희석, 호세 안토니오 팔마 공저,《유럽의 첫 번째 태양, 스페인》, 을유문화사, 2015.
설혜심 저, 《소비의 역사 : 지금껏 아무도 주목하지 않은 '소비하는 인간'의 역사》, 휴머니스트, 2017.
송영배 저, 《동서 철학의 교섭과 동서양 사유 방식의 차이》, 논형, 2004.
수잔 와이즈 바우어 저/꼬마이실 역, 《교양 있는 우리 아이를 위한 세계역사이야기》, 1~5권, 꼬마이실, 2005.
스테파니아 스타푸티, 페데리카 로마뇰리 등저/박혜원 역, 《고대 문명의 역사와 보물: 그리스/로마/아스텍/이슬람/이집트/인도/켈트/크메르/페르시아》, 생각의나무, 2008.
시바료타로 저/양억관 역, 《항우와 유방 1, 2, 3》, 달궁, 2003.
시오노 나나미 저/김석희 역, 《로마 멸망 이후의 지중해 세계(상/하)》, 한길사, 2009.
시오노 나나미 저/김석희 역, 《로마인 이야기》, 1~15권, 한길사 2007.
신성곤, 윤혜영 저, 《한국인을 위한 중국사》, 서해문집, 2013.
신승하 저, 《중국사(상/하)》, 미래엔, 2005.
신준형 저, 《뒤러와 미켈란젤로》, 사회평론, 2013.
아사다 미노루 저/이하준 역, 《동인도회사》, 피피에, 2004.
아사오 나오히로 편저/이계황, 서각수, 연민수, 임성모 역, 《새로 쓴 일본사》, 창비, 2013.
아서 코트렐 저/까치 편집부역, 《그림으로 보는 세계신화사전》, 까치, 1997.

아일린 파워 저/이종인 역, 《중세의 사람들》, 즐거운상상, 2010.
안 베르텔로트 저/체계병 역, 《아서왕》, 시공사, 2003.
안병철 저, 《이스라엘 역사》, 기본소식, 2012.
안효상 저, 《미국은 어떻게 만들어졌을까》, 민음인, 2013.
알렉산드라 미네르비 저/조행복 역, 《사진으로 읽는 세계사 2: 나치즘》, 플래닛, 2008.
알렉산드라 미지엘린스카 외 저, 《MAPS 색칠하고 그리며 지구촌 여행하기》, 그린북, 2017.
알렉산드라 미지엘린스카 외 저, 이지원 역, 《MAPS》, 그린북, 2017.
앙투안 갈랑/임호경 역, 《천일야화 1~6》, 열린책들, 2010.
애덤 하트 데이비스 편/윤은주, 정범진, 최재인 역, 《히스토리》, 북하우스, 2009.
양은영 저, 《빅히스토리: 제국은 어떻게 나타나고 사라지는가?》, 와이스쿨 2015.
양정무 저, 《난생 처음 한번 공부하는 미술 이야기 1~4》, 사회평론, 2016.
양정무 저, 《상인과 미술》, 사회평론, 2011.
에드워드 기번 저/윤수인, 김희용 공역, 《로마제국 쇠망사 1~6》, 민음사, 2008.
에르빈 파노프스키 저/김율 역, 《고딕건축과 스콜라철학》, 한길사, 2015.
에릭 홉스봄 저/김동택 역, 《제국의 시대》, 한길사, 1998,
에릭 홉스봄 저/정도역, 차명수 공역, 《혁명의 시대》, 한길사, 1998.
에릭 홉스봄 저/정도영 역, 《자본의 시대》, 한길사, 1998.
에이브러험 애셔 저/김하은, 신상돈 역, 《처음 읽는 러시아 역사》, 아이비북스, 2013.
엔리케 두셀 저/박병규 역, 《1492년, 타자의 은폐》, 그린비, 2011.
역사미스터리클럽 저, 안혜은 역, 《한눈에 꿰뚫는 세계사 명장면》, 이다미디어, 2017.
오토 단 저/오인석 역, 《독일 국민과 민족주의의 역사》, 한울아카데미, 1996.
윌리엄 로 저, 기세찬 역, 《하버드 중국사 청 : 중국 최후의 제국》, 너머북스, 2014.
웨난 저/이익희 역, 《마왕퇴의 귀부인 1, 2》, 일빛, 2005.
유랴쿠 천황 외 저/고용환, 강용자 역, 《만엽집》, 지만지, 2009.
유세희 편, 《현대중국정치론》, 박영사, 2009.
유용태, 박진우, 박태균 공저, 《함께 읽는 동아시아 근현대사 1, 2》, 창비, 2011.
유인선 등저, 《사료로 보는 아시아사》, 종이비행기, 2014.
이강무 저, 《청소년을 위한 세계사. 서양편》, 두리미디어, 2009.
이경덕 저, 《함께 사는 세상을 보여주는 일본 신화》, 현문미디어, 2005.
이기영 저, 《고대에서 봉건사회로의 이행》, 사회평론, 2017.
이노우에 고이치 저/이경덕 역,《살아남은 로마, 비잔틴 제국》, 다른세상, 2010.
이명현 저, 《빅히스토리: 세상은 어떻게 시작되었을까?》, 와이스쿨, 2013.
이병욱 저, 《한권으로 만나는 인도》, 너울북, 2013.
이영림, 주경철, 최갑수 공저, 《근대 유럽의 형성: 16~18세기》, 까치글방, 2011.
이영목 등저, 《검은, 그러나 어둡지 않은 아프리카》, 사회평론, 2014.

이옥순 등저, 《세계사 교과서 바로잡기》, 삼인, 2011.
이익선 저, 《만화 로마사 1, 2》, 알프레드, 2017.
이희수 저, 《이슬람의 모든 것》, 주니어김영사, 2009.
일본사학회 저, 《아틀라스 일본사》, 사계절, 2011.
임태승 저, 《중국 서예의 역사》, 미술문화, 2006.
임승희 저, 《유럽의 절대 군주는 어떻게 살았을까?》, 민음인, 2011.
임한순, 최윤영, 김길웅 공역, 《에다. 북유럽신화》, 서울대학교출판문화원, 2015.
임홍배, 송태수, 장병기 등저, 《독일 통일 20년》, 서울대학교출판문화원, 2011.
자닉 뒤랑 저/조성애 역, 《중세미술》, 생각의 나무, 2004.
장문석 저, 《근대정신은 어떻게 탄생했을까?》, 민음인, 2011.
장 콩비 저/노성기 외 역, 《세계교회사여행: 고대·중세 편》, 가톨릭출판사, 2013.
장진퀘이 저/남은숙 역, 《흉노제국 이야기》, 아이필드, 2010.
장 카르팡티에, 프랑수아 르브룅 편저/강민정, 나선희 공역, 《지중해의 역사》, 한길사, 2009.
재레드 다이어몬드 저/김진준 역, 《총, 균, 쇠》, 문학사상, 2013.
전국역사교사모임 저, 《살아있는 세계사 교과서 1, 2》, 휴머니스트, 2013.
전국역사교사모임 저, 《처음 읽는 미국사》, 휴머니스트, 2013.
전국역사교사모임 저, 《처음 읽는 인도사》, 휴머니스트, 2013.
전국역사교사모임 저, 《처음 읽는 일본사》, 휴머니스트, 2013.
전국역사교사모임 저, 《처음 읽는 중국사》, 휴머니스트, 2013.
전국역사교사모임 저, 《처음 읽는 터키사》, 휴머니스트, 2013.
전국지리교사모임 저, 《지리쌤과 함께하는 80일간의 세계여행 : 아시아·유럽 편》, 폭스코너, 2017.
전종한 등저, 《세계지리: 경계에서 권역을 보다》, 사회평론아카데미, 2017.
정기문 저, 《크리스트교의 탄생: 역사학의 눈으로 본 원시 크리스트교의 역사》, 길, 2016.
정기문 저, 《역사보다 재미있는 것은 없다》, 신서원, 2004.
정수일 편저, 《해상 실크로드 사전》, 창비, 2014.
정재서 저, 《이야기 동양신화 중국편》, 김영사, 2010.
정재훈 저, 《돌궐 유목제국사 552~745》, 사계절, 2016.
제니퍼 올드스톤무어 저/이연승 역, 《처음 만나는 도쿄》, SBI, 2009.
제임스 포사이스 저/정재겸 역, 《시베리아 원주민의 역사》, 솔, 2009
조관희, 《중국사 강의》, 궁리, 2011.
조길태 저, 《인도사》, 민음사, 2012.
조르주 루 저/김유기 역, 《메소포타미아의 역사 1, 2》, 한국문화사, 2013.
조성권 저, 《마약의 역사》, 인간사랑, 2012.
조성일 저, 《미국학교에서 가르치는 미국역사》, 소이연, 2014.
조셉 린치 저/심창섭 등역, 《중세교회사》, 솔로몬, 2005.
조셉 폰타나 저/김원중 역, 《거울에 비친 유럽》, 새물결, 2005.
조지무쇼 저, 안정미 역, 《지도로 읽는다 한눈에 꿰뚫는 전쟁사도감》, 이다미디어, 2017.
조지 바이런 저, 윤명옥 역, 《바이런 시선》, 지만지, 2015.
조지프 니덤 저/김주식 역, 《조지프 니덤의 동양항해선박사》, 문현,

2016.

조지형 등저, 《지구화 시대의 새로운 세계사》, 혜안, 2008.

조지형 저, 《빅히스토리: 세계는 어떻게 연결되었을까?》, 와이스쿨, 2013.

조흥국 등저, 《제3세계의 역사와 문화》, 한국방송통신대학교출판부, 2012.

존 루이스 개디스 저/박건영 역, 《새로 쓰는 냉전의 역사》, 사회평론, 2003.

존 리더 저/남경태 역, 《아프리카 대륙의 일대기》, 휴머니스트, 2013.

존 맥닐, 윌리엄 맥닐 공저/ 유정희, 김우역 역, 《휴먼 웹. 세계화의 세계사》, 이산, 2010.

존 줄리어스 노리치 편/남경태 역, 《위대한 역사도시70》, 위즈덤하우스, 2010.

존 후퍼 저, 노시내 역, 《이탈리아 사람들이라서 : 지나치게 매력적이고 엄청나게 혼란스러운》, 마티, 2017.

주경철 저, 《대항해시대: 해상 팽창과 근대 세계의 형성》, 서울대학교출판부, 2008.

주경철 저, 《히스토리아》, 산처럼, 2012.

주디스 코핀, 로버트 스테이시 등저/박상익 역, 《새로운 서양 문명의 역사. 상》, 소나무, 2014.

주디스 코핀, 로버트 스테이시 등저/손세호 역, 《새로운 서양 문명의 역사. 하》, 소나무, 2014.

중앙일보 중국연구소 외, 《공자는 귀신을 말하지 않았다》, 중앙북스, 2010.

지리교육연구회 지평 저, 《지리 교사들, 남미와 만나다》, 푸른길, 2011.

지오프리 파커 편/김성환 역, 《아틀라스 세계사》, 사계절, 2009.

찰스 다윈 저, 장순근 역, 《찰스 다윈의 비글호 항해기》, 리젬, 2013.

찰스 스콰이어 저/나영균, 전수용 공역, 《켈트 신화와 전설》, 황소자리, 2009.

최병욱 저, 《동남아시아사 -민족주의 시대》, 산인, 2016.

최병욱 저, 《동남아시아사 -전통시대》, 산인, 2015.

최재호 등저, 《한국이 보이는 세계사》, 창비, 2011.

최충희 등역, 《햐쿠닌잇슈의 작품세계》, 제이앤씨, 2011.

카렌 암스트롱 저/장병옥 역, 《이슬람》, 을유문화사, 2012.

콘수엘로 바렐라, 로베르토 마자라 등저/신윤경 역, 《크리스토퍼 콜럼버스》, 21세기북스, 2010.

콘스탄스 브리텐 부셔 저/강일휴 역, 《중세 프랑스의 귀족과 기사도》, 신서원, 2005.

크리스 브래지어 저/추선영 역, 《세계사, 누구를 위한 기록인가?》, 이후, 2007.

클린 존스 저/방문숙, 이호영 공역, 《사진과 그림으로 보는 케임브리지 프랑스사》, 시공아크로총서, 2001.

타밈 안사리 저/류한월 역, 《이슬람의 눈으로 본 세계사》, 뿌리와이파리, 2011.

타키투스 저/천병희 역, 《게르마니아》, 숲, 2012.

토마스 말로리 저/이현주 역, 《아서왕의 죽음 1, 2》, 나남, 2009.

파멜라 카일 크로슬리 저/강선주 역, 《글로벌 히스토리란 무엇인가》, 휴머니스트, 2010.

패트리샤 버클리 에브리 저 /이동진, 윤미경 공역, 《사진과 그림으로 보는 케임브리지 중국사》, 시공아크로총서 2010.

퍼트리샤 리프 애너월트 저/한국복식학회 역, 《세계 복식 문화사》, 예담, 2009.

페리클레스, 뤼시아스, 이소크라테스, 데모스테네스 저/김헌, 장시은, 김기훈 역, 《그리스의 위대한 연설》, 민음사, 2012.

페르낭 브로델 저/강주헌 역, 《지중해의 기억》, 한길사, 2012.

페르낭 브로델 저/김홍식 역, 《물질문명과 자본주의 읽기》, 갈라파고스, 2014.

페르디난트 자이프트 저/차용구 역, 《중세의 빛과 그림자》, 까치글방, 2002.

폴 콜리어 등저/강민수 역, 《제2차 세계대전》, 플래닛미디어, 2008.

프레드 차라 저/강경이 역, 《향신료의 지구사》, 휴머니스트, 2014.

플라노 드 카르피니, 윌리엄 루부룩 등저/김호동 역, 《몽골 제국 기행: 마르코 폴로의 선구자들》, 까치, 2015.

피터 심킨스 등저/강민수 역, 《제1차 세계대전》, 플래닛미디어 2008.

피터 안드레아스 저/정태영 역, 《밀수꾼의 나라 미국》, 글항아리, 2013.

피터 홉커크 저/정영목 역, 《그레이트 게임: 중앙아시아를 둘러싼 숨겨진 전쟁》, 사계절, 2014.

필립 M.H. 벨 저/황의방 역, 《12전환점으로 읽는 제2차 세계대전》, 까치, 2012.

하네다 마사시 저/이수열, 구지영 역, 《동인도회사와 아시아의 바다》, 선인, 2012.

하름 데 블레이 저/유나영 역, 《왜 지금 지리학인가》, 사회평론, 2015.

하야미 이타루 저/양승영 역, 《진화 고생물학》, 서울대학교출판문화원, 2012.

하우마즈 데쓰오 저/김성동 역, 《대영제국은 인도를 어떻게 통치하였는가》, 심산, 2004.

하인리히 뵐플린 저/안인희 역, 《르네상스의 미술》, 휴머니스트, 2002.

하타케야마 소 저, 김경원 역, 《대논쟁! 철학배틀》, 다산초당, 2017.

한국교부학연구회 저, 《교부학 인명·지명 용례집》, 분도출판사, 2008.

한종수 저, 굽시니스트 그림, 《2차 대전의 마이너리그》, 길찾기, 2015.

해양문화연구원 편집위원회 저, 《해양문화 02. 바다와 제국》, 해양문화, 2015.

허청웨이 편/남광철 등역, 《중국을 말한다》 1~9권, 신원문화사, 2008.

헤수스 알바레스 고메스 저/강운자 편역, 《수도생활: 역사 II》, 성바오로, 2002.

호르스트 푸어만 저/안인희 역, 《중세로의 초대》, 이마고, 2005.

홍익희 저, 《세 종교 이야기》, 행성B잎새, 2014.

황대현 저, 《서양 기독교 세계는 왜 분열되었을까?》, 민음인, 2011.

황패강 저, 《일본신화의 연구》, 지식산업사, 1996.

후지이 조지 등저/박진한, 이계황, 박수철 공역, 《쇼군 천황 국민》, 서해문집, 2012.

외국 도서

クリステル・ヨルゲンセン 等著/竹内喜, 德永優子 譯, 《戰鬪技術の歷史 3: 近世編》, 創元社, 2012.

サイモン・アングリム 等著/天野淑子 譯, 《戰鬪技術の歷史 1: 古代編》, 創元社, 2011.

ジェフリー・リ・ガン, 《ウィジュアル版《決戰》の世界史》, 原書房,

2008.
ブライアン・レイヴァリ,《航海の歴史》, 創元社, 2015.
マーティン・J・ドアティ,《図説 中世ヨーロッパ 武器・防具・戦術百科》, 原書房, 2013.
マシュー・ベネット 等著/野下祥子 譯,《戦闘技術の歴史 2: 中世編》, 創元社, 2014.
リュシアン・ルスロ 等著/辻元よしふみ, 辻元玲子 譯,《華麗なるナポレオン軍の軍服》, マール社, 2014.
ロバート・B・ブルース 等著/野下祥子 譯,《戦闘技術の歴史 4: ナポレオンの時代編》, 創元社, 2013.
菊地陽太,《知識ゼロからの世界史入門 1部 近現代史》, 幻冬舍, 2010.
気賀澤保規,《絢爛たる世界帝国 隋唐時代》, 講談社, 2005.
金七紀男,《図説 ブラジルの-歴史》, 河出書房新社, 2014.
木下康彦, 木村靖二, 吉田寅 編,《詳説世界史研究 改訂版》, 山川出版社, 2013.
山内昌之,《世界の歴史 20 : 近代イスラームの挑戦》, 中央公論社, 1996.
山川ビジュアル版日本史図録編集委員会,《山川 ビジュアル版日本史図録》, 山川出版社, 2014.
西ヶ谷恭弘 監修,《衣食住になる日本人の歴史 1》, あすなろ書房, 2005.
西ヶ谷恭弘 監修,《衣食住になる日本人の歴史 2》, あすなろ書房, 2007.
小池徹朗 편,《新・歴史群像シリーズ 15: 大清帝國》, 学習研究社, 2008.
水野大樹,《図解 古代兵器》, 新紀元社, 2012.
神野正史,《世界史劇場イスラーム三国志》, ベレ出版, 2014.
神野正史,《世界史劇場イスラーム世界の起源》, ベレ出版, 2013.
五十嵐武士, 福井憲彦,《世界の歴史 21: アメリカとフランスの革命》, 中央公論社, 1998.
宇山卓栄,《世界一おもしろい 世界史の授業》, KADOKAWA, 2014.
伊藤賀一,《世界一おもしろい 日本史の授業》, 中経出版, 2012.
日下部公昭 等編,《山川 詳説世界史図録》, 山川出版社, 2014.
井野瀬久美恵,《興亡の世界史 16: 大英帝国という経験》, 講談社, 2007.
佐藤信 等編,《詳説日本史研究 改訂版》, 山川出版社, 2013.
池上良太,《図解 装飾品》, 新紀元社, 2012.
後藤武士,《読むだけですっきりわかる世界史 近代編》, 玉島社, 2011.
後藤武士,《読むだけですっきりわかる現代編》, 玉島社, 2013.
後河大貴 外,《戦国海賊伝》, 笠倉出版社, 2015.
Acquaro, Enrico: 《The Phoenicians: History and Treasures of An Ancient Civilization》, White Star, 2010.
Albert, Mechthild: 《Das französische Mittelalter》, Klett, 2005.
Bagley, Robert: 《Ancient Sichuan: Treasures from a Lost Civilization》, Princeton University Press, 2001.
Beck, B. Roger&Black, Linda: 《World History: Patterns of Interaction》, Holt McDougal, 2010.
Beck, Rainer(hrsg.): 《Das Mittelalter》, C.H.Beck, 1997.
Bernlochner, Ludwig(hrsg.): 《Geschichten und Geschehen》, Bd. 1-6. Klett, 2004.
Bonavia, Judy: 《The Silk Road》, Odyssey, 2008.
Borst, Otto: 《Alltagsleben im Mittelalter》, Insel, 1983.
Bosl, Karl: 《Bayerische Geschichte》, Ludwig, 1990.
Brown, Peter: 《Die Entstehung des christlichen Europa》, C.H.Beck, 1999.
Bumke, Joachim: 《Höfische Kultur》, Bd. 1-2. Dtv, 1986.
Celli, Nicoletta: 《Ancient Thailand: History and Treasures of An Ancient Civilization》, White Star, 2010.
Cornell, Jim&Tim: 《Atlas of the Roman World》, Checkmark Books, 1982.
Davidson, James West&Stoff, Michael B.: 《America: History of Our Nation》, Pearson Prentice Hall, 2006.
de Vries, Jan: 《Die Geistige Welt der Germanen》, WBG, 1964.
Dinzelbach, P. (hrsg.): 《Sachwörterbuch der Mediävistik》, Kröner, 1992.
Dominici, David: 《The Maya: History and Treasures of An Ancient Civilization》, VMB Publishers, 2010.
Duby, Georges: 《The Chivalrous Society》, translated by Cynthia Postan, University of California Press, 1980.
Eco, Umberto: 《Kunst und Schönheit im Mittelalter》, Dtv, 2000.
Ellis, G. Elisabeth&Esler, Anthony: 《World History Survey》, Prentice Hall, 2007.
Fromm, Hermann: 《Basiswissen Schule: Geschichte》, Duden, 2011.
Funcken, Liliane&Fred: 《Rüstungen und Kriegsgerät im Mittelalter》, Mosaik 1979.
Gibbon, Eduard: 《Die Germanen im Römischen Weltreich,》, Phaidon, 2002.
Goody, Jack: 《The development of the family and marriage in Europe》, Cambridge University Press, 1988.
Grant, Michael: 《Ancient History Atlas》, Macmillan, 1972.
Großbongardt, Anette&Klußmann, Uwe, 《Spiegel Geschichte 5/2013: Der Erste Weltkrieg》, Spiegel, 2013.
Heiber, Beatrice(hrsg.): 《Erlebte Antike》, Dtv 1996.
Hinckeldey, Ch.(hrsg.): 《Justiz in alter Zeit》, Mittelalterliches Kriminalmuseum, 1989
Holt McDougal: 《World History》, Holt McDougal, 2010.
Horst, Fuhrmann: 《Überall ist Mittelalter》, C.H.Beck, 2003.
Horst, Uwe(hrsg.): 《Lernbuch Geschichte: Mittelalter》, Klett, 2010.
Huschenbett, Dietrich&Margetts, John(hrsg.): 《Reisen und Welterfahrung in der deutschen Literatur des Mittelalters》, Würzburger Beiträge zur deutschen Philologie. Bd. VII, Königshausen&Neumann, 1991.
Karpeil, Frank&Krull, Kathleen: 《My World History》, Pearson Education, 2012.
Kircher, Bertram(hrsg.): 《König Aruts und die Tafelrunde》, Albatros, 2007.
Klußmann, Uwe&Mohr, Joachim: 《Spiegel Geschichte 5/2014: Die Weimarer Republik》, Spiegel 2014.
Klußmann, Uwe: 《Spiegel Geschichte 6/2016: Russland》, Spiegel 2016.

Kölzer, Theo&Schieffer, Rudolf(hrsg.): 《Von der Spätantike zum frühen Mittelalter: Kontinuitäten und Brüche, Konzeptionen und Befunde》, Jan Thorbecke, 2009.
Langosch, Karl: 《Profile des lateinischen Mittelalters》, WBG, 1965.
Lesky, Albin: 《Vom Eros der Hellenen》, Vandenhoeck&Ruprecht, 1976.
Levi, Peter: 《Atlas of the Greek World》, Checkmark Books, 1983.
Märtle, Claudia: 《Die 101 wichtgisten Fragen: Mittelalter》 C.H.Beck, 2013.
McGraw-Hill Education: 《World History: Journey Across Time》, McGraw-Hill Education, 2006.
Mohr, Joachim&Pieper, Dietmar: 《Spiegel Geschichte 6/2010: Die Wikinger》, Spiegel, 2010.
Murphey, Rhoads: 《Ottoman warfare, 1500-1700》, Rutgers University Press, 2001
Orsini, Carolina: 《The Incas: History and Treasures of An Ancient Civilization》, White Star, 2010.
Pieper, Dietmar&Mohr, Joachim: 《Spiegel Geschichte 3/2013: Das deutsche Kaiserreich》, Spiegel 2013.
Pieper, Dietmar&Saltzwedel, Johannes: 《Spiegel Geschichte 4/2011: Der Dreißigjährige Krieg》, Spiegel 2011.
Pieper, Dietmar&Saltzwedel, Johannes: 《Spiegel Geschichte 6/2012: Karl der Große》, Spiegel 2012.
Pötzl, Nobert F.&Traub, Rainer: 《Spiegel Geschichte 1/2013: Das Britische Empire》, Spiegel, 2013.
Pötzl, Nobert F.&Saltzwedel: 《Spiegel Geschichte 4/2012: Die Päpste》, Spiegel, 2012.
Prentice Hall: 《History of Our World》, Pearson/Prentice Hall, 2006.
Rizza, Alfredo: 《The Assyrians and the Babylonians: History and Treasures of An Ancient Civilization》White Star, 2007.
Rösener, Werner: 《Die Bauern in der europäischen Geschichte》, C.H.Beck, 1993.
Schmidt-Wiegand: 《Deutsche Rechtsregeln und Rechtssprichwörter》, C.H.Beck, 2002.
Seibt, Ferdinand: 《Die Begründung Europas》, Fischer, 2004.
Seibt, Ferdinand: 《Glanz und Elend des Mittelalters》, Siedler, 1992.
Simek, Rudolf: 《Erde und Kosmos im Mittelalter》, Bechtermünz, 2000.
Speivogel, J. Jackson: 《Glecoe World History》, McGraw-Hill Education, 2004.
Talbert, Richard: 《Atlas of Classical History》, Routledge, 2002.
Tarling, Nicholas(ed.): 《The Cambridge of History of Southeast Asia》, Vol. 1-4. Cambridge University Press 1999.
Todd, Malcolm: 《Die Germanen》Theiss, 2003.
van Royen, René&van der Vegt, Sunnyva: 《Asterix - Die ganze Wahrheit》, übersetzt von Gudrun Penndorf, C.H.Beck, 2004.
Wehrli, Max: 《Geschichte der deutschen Literatur im Mittelalter》, Reclam, 1997.
Zimmermann, Martin: 《Allgemeine Bildung: Große Persönlichkeiten》, Arena, 2004.

논문

기민석, 〈고대 '의회'와 셈어 mlk〉, 《구약논단》 17, 한국구약학회, 2005, 140-160쪽.
김병준, 〈진한제국의 이민족 지배: 부도위 및 속국도위에 대한 재검토〉, 역사학보 제217집, 2013, 107-153쪽.
김인화, 〈아케메네스조 다리우스 1세의 왕권 이념 형성과 그 표상에 대한 분석〉, 서양고대사연구 38, 2014, 37-72쪽.
남종국, 〈12~3세기 이자 대부를 둘러싼 논쟁: 자본주의의 서막인가?〉, 서양사연구 제52집, 2015, 5-38쪽.
박병규, 〈스페인어권 카리브 해의 인종 혼종성과 인종민주주의〉, 이베로아메리카 제8권, 제1호. 93-114쪽.
박병규, 〈카리브 해 지역의 문화담론과 문화모델에 관한 연구〉, 스페인어문학 제42호, 2007, 261-278쪽.
박수철, 〈직전정권의 '무가신격화'와 천황〉, 역사교육 제121집, 2012. 221-252쪽.
손태창, 〈신 아시리아 제국 후기에 있어 대 바빌로니아 정책과 그 문제점: 기원전 745-627〉, 서양고대사연구 38, 2014, 7-35
우석균, 〈《포폴 부》와 옥수수〉, 이베로아메리카연구 제8권, 1997, 65-89쪽.
유성환, 〈아마르나 시대 예술에 투영된 시간관〉, 인문과학논총, 제73권 4호, 2016, 403-472쪽.
유성환, 〈외국인에 대한 이집트인들의 두 시선: 고왕국 시대에서 신왕국 시대까지 창작된 이집트 문학작품 속의 외국과 외국인에 대한 묘사를 중심으로〉, 서양고대사연구 제34집, 2013, 33-77쪽.
윤은주, 〈18세기 초 프랑스의 재정위기와 로 체제〉, 프랑스연구 제16호, 2007, 5-41쪽.
이근명, 〈왕안석 신법의 시행과 대간관〉, 중앙사론 제40집, 2014, 75-103쪽.
이삼현, 〈하무라비法典 小考〉, 《법학논총》 2, 국민대학교 법학연구소, 1990, 5-49쪽.
이은정, 〈'다종교, 다민족, 다문화'적인 오스만제국의 통치 전략〉, 역사학보 제217집, 2013, 155-184쪽.
이은정, 〈오스만제국 근대 개혁기 군주의 역할: 셀림3세에서 압뒬하미드 2세에 이르기까지〉, 역사학보 제 208집, 2010, 103-133쪽.
이종근, 〈고대 메소포타미아의 수메르 우르-남무 법의 도덕성에 관한 연구〉, 《법학연구》 32, 한국법학회, 2008, 1-21쪽.
이종근, 〈메소포타미아 법사상 연구: 받는 소(Goring Ox)를 중심으로〉, 《신학지평》 16, 안양대학교 신학연구소, 2003, 297-314쪽.
이종근, 〈생명 존중을 위한 메소포타미아 법들이 정의: 우르 남무와 리피트이쉬타르 법들을 중심으로〉, 《구약논단》 15, 한국구약학회, 2003, 261-297쪽.
이종득, 〈멕시코-테노츠티틀란의 성장 과정과 한계: 삼각동맹〉, 라틴아메리카연구 제23권, 3호. 111-160쪽.
이지은, 〈"인도 센서스"와 식민 지식의 구축: 19세기 인도 사회와 정립되지 않은 카스트〉, 역사문화연구 제59집, 2016, 165-196쪽.
정기문, 〈로마 제국 초기 디아스포라 유대인의 팽창원인〉, 전북사학 제48호, 2016, 279-302쪽.
정기문, 〈음식 문화를 통해서 본 세계사〉, 역사교육 제138집, 2016, 225-250쪽.
정재훈, 〈북아시아 유목 군주권의 이념적 기초: 건국 신화의 계통적 분석을 중심으로〉, 동양사학연구 제122집, 2013, 87-133쪽.
정재훈, 〈북아시아 유목민족의 이동과 정착〉, 동양사학연구 제103집, 2008, 87-116쪽.
정혜주, 〈태초에 빛이 있었다: 마야의 천지 창조 신화〉, 이베로아메리카 제7권 2호, 2005, 31-62쪽.
조주연, 〈미학과 역사가 미술사를 만났을 때〉, 《미학》 52, 한국미학회, 2007. 373-425쪽.
최재인, 〈미국 역사교육의 쟁점과 전망: 아프리카계 미국인 역사교육을 중심으로〉, 역사비평 제110호, 2015, 232-257쪽.

인터넷 사이트
네이버 지식백과: terms.naver.com
미국 자율학습 사이트: www.khanacademy.org
미국 필라델피아 독립기념관 역사교육 사이트: www.ushistory.org
영국 브리태니커 백과사전: www.britannica.com
영국 대영도서관 아시아, 아프리카 연구 사이트: britishlibrary.typepad.co.uk/asian-and-african
영국 BBC방송 청소년 역사교육 사이트: www.bbc.co.ukschools/primaryhistory
독일 브록하우스 백과사전: www.brockhaus.de
독일 WDR방송 청소년 지식교양 사이트: www.planet-wissen.de
독일 역사박물관 www.dhm.de
독일 청소년 역사교육 사이트: www.kinderzeitmschine.de
독일 연방기록원 www.bundesarchiv.de
위키피디아: www.wikipedia.org

퀴즈 정답

1교시

1. ③
2. 코르테스
3. ②
4. O, X, O
5. 마추픽추
6. ③

2교시

1. O, O, X
2. 향신료
3. ①
4. ②
5. ①
6. 폭등, 상공업자, 에스파냐

3교시

1. ①
2. 소금
3. 이슬람교
4. ②
5. ①

4교시

1. X, X, O
2. ③
3. ①
4. 베트남
5. ④
6. 앙코르 와트

5교시

1. ①-ⓒ, ②-ⓛ, ③-㉠
2. ③
3. 정화
4. ④
5. ④
6. 마테오 리치

6교시

1. 전국
2. ①-ⓒ, ②-㉠, ③-ⓛ
3. ③
4. ① 은, ② 조총
5. ④
6. ④

일러두기

- 맞춤법과 띄어쓰기는 국립국어원에서 펴낸 《표준국어대사전》을 따랐습니다.
- 역사 용어와 띄어쓰기는 《교과서 편수자료》의 표기 원칙을 따랐습니다.
  단, 학계의 일반적인 표기와 다른 경우 감수자의 자문을 거쳐 학계의 표기를 따랐습니다.
- 중국의 지명은 현재까지 남아 있는 지명은 중국어 발음, 남아 있지 않은 지명은 한자음을 따랐습니다.
- 중국의 인명은 변법자강 운동을 기준으로 그 이전은 한자음, 그 이후는 중국어 발음을 따라하는 것을 원칙으로 했습니다.
- 일본의 지명과 인명은 일본어 발음을 따랐습니다.

- 이 책에 실린 사진은 북앤포토를 통해 저작권자로부터 사용허가를 받았습니다.
- 일부 사진은 wikipedia commons public domain에 게재되어 있습니다.
- 저작권자와 접촉이 되지 않는 등 불가피한 사정으로 사용 허가를 받지 못한 사진에 대해서는 저작권자의 허락을 구하는 대로 게재 허락을 받고 사용료를 지불하겠습니다.
- 이 책에 실려 있는 지도와 그림의 저작권은 별도의 표기가 없는 한 (주)사회평론에 있습니다.

교양으로 읽는 용선생 세계사 ⑦ 격변하는 세계 2 — 에스파냐의 부상, 명나라, 일본의 전국 시대

전면 개정판 1쇄 발행   2025년 7월 23일

글	이희건, 차윤석, 김선빈, 박병익, 김선혜
그림	이우일, 박기종
지도	김경진
구성	장유영, 정지윤
자문 및 감수	강영순, 김광수, 남종국, 박병규, 박수철, 윤은주, 이근명
교과 과정 감수	박혜정, 한유라, 원지혜
어린이사업본부	이승필
편집	송용운, 김언진, 윤선아
마케팅	윤영채, 정히연, 안은지, 박찬수, 염승연
경영지원	나연희, 주광근, 오민정, 정민희, 김수아, 김승현
디자인	이수경
본문디자인	박효영, d.purple
사진	북앤포토
영상 제작	(주)트립클립

펴낸이	윤철호
펴낸곳	(주)사회평론
전화	02-326-1182
팩스	02-326-1626
주소	03993 서울시 마포구 월드컵북로6길 56 사평빌딩
용선생 클래스	yongclass.com
출판등록	1993년 10월 6일 제 10-876호

ⓒ사회평론, 2017

ISBN 979-11-6273-366-0 73900

- 이 책 내용의 일부나 전부를 다시 사용하려면 저작권자와 사회평론의 동의를 받아야 합니다.
- 잘못 만들어진 책은 구입하신 곳에서 바꾸어 드립니다.

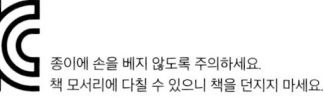
종이에 손을 베지 않도록 주의하세요.
책 모서리에 다칠 수 있으니 책을 던지지 마세요.

이 책을 만드는 데 강의, 자문, 감수하신 분

강영순(한국외국어대학교 강사)
아세아연합신학대학교 아세아학과를 졸업하고 한국외국어대학교 대학원 아시아학과에서 석사 학위를, 국립 인도네시아대학교에서 박사 학위를 받았습니다. 현재 한국외국어대학교 말레이·인도네시아어통번역 학과에서 강의를 하고 있습니다. 〈인도네시아 환경정치에 대한 연구: 열대림을 중심으로〉, 〈수까르노와 이승만: 제2차 세계 대전 후 건국 지도자 비교〉, 〈인도네시아 서 파푸아 특별자치제에 관한 연구〉 등의 논문을 지었습니다.

김광수(한국외국어대학교 HK교수)
한국외국어대학교를 졸업하고 남아프리카 공화국 노스-웨스트대학교 역사학과에서 석사·박사 학위를 받았습니다. 현재 한국외국어대학교 아프리카연구소 HK교수로 재직 중입니다. 지은 책으로 《스와힐리어 연구》, 《에티오피아 악숨 문명》 등이 있고, 함께 지은 책으로 《7인 7색 아프리카》, 《남아프리카사》 등이 있으며 《현대 아프리카의 이해》를 우리말로 옮겼습니다.

김병준(서울대학교 교수)
서울대학교 동양사학과를 졸업하고 같은 학교 대학원에서 석사·박사 학위를 받았습니다. 현재 서울대학교 역사학부 교수로 재직 중입니다. 《순간과 영원: 중국고대의 미술과 건축》, 《고사변 자서》 등을 우리말로 옮겼고, 《중국고대 지역문화와 군현지배》 등을 지었습니다. 함께 지은 책으로 《사료로 보는 아시아사》, 《역사학의 성과와 역사교육의 방향》, 《동아시아의 문화교류와 소통》 등이 있습니다.

남종국(이화여자대학교 교수)
서울대학교 서양사학과를 졸업하고 같은 학교 대학원에서 석사 학위를, 프랑스 파리1대학에서 박사 학위를 받았습니다. 현재 이화여대 사학과 교수로 재직하고 있습니다. 지은 책으로 《이탈리아 상인의 위대한 도전》, 《지중해 교역은 유럽을 어떻게 바꾸었을까?》, 《세계사 뛰어넘기》 등이 있으며 《프라토의 중세 상인》을 우리말로 옮겼습니다.

박병규(서울대학교 HK교수)
고려대학교 서어서문학과를 졸업하고 멕시코 국립대학(UNAM)에서 문학 박사 학위를 받았습니다. 현재는 서울대 라틴아메리카연구소 HK교수로 재직 중입니다. 《불의 기억》, 《파블로 네루다 자서전 - 사랑하고 노래하고 투쟁하다》, 《1492년, 타자의 은폐》 등을 우리 말로 옮겼습니다.

박상수(고려대학교 교수)
고려대학교 사학과를 졸업하고 같은 학교 대학원에서 석사학위와 박사과정 수료를, 프랑스 국립 사회과학고등연구원에서 박사 학위를 받았습니다. 현재 고려대학교 사학과 교수로 재직하고 있습니다. 지은 책으로 《중국혁명과 비밀결사》 등이 있고, 함께 지은 책으로는 《동아시아, 인식과 역사적 실재: 전시기(戰時期)에 대한 조명》 등이 있습니다. 《중국현대사 - 공산당, 국가, 사회의 격동》을 우리말로 옮겼습니다.

박수철(서울대학교 교수)
서울대학교 역사교육과를 졸업하고 같은 대학 대학원 동양사학과에서 석사를, 일본 교토대에서 박사 학위를 받았습니다. 현재는 서울대학교 역사학부 교수로 재직 중입니다. 지은 책으로는 《오다·도요토미 정권의 사사지배와 천황》이 있으며, 함께 지은 책으로는 《아틀라스 일본사》, 《사료로 보는 아시아사》, 《일본사의 변혁기를 본다》 등이 있습니다.

성춘택(경희대학교 교수)
서울대학교 고고미술사학과와 대학원에서 고고학을 전공했으며, 워싱턴 대학교 인류학과에서 고고학으로 석사와 박사 학위를 받았습니다. 현재 경희대학교 사학과 교수로 재직 중입니다. 《석기고고학》이란 책을 쓰고, 《고고학사》, 《다윈 진화고고학》, 《인류학과 고고학》 등을 우리말로 옮겼습니다.

유성환(서울대학교 강사)
부산대학교 영문학과를 졸업하고 미국 브라운대학교에서 박사 학위를 받았습니다. 현재 서울대 아시아언어문명학부에서 강의를 하고 있습니다. 〈이히, 시스트럼 연주자 - 이히를 통해 본 어린이 신 패턴〉과 〈외국인에 대한 이집트인들의 두 시선〉 등의 논문을 지었습니다.

윤은주(국민대학교 강의 전담 교수)
서울대학교 서양사학과를 졸업하고 프랑스 사회과학고등연구원에서 박사 학위를 받았습니다. 현재 국민대학교 교양대학 강의 전담 교원으로 일하고 있습니다. 《넬슨 만델라 평전》을 우리말로 옮겼으며 《히스토리》의 4~5장과 유럽 국가들의 연표를 우리말로 옮겼습니다.

이근명(한국외국어대학교 교수)
서울대학교 동양사학과를 졸업하고 같은 학교 대학원에서 석사·박사 학위를 받았습니다. 현재 한국외국어대학교 사학과 교수로 재직하고 있습니다. 지은 책으로는 《남송 시대 복건 사회의 변화와 식량 수급》, 《아틀라스 중국사(공저)》, 《동북아 중세의 한족과 북방민족》 등이 있고, 《중국역사》, 《중국의 시험지옥 - 과거》, 《송사 외국전 역주》 등을 우리말로 옮겼습니다.

이은정(서울대학교 강사)
한국외국어대학교 터키어과를 졸업하고 터키 국립 앙카라 대학교 역사학과에서 석사 학위를, 서울대학교 서양사학과에서 박사 학위를 받았습니다. 현재는 서울대학교 등에서 강의를 하고 있습니다. 〈16-17세기 오스만 황실 여성의 사회적 위상과 공적 역할 - 오스만 황태후의 역할을 중심으로〉와 〈'다종교·다민족·다문화'적인 오스만 제국의 통치전략〉 등의 논문을 지었습니다.

이지은(한국외국어대학교 전임연구원)
이화여대 사학과를 졸업하고 한국외국어대학교와 인도 델리대학교, 네루대학교에서 석사·박사 학위를 받았습니다. 현재 한국외국어대학교 인도연구소 전임연구원으로 일하고 있습니다. 함께 지은 책으로는 《탈서구중심주의는 가능한가》가 있으며 〈인도 식민지 시기와 국가형성기 하층카스트 엘리트의 저항 담론 형성과 역사인식〉, 〈반서구중심주의에서 원리주의까지〉 등의 논문을 지었습니다.

정기문(군산대학교 교수)
서울대학교 역사교육과를 졸업하고 같은 학교 대학원에서 석사·박사 학위를 받았습니다. 현재 군산대학교 사학과 교수로 재직하고 있습니다. 지은 책으로는 《한국인을 위한 서양사》, 《내 딸을 위한 여성사》, 《역사란 무엇인가》 등이 있고, 《역사, 시민이 묻고 역사가가 답하고 저널리스트가 논하다》, 《고대 로마인의 생각과 힘》, 《지식의 재발견》 등을 우리말로 옮겼습니다.

정재훈(경상대학교 교수)
서울대학교 동양사학과를 졸업하고 같은 학교 대학원에서 석사·박사 학위를 받았습니다. 현재 경상대학교 사학과 교수로 재직 중입니다. 지은 책으로는 《돌궐 유목제국사》, 《위구르 유목 제국사(744~840)》 등이 있고 《유라시아 유목제국사》, 《사료로 보는 아시아사》 등을 우리말로 옮겼습니다.

최재인(서울대학교 강사)
서울대학교 서양사학과를 졸업하고 같은 학교 대학원에서 석사·박사 학위를 받았습니다. 현재 서울대학교 강사로 일하고 있습니다. 함께 지은 책으로 《서양여성들 근대를 달리다》, 《여성의 삶과 문화》, 《다민족 다인종 국가의 역사인식》, 《동서양 역사 속의 다문화적 전개양상》 등이 있고, 《가부장제와 자본주의》, 《유럽의 자본주의》, 《세계사 공부의 기초》 등을 우리말로 옮겼습니다.